中外经典文库

尼采文选

李瑜青 主编

上海大学出版社
·上海·

图书在版编目(CIP)数据

尼采文选 / 李瑜青主编. —上海：上海大学出版社，2023.2
(中外经典文库)
ISBN 978-7-5671-4579-5

Ⅰ.①尼… Ⅱ.①李… Ⅲ.①尼采(Nietzsche, Friedrich Wilhelm 1844-1900)—哲学思想—文集 Ⅳ.①B516.47-53

中国国家版本馆 CIP 数据核字(2023)第 023892 号

统　　筹　刘　强
责任编辑　邹亚楠
封面设计　柯国富
技术编辑　金　鑫　钱宇坤

中外经典文库
尼采文选
李瑜青　主编
上海大学出版社出版发行
(上海市上大路99号　邮政编码200444)
(https://www.shupress.cn　发行热线 021-66135112)
出版人　戴骏豪

＊

南京展望文化发展有限公司排版
上海华教印务有限公司印刷　各地新华书店经销
开本 890mm×1240mm　1/32　印张 9.75　字数 227 千字
2023 年 2 月第 1 版　2023 年 2 月第 1 次印刷
ISBN 978-7-5671-4579-5/B・134　定价 48.00 元

版权所有　侵权必究
如发现本书有印装质量问题请与印刷厂质量科联系
联系电话: 021-36393676

目录
CONTENTS

论艺术发展的两种精神 ······ 001
希腊悲剧与酒神 ······ 016
作为艺术家和作家之灵魂 ······ 035
作为艺术的强力意志 ······ 071
论真理感(1872) ······ 110
艺术与知识之争(1872) ······ 116
科学和智慧的冲突 ······ 182
人类的"改善者" ······ 203
德国人缺少什么 ······ 207
作为反自然的道德 ······ 214
"善与恶""好与坏" ······ 219
"负罪""良心谴责"及其他 ······ 247
人的精神的创造 ······ 284

论艺术发展的两种精神[1]

一

我们如果不只关注逻辑推理，还思考直观的作用（直观往往是直接可靠的），就会发现艺术的创作或发展是同日神和酒神[2]的二元性密切相关。生育要依赖于性的二元性，当两性有着连续不断的撞击并周期的结合，才有了生命的繁殖。日神和酒神，是我从希腊人那里借用的名称。希腊人用他们神话世界的鲜明形象，使得人们获得对艺术直观的意味深长的教诲。我们的认识是同他们的两位艺术神日神和酒神相联系的。通过他们，我们才理解到，在希腊的艺术观里，日神的造型艺术和酒神的非造型的音乐艺术在起源和对象之间存在着极大的对立。两种如此不同的艺术彼此共生并存，有时又彼此截然分离，相互不断地激发更有力的新生，以求在这新生中永远保持着对立面的斗争。正是由于二者永久的调和与调和中"艺术"的再创造，最后由希腊人的"意志"终于产生了阿提卡[3]悲剧（即雅典悲剧）。这种既是酒神的又是日神的艺术创

---

[1] 选自《悲剧的诞生》，标题是编者所加。
[2] 日神阿波罗（Apollo），酒神即狄奥尼苏斯（Dionysus）在古希腊神话中，二者又兼司艺术。
[3] 阿提卡半岛，位于希腊中部，是雅典城邦的所在地。

作,体现的就是双亲性格。

艺术创作的这种认识本能,就如同梦和醉两个彼此不同的世界。日神和酒神这两个因素,可以看作是一种相应的关系。按照卢克莱修①的见解,壮丽的神的形象首次降临到人类的心灵便是在梦中;伟大的雕刻家菲迪亚斯②也是在梦中看见超人灵物的优美躯体。如果讯问诗歌创作的秘密,希腊诗人会告诉人们的同样是梦之所赐。汉斯·萨克斯③在《名歌手》中如此教导:

> 我的朋友,那正是诗人的使命,
> 描述并解释他所有的梦。
> 相信我,人的最真实的是幻想,
> 梦中人由此变得完美。
> 诗学和诗艺就是这样,
> 全在于释梦解义。

人在创造梦境方面可以说都是艺术家。梦境的美丽外观,往往为造型艺术提供前提。诗歌,当然也不例外。我们通过对形象的直接领会而获得欢悦,一切形式都直接同我们交谈,没有任何东西是不重要或多余。但虽然梦的真实性留给我们的印象是那样强烈,但它对我们仍然是外观上的朦胧感觉。这至少是我的经验如此。我可以提供一些证据和诗人名句,以证明这种经验是常见的,甚至是合乎规律的。凡有哲学气质的人甚至都会体会到这种预感:在我们生活和存在于其中的这个现实之下,也还隐藏着另一全然不同的"实在",因此这现实同样是一个外观。叔本华直截

---

① 卢克莱修(Titus Lucretius Carus,公元前98—55),古罗马诗人,哲学家。
② 菲迪亚斯(Phidins,活动时期约公元前490—430),古希腊雅典雕刻家。
③ 汉斯·萨克斯(Hans Sachs,1494—1576),德国诗人,剧作家。

了当地认为,一个人有时把人类和万物当作纯粹幻影和梦象,这反映他具有哲学天才的禀赋。正如哲学家趋向存在的现实一样,艺术上敏感的人更趋向梦的现实。他聚精会神于梦,他要根据梦的景象释义生活,他在生活中演习梦的过程。生活决非只有愉快、亲切;还有严肃、忧愁、悲怆、阴暗及突然的压抑、命运的捉弄和焦虑的期待,生活的整部"神曲",连同"地狱篇"一起,总是那样的使人历历如绘,并非如同皮影戏那样虚幻(因为他毕竟就在这话剧中生活和苦恼)但也不免仍有那种昙花一现的对于外观的感觉。梦有时会惊吓,这时我们会鼓励自己:"那只是一个梦!继续梦下去吧!"我听说,有些人曾经一连三四夜做同一个连贯的梦。所有这些事实都清楚地证明,梦往往反映人的最内在的本质、共同的底蕴及天性真实的需求。

希腊人在他们的日神身上表达了这种梦的欢愉。于是,日神成为造型之神,也是预言之神。从语源学上说,他是"发光者",支配着内心幻想世界美丽之外观①。这至高的真理,与难以把握的日常现实相对立的这些状态的完美性,以及对在睡梦中起恢复和帮助作用的自然的深刻领悟,都既是预言能力的、一般而言又是艺术的象征性相似物,靠了它们才使得人生成为可能并值得怀念。梦所有的那种柔和的轮廓(我们误认为是那样粗糙的现实)在日神形象中同样不可缺少:适度的克制,免受强烈的刺激,造型之神的睿智和静穆。日神的眼睛按其来源必须是"炯如太阳";即使当它激愤和怒视时,仍然保持着美丽光辉的尊严。叔本华在《作为意志和表象的世界》第一卷里借用一个被马雅人②抓去的人的口说道:"喧腾的大海横

---

① der Schein,在德语中兼有"外观"和"光辉"之意,所以尼采把它同作为光明之神的阿波罗相联系。
② 马雅人(Maya),中美洲印第安人,文化较高。

无际涯,翻卷着咆哮的巨浪,我坐在船上,委身于一叶扁舟;同样地,孤独的人,信赖个体化原理(principium individuationis)平静地置身于苦难世界之中。"从某种意义上说,这也适用于日神。关于日神的确可以说,在他身上有着那种信心坚定、平静稳健的庄严,他的表情和目光所表达的是"外观"的喜悦、智慧及其美丽,具有个体化原理所要求的壮丽的神圣形象。

在同一文中,叔本华又使我们瞥见了酒神的本质。那时一个人会突然地为他所面临的认识模型感到困惑,这个模型就好像个体化原理在崩溃之时从人的最内在基础即天性中升起的充满幸福的狂喜。它比拟为醉是极为贴切的。在一些原始人群和民族的颂诗里,说到有种麻醉饮料具有如此的威力,或者是受春日融融照临万物欣欣向荣的鼓舞,酒神激情的苏醒,随着这激情的高涨,主观逐渐化入浑然忘我之境。还在德国的中世纪,受酒神同一强力的驱使,人们成群结队,载歌载舞,到处狂欢。在圣约翰节和圣维托斯节的歌舞者身上,我们重睹了古希腊酒神歌队,而小亚细亚巴比伦乃至崇奉秘仪的萨刻亚(Sakaea)的狂欢舞者便是他们精神上的远祖。有一些人,由于缺乏体验或感官迟钝,自满自得于自己的健康,嘲讽地或怜悯地避开这些现象,犹如避开一种"乡土病"。这些可怜虫当然料想不到,当酒神歌队的狂热的人群从他们身边经过时,他们的"健康"会怎样地毫无生气,酷似幽灵。在酒神的魔力下人与人重新团结,长久以来被人们疏远、敌对、奴役的大自然也再度升华并重新庆祝其同人类间的和解。大地自动地奉献它的贡品,危崖荒漠中的猛兽也变得驯良。酒神的车辇满载着百卉花环,由虎豹驾驭着驱行。若有人把贝多芬的《欢乐颂》化作一幅图画,并由想象力凝想着数百万人匍匐于尘埃里的情景,这时人们就多少能体会到酒神状态了。此刻,奴隶变成了自由人。此刻,贫困、专断或"无耻的时尚"在人与人之间构筑的僵硬的敌对的藩篱土崩瓦解。此刻,世界大同的福音,使每个人感到自己同其他人团结、和解、融洽,甚至融为了一体。马雅人的面纱好像已被撕裂,只剩下碎片在神秘的太一之前瑟缩飘零,一切隔阂都杳无踪影。人们轻歌曼舞,俨然是一更高共同体的成员,陶陶然忘步忘言,飘飘然乘风飞扬。他的神态表明他着了魔。就像此刻野兽开口说话、大地流出牛奶和蜂蜜一样,超自然的奇迹也在人身上出现:此刻他觉得自己就是神,他如此欣喜若狂、无所不能,随心所欲地变幻,正如他梦见的众神能随心所欲变幻一样。世上不再有艺术,人本身就成了艺术品:整个大自然的艺术创造力。以太一的极乐满足为鹄的,在这里透过醉的战栗显示了出来。此刻,人,由最贵重的黏土,最珍贵的大理石,被捏制出来了,雕琢出来了。而应和着酒神的宇宙艺术家的斧凿声,响起厄琉息斯(Eleusis)秘仪①的呼喊:"苍生啊,你们颓然倒下了吗?宇宙啊,你预感到那创造者了吗?"

二

在考察了作为艺术力量的酒神及其对立者日神,我们说这些力量是从自然界本身迸发而来的,无须人间艺术家的中介。艺术冲动首先以自然的方式得以表达,就是说,作为梦的形象世界,这一世界的完成同个人的智力水平或艺术修养全然无关;而作为醉的现实,这一现实同样不重视个人因素,甚至蓄意否定个人因素的存在,用一种神秘的"大我"加以取代。面对自然的这些直接的艺术状态,每个艺术家都是"模仿者",或者说是日神的梦艺术家,或

---

① 厄琉息斯秘仪,古希腊农业庆节,始于雅典附近的厄琉息斯城,后传入雅典。

者说是酒神的醉艺术家,或者说是(例如在希腊悲剧中)二者兼而有之。我们不妨设想,当一人他在酒神的沉醉和神秘的自弃中,脱离歌队,独自游荡并醉倒于路边;由于日神的梦的感应,他在一种似梦的境界中,展现自己种种情态,这时他是与自然之本质融为一体的存在。

按照上述的这些分析,我们现在来考察希腊人,看看在他们身上那种自然的艺术冲动发展得如何,达到了何等的高度;通过对希腊艺术家同其原型的评价,我们可以认识亚里士多德所说的"模仿自然"的问题。虽然希腊有许多人写梦文学和述梦轶闻,我们仍然只能用推测的方式,不过带着相当大的把握,来谈论希腊人的梦。鉴于他们的眼睛具有令人难以置信的准确可靠的造型能力,他们对色彩具有真诚明快的爱好,我们不禁要设想(这真是后世的耻辱),他们的梦也有一种线条、轮廓、颜色、布局的逻辑因果关系,一种与他们最优秀的浮雕相似的艺术效果。倘若能够用比喻来说,它们的完美性使我们有理由把做梦的希腊人看作他们就是荷马,又把荷马看作实际是一个做梦的希腊人。这总比现代人在做梦方面竟敢自比为莎士比亚有更深刻的意义。

然而,我们可以这样断定,酒神的希腊人同酒神的野蛮人之间隔着一条鸿沟。纵观世界古代文明(且不谈现代文明),从罗马到巴比伦,我们发现酒神节到处存在,其类型之于希腊酒神节,至多如同从山羊借得名称和标志的长胡须萨提儿①之于酒神自己。几乎在所有的地方,这些节日的核心都是一种癫狂的性放纵,它的浪潮冲决每个部落及其宗法;天性中最凶猛的野兽径直脱开缰绳,乃

---

① 萨提儿(Satyr),希腊神话中的森林之神,其形状为半人、半山羊,纵欲嗜饮,代表原始人的自然冲动。

至肉欲与暴行令人憎恶地相混合,我把这视为是真正的"淫药"发作。有关这些节日的知识从所有陆路和海路向希腊人源源渗透,面对这些狂热刺激,希腊人似乎凭藉巍然屹立的日神形象才长久地安然无恙地卫护了一个时代,日神举起美杜莎①的头,便似乎能够抵抗任何比怪诞汹涌的酒神冲动更危险的力量。这是陶立克式的艺术,日神庄严的否定姿态在其中永世长存。然而,一旦类似的冲动终于从希腊人的至深根源中涌发出来,闯开一条出路,抵抗便会很成问题,甚至变得不可能。这时,德尔斐神②的作用仅限于:通过一个及时缔结的和解,使强有力的敌手缴出毁灭性的武器。这一和解是希腊崇神史上最重要的时刻,回顾这个时刻,事情的根本变化是一目了然的。两位敌手和解了,并且严格规定了从此必须遵守的界限,定期互致敬礼;鸿沟并未彻底消除。但我们如果看到,酒神的权力在这媾和的压力下如何显现,我们就会知道,与巴比伦的萨克亚节及其人向虎猿退化的陋习相比,希腊人的酒神宴乐可以说是一种救世节或神化日。只有在希腊人那里,大自然才达到它的艺术庆典,个体化原理的崩溃才成为一种艺术现象。在这里,肉欲和暴行混合而成的可憎恶的"淫药"也失效了,只有在酒神信徒的激情中那种奇妙的混合和二元性才使人想起它来——就好像药物使人想起致命的毒药一样。其表现是,痛极生乐,发自肺腑的欢呼使人忘却不幸的哀音;乐极而惶恐惊呼,为悠悠千古之恨悲鸣。在那些希腊节日里,大自然简直是呼出了一口伤感之气,仿佛在为它分解成个体而喟叹。对于荷马时代的希腊世界来说,

---

① 美杜莎,希腊神话中的女妖,以蛇代发。她的头像常见于建筑物入口处的屏壁上,希腊人认为可以避邪化险。
② 德尔斐神(Delphi God),德尔斐,为希腊的旧都,以阿波罗神则著称,故德尔斐即指阿波罗神。

这些有着双重情绪的醉汉的歌唱和姿势是某种闻所未闻的新事物，而酒神的音乐尤其使人心惊胆战。音乐似乎一向被看作日神艺术，但确切地说，这不过是指节奏的律动，节奏的造型力量被发展来描绘日神状态。日神音乐是音调的陶立克式建筑术，但只是某些特定的音调，例如竖琴的音调。而那种非日神的因素，那些决定着酒神音乐乃至一般音乐的特性的因素，如音调的震撼人心的力量，歌韵的急流直泻，和声的绝妙境界，在日神音乐中却被小心翼翼地排除了。在酒神颂歌里，人受到鼓舞，最高度地调动自己的一切象征能力；某些前所未有的感受，如马雅人面纱的揭除，族类创造力乃至大自然创造力的合为一体，急于得到表达。这时，自然本质要象征地表现自己，必须有一个新的象征世界；整个躯体都获得了象征意义，不但包括双唇、脸面、语言，而且包括频频运动手足的丰富舞姿。然后，其他象征能力成长了，寓于节奏、动力与和声的音乐的象征力量突然汹涌澎湃。为了充分调动全部象征性地表达出这种境界，而且要通过上述能力象征地表达出这种境界。所以，唱着颂歌的酒神信徒只被同道中人理解！日神式的希腊人看到他们时心中的恐惧和惊愕是不难想象的。然而当他们以战战兢兢的心情了解了所有这些看来并不十分敌对的现象时，他们更大大地感到惊讶：原来必定如此惊愕！这种惊愕与日俱增且其中还掺入了一种恐惧：他对日神的信仰原来也不过是用来掩遮面前这酒神世界的一层面纱而已。

三

要理解日神文化，我们必须精心地来拆除由一砖一石构筑的阿波罗式大厦，发现其下面作为地基的部分。这时映入我们眼帘的首先是奥林匹斯诸神的壮丽形象，这些诸神和阿波罗式大厦一样耸立于山墙上,山墙的腰线为描绘这些诸神光彩照人事迹的浮雕装饰着。在这些浮雕中,日神同众神像比肩而立,虽他并不要求第一把交椅,但我们都明白,正是体现在日神身上的那种力量,日神是奥林匹斯之父。但一个如此光辉的奥林匹斯诸神社会是因何种需要而产生的?

不论是谁,只要是心怀另一种宗教心情,他在奥林匹斯山上必定会怅然失望,他根本找不到所意想寻找的如道德的高尚、心灵的圣洁、无肉体的空灵、悲天悯人的目光等。这里没有所谓苦得、修身、义务的教化;所有的只是一种奢靡的并且还耀武扬威的生存方式与我们对话,在这个生存之中,一切存在物不论善恶都被尊崇为神,于是,静观者也诧异地面对这生机盎然的景象,自问这些豪放的人服了什么灵丹妙药,使他们能如此享受人生,以致目光所到之处,海伦①,他们这个"飘浮于甜蜜官能"的理想形象,都在向着他们嫣然微笑。然而,我们要对这位提问的静观者说:"你可以先听听希腊民间智慧对这个以妙不可言的快乐向你展示的生命说了些什么。"流传着一个古老的神话:弥达斯②国王在树林里久久地寻猎酒神的伴护——聪明的西勒诺斯③,却没有寻到。当西勒诺斯终于落到国王手中时,国王问道:"对人来说,什么是最好最妙的?"这精灵木然呆立,一声不吭。直到最后,在国王强逼下,他突然发出刺耳的笑声说:"可怜的浮生呵,无常而苦难之子,为什么你要逼我说出你最好不要听到的话呢?那最好的东西是你根本得不到

---

① 海伦(Heleu),是斯巴达国王墨涅拉俄斯(Mehelous)的王后,因她被帕里斯(Paris)拐走,遂引起了有名的特洛伊战争。
② 弥达斯(Midas),希腊神话中佛律癸亚国王,以巨富著称,传说他释放了捕获的西勒诺斯,把他交给酒神,酒神许以点金术。
③ 西勒诺斯(Selenus),希腊神话中的精灵,酒神的养育者和教师。

的,这就是不要降生,不要存在,成为虚无。不过对于你还有次好的东西,即立刻就死。"

奥林匹斯诸神如何对待民间的智慧?那就如殉道者在临刑时以狂喜的幻觉来面对苦难。现在奥林匹斯山似乎已向我们开放,它显示其根源。希腊人知道并感觉到生存的恐怖和可怕,为了能够活下去,他们必须置身于奥林匹斯诸神光辉梦境之前。对于泰坦诸神①自然暴力的极大疑惧,冷酷凌驾于一切知识的命数,折磨着人类伟大朋友普罗米修斯的兀鹫,智慧的俄狄浦斯②的可怕命运,驱使俄瑞斯忒斯③弑母的阿特柔斯④家族的历史灾难,总之,诸神的全部哲学及其诱使忧郁的伊特鲁利亚人⑤走向毁灭的神秘事例——这一切被希腊人用奥林匹斯艺术中间世界不断地重新加以克服,至少加以掩盖,从眼前移开了。为了能够活下去,希腊人出于至深的必要不得不创造这些神。我们也许可以这样来设想这一过程:从原始的泰坦诸神的恐怖秩序,通过日神的美的冲动,逐渐过渡而发展成奥林匹斯诸神的快乐秩序,这就像玫瑰花从有刺的灌木丛里扬葩吐艳一样。这个民族如此敏感,其欲望如此热烈,如此特别容易痛苦,如果人生不是被一种更高的光辉所普照,在他们的众神身上显示给他们,他们能有什么其他办法忍受这人生呢?召唤艺术进入生命的这同一冲动,作为诱使人继续生活下去的补偿和生存的完成,同样促成了奥林匹斯世界的诞生,在这世界里,

---

① 泰坦诸神(Titans),希腊神话中天神和地神所生的六儿六女,与宙斯争夺统治权而为其所败,象征大自然的原始暴力。
② 俄狄浦斯的英文名为 Oedipus。
③ 俄瑞斯忒斯的英文名为 Oretes。
④ 阿特柔斯的英文名为 Atreus。
⑤ 伊特鲁利亚人,古意大利人的一支,公元前 11 世纪由小亚细亚渡海而来。公元前 6 世纪达于极盛,曾建立统治罗马的塔克文王朝。后为罗马所灭,但其文化对罗马有重大影响。

希腊人的"意志"持一面有神化作用的镜子映照自己。诸神就这样为人的生活辩护,其方式是他们自己来过同一种生活——唯有这是充足的神正论!在这些神灵的明丽阳光下,人感到生存是值得努力追求的。而荷马式人物的真正悲痛在于和生存分离尤其是过早分离。因此,关于这些人物,现在人们可以逆西勒诺斯的智慧而断言:"对于他们,最坏的是立即要死,其次坏的是迟早要死。"这种悲叹一旦响起,它就针对着短命的阿喀琉斯①,针对着人类世代树叶般的更替变化,针对着英雄时代的衰落,这是生的宿命。但渴望活下去的愿望是如此强烈,哪怕是作为一个奴隶那样的活。在日神阶段,"意志"热切地要求这种生存,荷马式人物感觉到生与死的难解难分,以致悲叹化作了对生存的颂歌。

这里有必要指出,人类在后来开始盼望与自然的和谐统一,席勒用"素朴"这个术语所表达这种情形,但事物从来不是如此简单并自发而生的,似乎一切都是处于不可避免的状态,好像我们必定会在每种文化的入口之处遇到这种人间天堂似的。只有一个时代才会相信这种状态,这个时代试图把卢梭的爱弥儿想象成艺术家,期望在荷马身上发现一个在大自然怀抱中受教育的艺术家爱弥儿。只要我们在艺术中遇到"素朴",我们就应知道这是日神文化的最高效果,这种文化必定首先推翻一个泰坦王国,杀死巨怪,然后凭借有力的幻觉和快乐的幻想战胜现实之忧郁的沉思和多愁善感的脆弱天性。然而,要达到这种完全沉浸于外观美的素朴境界,是多么难能可贵啊!荷马的崇高是不可言喻的,作为独特的个人,他诉诸日神的民族文化,犹如一个梦艺术家诉诸民族的以及自然

---

① 阿喀琉斯(Achilles),特洛伊战争中的英雄,死在特洛伊城陷落前的争夺战中。

界的梦的能力。荷马的"素朴"只能理解为日神幻想的完全胜利,它是大自然为了达到自己的目的而经常使用的一种幻想。真实的目的被幻象遮盖了,我们伸手去抓后者,而大自然却靠我们的受骗实现了前者。在希腊人身上,"意志"希望通过创造力和艺术世界的神化作用直观自身。它的造物为了颂扬自己,就必须首先觉得自己应当领受颂扬。所以,他们要在一个更高境界中再度观照自己,这个完美的静观世界不是作为命令或责备发生作用。这就是美的境界,他们在其中看到了自己的镜中映象——奥林匹斯诸神。希腊人的"意志"用这种美的映照来对抗那种与痛苦的智慧相关的艺术才能,而作为代表这种不朽胜利的纪念碑的,是在我们面前巍然矗立的素朴艺术家荷马。

四

关于这素朴的艺术家,梦的类比可以给我们一些启发。我们不妨想象一个做梦的人,他沉湎于梦境的幻觉,为了使这幻觉不受干扰,便向自己喊道:"这是一梦,我要把它梦下去。"从这里我们可以推断,梦的静观有一种深沉内在的快乐。另一方面,为了能够带着静观的这种快乐做梦,就必须完全忘掉白昼及其烦人的纠缠。对这一切现象,我们也许可以在释梦之神日神指导下,用下述方式来说明。在生活的两个半边中,即在醒和梦中,前者往往被认定更为可取、重要、庄严,值得经历一番,甚至是唯一经历的生活;但是,我仍然提出相反的主张,尽管表面看来这种主张多么荒谬,那就是,就我们身为其现象的那一本质的神秘基础来说,梦恰恰应当受到人们所拒绝给予的重视。因为,我愈是在自然界中察觉到那最强大的艺术冲动,并且在这冲动中察觉到一种对于外观及通过外观而得解脱的热烈渴望,我就愈感到自己没有理由不承认这一形而上的假定：真正的存在和太一"作为永恒的痛苦和冲突，既需要振奋人心的幻觉，也需要充满快乐的外观，以求不断得到解脱"。因为我们完全囿于这外观，而且我们本身就是这外观的素材，必定会觉得它是真正的非存在，是一种在时间、空间和因果架构中的永恒的展观。换句话说，就是我们通常所说的经验的实在。让我们暂时不考虑我们自身的"实在"，而把我们的经验存在同一般的世界存在那样，理解为在每一瞬间唤起的太一的表象，那么，我们就必须把梦视作外观的外观，从而视作对外观的原始欲望的一种更高满足。基于这同一理由，自然的内心深处对于素朴艺术家和素朴艺术品（它也只是"外观的外观"）怀有说不出的喜悦。拉斐尔本人是不朽的素朴艺术家之一，他在一幅象征画里给我们描绘了一个外观向另一外观的转化，也就是素朴艺术家以及日神文化的原始过程。他在《基督变圣容》①下半幅，用那个痴醉的男孩，那些绝望的追随者，那些惊慌的信徒，反映了永恒的原始痛苦、存在的唯一基础，在这里，"外观"是永恒冲突这万物之父的反照。但是，从这一外观升起了一个幻觉的新的外观世界——它闪闪发光地飘浮在最纯净的幸福之中，飘浮在没有痛苦的、远看一片光明的静观之中。在这里，在最高的艺术象征中，我们看到了日神的美的世界及其深层基础——西勒诺斯的可怕智慧，凭直觉领悟了二者的相互依存关系。然而，日神再一次作为个体化原理的神化出现在我们面前，唯有在它身上，太一永远达到目的，通过外观而得到补偿和满足。它以崇高的姿态向我们指出，整个苦恼世界是多么必要，个人借之而产生有解脱作用的幻觉，并且潜心静观这幻觉，以便安坐于颠簸小舟，渡过苦海。

---

① 《基督变圣容》的英文名为 Transfiguration。

个体化的神化，作为命令或规范的制定来看，只承认一个法则——即对个人界限的遵守，也即希腊人所说的适度。作为德行之神，日神要求它的信奉者适度以及——为了做到适度——有自知之明。于是，与美的审美必要性平行，提出了"认识你自己"和"勿过度"的要求；反之，自负和过度则被视为与日神领域势不两立的恶魔，因而是日神前泰坦时代的特征，以及日神外蛮邦世界的特征。普罗米修斯因为对人类的泰坦式的爱，必定遭兀鹫的撕啄；俄狄浦斯因为他过分聪明，解开斯芬克司之谜，必定陷进罪恶的混乱旋涡——这就是德尔斐神对希腊古史的解释。

在日神式的希腊人看来，酒神冲动的作用也是"泰坦的"和"蛮夷的"；同时他们又不能不承认，他们自己同那些被推翻了的泰坦诸神和英雄毕竟有着内在的血亲关系。他们甚至还感觉到：他们的整个生存及其全部美和适度，都建立在某种隐蔽的痛苦和知识之根基上，而酒神的冲动才清晰地向他们显现出这种根基。看吧！日神现在觉得离开酒神他也无法生存！说到底，"泰坦"和"蛮夷"因素与日神因素同样必要！现在我们可以想象，酒神节忘形的狂欢之声以如何诱人的魔力飘进这建筑在外观和适度之上、受到人为限制的世界，这狂欢之声又是如何地将自然的狂暴的全言阶——愉快、悲伤、智慧——甚至是最刺耳的号啕完全表现了出来；我们可以想象，与这着了魔似的全民歌唱相比，拨响幽灵似的竖琴、唱着赞美诗的日神艺术家能有什么意义！"外观"艺术的缪斯们①在这醉中谈说真理的艺术面前显得多么苍白无力！而西勒诺斯的智慧只能向静穆的奥林匹斯神悲叹哭号！在这里，个体带着他的全部界限和适度，进入酒神的陶然忘我之境，忘掉了日神的

---

① 缪斯（the Muses），希腊神话中统辖文艺、美术、诗歌等的九位女神。

清规戒律。过度似乎成了真理,矛盾、生于痛苦的欢乐则宣叙了大自然的心怀。无论何处,凡酒神足迹所到,日神就遭到扬弃和毁灭。但是,同样确凿的是,在初次进攻被顶住的地方,德尔斐神的威信和庄严就愈发显得盛气凌人,更加令人敬畏。因此,我可以宣布,在我看来,陶立克情态和陶立克艺术不过是永恒的日神步步安扎的营寨;只有不断抗拒酒神的原始野性,这种如此严谨的艺术,这种如此富有抵御力的艺术,这种如此尚武、严厉的训练,这种如此残酷无情的国家制度,才得以长久维持。

我在本文开头提出的看法,到此已作了充分的阐明:日神和酒神怎样在彼此衔接的不断创造中相得益彰,支配了整个希腊民族的本质;从"青铜"时代及其泰坦诸神的战争和严厉的民间哲学中,在日神的美的冲动支配下,怎样发展出了荷马的世界:这"素朴"的壮丽又怎样被酒神的激流淹没;最后,在与这种新势力的抗衡中,日神冲动怎样导致陶立克艺术和陶立克世界观的高贵与威严。如果按照这种方式,根据两个敌对原则的斗争,把古希腊历史分为四大艺术时期,那么,我们现在势必要追问这种变化发展的最终意图究竟是什么,因为最后达到的时期,即陶立克艺术时期,决不应看作这些艺术冲动的顶点和目标。于是,我们眼前出现了雅典悲剧和戏剧化的酒神颂歌的高尚而珍贵的艺术作品,它们是两种冲动的共同目标,这两种冲动经过长期斗争,终于在一个既是安提戈涅、又是卡珊德拉的孩子身上庆祝其神秘的婚盟。

(璐　夫　译)

希腊悲剧与酒神①

进入我们研究核心的是认识酒神,酒神即日神类型的创造力及其艺术作品,至少直觉式地领悟这种结合成为可能的神秘性。现在我们首先要问,那在日后发展成悲剧和戏剧化的酒神颂歌的新萌芽,在希腊人的世界里最早显露于何处?关于这一点,古代人自己给了我们形象的启发,他们把荷马和阿尔基洛科斯②,当作希腊诗歌的始祖和持火炬者,并列表现于像、浮雕等之上,真心感到只有这两个同样完美率真的天性值得尊崇为希腊的原始精神之所在,从他们身上涌出一股火流,温暖着希腊的千秋万代。荷马,这潜心自向的白发梦想家,日神文化和素朴艺术家的楷模,现在以惊奇的目光注视那充满人生激情、狂放尚武的缪斯的侍者阿尔基洛科斯的兴奋面孔。现代美学只会把这解释为"主观"艺术家和"客观"艺术家首次遭遇。这种解释其实对我们毫无用处,因为我们认为,主观艺术家不过是坏艺术家,在每个艺术种类和高度上,首先

---

① 安提戈涅(Antigone),俄狄浦斯的女儿,其父失明后,曾为其父导盲,后又违抗新王克瑞翁的禁令,埋葬其兄波吕尼刻斯。卡珊德拉(Cassandra),特洛伊公主,天赐能预言的能力,但是永远无法取信于人。

② 阿尔基洛科斯(Archilochus,公元前747—676?),古希腊抒情诗人,擅长讽刺诗。

要求克服主观,摆脱"自我",让个人的一切意愿和欲望保持缄默。因为没有客观性,没有纯粹超然的静观,就不能想象有哪怕最起码的真正的艺术创作。为此,我们的美学必须首先解决这个问题:"抒情诗人"怎么能够是艺术家? 一切时代的经验都表明,他们老是在倾诉"自我",不厌其烦地向我们歌唱自己的热情和渴望。正是这个阿尔基洛科斯,在荷马旁边,用他的愤恨讥讽的呼喊,如醉如狂的情欲,使我们心惊肉跳。因此,那第一个被称为主观艺术家的,岂不因此是真正的非艺术家吗? 可是,这样一来,又如何解释他所受到的尊崇呢?这种尊崇恰好是由"客观"艺术的故乡德尔斐的神谕所证实了的。

  关于自己创作的过程,席勒用一个他自己也不清楚的、但无疑是光辉的心理观照向我们作了阐明。他承认,诗创作活动的预备状态,决不是眼前和心中有了一系列用思维条理化了的形象,而毋宁说是一种音乐情绪。他们:"就我自己而言一开始只是一些模糊不清的情绪的幻影;而这些情绪的意象要到后来才升起。起先,是在心里掠过某种音乐情绪随后我头脑里才有诗的现象。"我们再补充指出全部古代抒情诗人与乐师都自然而然地相结合,甚至成为一体。相形之下,现代抒情诗好像是无头神像,现在,我们就能根据前面阐明的审美形而上学,用下述方式解释抒情诗人。首先,作为酒神艺术家,他完全同太一及其痛苦和冲突打成一片,制作太一的摹本,即音乐,倘若音乐有权被称作世界的复制和再造的话;然而,在日神的召梦作用下,音乐对于他来说重新变得可视了,就如同梦境一般。原始痛苦在音乐中的无形象无概念的再现,现在靠着它在外观中的解脱,产生一个第二映象,成为了别的譬喻或例证。艺术家在酒神的情态中得先放弃他的主观性;现在,向他表明他同世界心灵相统一的那幅图画是一个梦境,它把原始冲突、原始痛苦以及外观的原始快乐都变成可感知的了。抒情诗人从存在的深渊里呼叫的"自我";现代美学家所谓抒情诗人的"主观性",其实,只是一个错觉。当希腊第一个抒情诗人阿尔基洛科斯向吕甘伯斯的女儿们同时表示他的痴恋和蔑视时,我们看到的并不是他的如痴如狂颤动着的热情;我们看到的是酒神和他的侍女们,看到的是酩酊大醉的阿尔基洛科斯,如同欧里庇得斯①在《酒神侍者》中所描写的那样:正午,阳光普照,他醉卧在阿尔卑斯山的草地上;这时,日神走近了,用月桂枝轻触他。于是,醉卧者身上酒神和音乐的魔力似乎向四周迸发出幻想和诗的火花,这就是抒情诗,它的最高发展形式被称作悲剧和戏剧化的酒神颂歌。

雕塑家以及与之性质相近的史诗诗人沉浸在对形象的纯粹静观之中。酒神音乐家完全没有形象,他是原始痛苦本身及其原始回响。抒情诗的天才则感觉到,从神秘的弃和统一状态中生长出一个形象和譬喻的世界,与雕塑家和史诗诗人的那个世界相比,这个世界有完全不同的色彩、因果联系和速度。雕塑家和史诗诗人愉快地生活在形象之中,并且只生活在形象之中,乐此不疲,对形象最细的特征爱不释手。对他们来说,发怒的阿喀琉斯的形象只是一个形象,他们怀着对外观的梦的喜悦享受其发怒的表情。这时候,他们是靠那面外观的镜子防止了与他们所塑造的形象融为一体。与此相反,抒情诗人的形象只是抒情诗人自己,它们似乎是他本人的形形色色的客观化,所以,可以说他是那个"自我"世界的移动着的中心点。不过,这自我不是清醒的、经验现实的人的自我,而是根本上唯一真正存在的、永恒的、立足于万物之基础的自我,抒情诗天才正是通过这样的自我的摹本洞察万物的基础。现

---

① 欧里庇得斯(Euripides),希腊戏剧作家。

在我们再设想一下,他在这些摹本下又发现了自己是非天才,即发现了他的"主体",它是由他全部丰富的主观激情和愿望组成的,指向他自以为真实确定的对象。如此看来,抒情诗天才与同他相关的非天才似乎原是一体,因而前者用"我"这字眼谈论自己。但是,这种现象现在不能再迷惑我们了,尽管它迷惑了那些认定抒情诗人是主观诗人的人。实际上,阿尔基洛科斯这个热情燃烧着、爱着和恨着的人,只是创造力的一个幻想,此时此刻他已不再是阿尔基洛科斯,而是世界创造力借阿尔基洛科斯其人象征性地说出自己的原始痛苦。相反,那位主观地愿望着、渴求着的人阿尔基洛科斯绝不可能是诗人。然而,抒情诗人完全不必只把阿尔基洛科斯其人这个现象当作永恒存在再现;悲剧证明,抒情诗人的幻想世界能够离那诚然最早出现的现象多么远。

叔本华并不回避抒情诗人给艺术哲学带来的困难,他相信能找到一条出路,尽管我并不赞同他的这条出路。在他的深刻的音乐哲学里,他掌握了能够彻底消除困难的手段。我相信,按照他的精神,怀着对他的敬意,必然获得成功。然而,他在《意志和表象的世界》卷里却这样描述诗歌的特性:"一个歌者所强烈意识到的,是意志的主体,即自己的愿望,它常是满足和解除了的愿望(快乐),更常是受阻抑的愿望(悲哀),不论哪一种情形,反正始终是冲动、热情和激动的心境。同时,歌者又通过观察周围自然界而意识到,他是无意志的纯粹认识的主体。以后,这种认识的牢不可破的天国般的宁静就同常受约束、愈益可怜的愿望的煎熬处于相对立的态势。其实,一切抒情诗都在倾诉这种对立和交替的感觉,一般来说,正是它造成了抒情的心境。在抒情心境中纯粹认识仿佛向我们走来,要把我们从愿望及其煎熬中解救出来。我们顺从了,但只是在片刻之间,愿望、对个人目的的记忆总是一而再、再而三地将我们拖离宁静的观照。不过,眼前的优美景物也总是重新吸引我们离开愿望,无意志的纯粹在这景物中向我们显现自身。这样,在抒情诗和抒情心境中,愿望(个人的目的、兴趣)与对眼前景物的纯粹静观彼此奇特地混合。我们将要对二者的关系加以探究和揣想。在一种反射作用中,主观的情绪和意志的激动所观照的景物染上自己的色彩,反过来自己也染上景物的色彩。真正的抒情诗就是这整个既混合又分离的心境的印迹。"

从这段叙述中,谁还看不出来,抒情诗被描写成一种不完善的、似乎偶尔得之、很少达到目的的艺术,甚至是一种半艺术,这种半艺术的本质应当是愿望与纯粹静观,即非审美状态与审美状态的奇特混合?我们宁可主张,叔本华依然用来当作价值尺度并据以划分艺术的那个对立,即主观艺术与客观艺术的对立,在美学中是根本不适用的。在这里,主体,即愿望着的和追求着一己目的的个人,只能视作艺术的敌人(虽然他创造了艺术),不能视作艺术的源泉。但是,在下述意义上艺术家是主体:他已经摆脱他个人的意志,好像变成了中介,通过这中介,一个真正的主体庆祝自己在外观中获得解脱。我们在进行褒贬时,必须特别明了这一点:全然的喜剧艺术根本不是为我们所有的,譬如说,不是为了改善和教育我们而有的,而且我们也不是这艺术世界的真正创造者。我们不妨这样来看自己:对于艺术世界的真正创造者来说,我们是真实的创造者的美学上的投影,我们的最高尊严就在作为艺术作品的价值之中——因为只有作为审美观象,生存和世界才是永远有充分理由的。可是,我们关于我们这种价值的意识,从未超过画布上的士兵对画布上的战役所拥有的意识。所以,归根到底,我们的全部艺术知识是完全虚妄的知识,因为作为认知者,我们并没有与那个本质合为一体,该本质作为艺术喜剧的唯一作者和群众,替自己预备了这永久的娱乐。只有当天才在艺术创作活动中同这位世界原始艺术家互相融合,他对艺术的永恒本质才略有所知。在这种状态中,他像神仙故事所讲的魔画,能够神奇地转动眼珠来静观自己。这时,他既是主体,也是客体;既是诗人和演员,也是观众。

一

有关阿尔基洛科斯的学术研究揭示,他把民歌引进了文学,正因为这个功绩,他受到希腊人的普遍敬重,从而使他处于与荷马齐名的特殊地位。然而,什么是同完全日神的史诗相对立的民歌呢?它不就是日神相结合的永久痕迹(Perpetuum ves-tigium)吗?它声势浩大地流行于一切民族,并且不断新生,日益加强,给我们提供了一个证据,证明自然界的二元性艺术冲动有多么强烈。这些冲动在民歌里留下痕迹,正如一个民族的秘仪活动在该民族的音乐里永垂不朽一样。我们不难用历史事实证明,凡民歌多产兴盛的时期,无一不是受到酒神洪流最强烈的刺激的时代。长期来,酒神洪流始终被看作民歌的深层基础和先决条件。

然而,在我们看来,民歌首先是世界的一面镜子,是原始的旋律,这旋律现在为自己找到了对应的梦境,将它表现为诗歌。因此,旋律是第一的和普遍的东西,从而能在多种体裁词中承受多种客观化。按照民众的朴素评价,它也是最为重要和必需的东西。旋律从自身中产生诗歌,并且不断地使诗歌得到新生。民歌的诗节形式充分地表明了这一点。我对这种现象一直感到惊诧,直到我终于找到了下列的说明我才了然。我们只要考察任何一本民歌集,例如《男孩的魔号》,就会找到无数例子,表明连续生育着的旋律怎样在自己周围喷洒如画焰火,绚丽多彩,瞬息万变,惊涛狂澜,显示出一马平川的史诗闻所未闻的力量。从史诗的立场看,抒情诗的这个不均衡、不规则的形象世界简直该受谴责,而忒潘德①时代日神节的吟游诗人真是如此谴责它的。

　　这样,在民歌创作中,我们看到语言全力以赴、聚精会神地模仿音乐。所以,由阿尔基洛科斯开始了一个新的诗歌世界,它同荷马的世界是根本对立的。我们以此说明了诗与音乐、文字与声音之间唯一可能的关系:词、形象、概念,寻求一种同音乐相似的表达方式,终于折服音乐的威力。在这个意义上,我们可以在希腊民族的语言史上区分出两个主要潮流,其界限是看语言模仿现象和形象世界,还是模仿音乐世界。只要深思一下荷马和品达②的语言的色彩、句法结构、词汇方面的差异,并领会这一对立的意义,就会清楚地看到:在荷马和品达之间,必定响起过奥林匹斯秘仪的笛声,直到亚里士多德时代,音乐已经极其发达,这笛声仍使人如醉似狂,以其原始效果激励当时的一切诗歌表现手段去模仿它。我不禁想起今日一种众所周知的、我们的美学却感到厌恶的现象。我们一再发现,有些听众总想替贝多芬的某首交响曲寻找某种图解。把由一段乐章产生的种种形象的组合,想象成图画般的语言的陈述,势必显得十分怪异,甚至是与音乐相矛盾的,而我们某些美学家却偏要在音乐的意象上卖弄其小聪明,反而忽略了真正值得弄清的现象。纵使这位音乐家用形象说明一种结构,譬如把某一交响曲称作"田园交响乐",把某一乐章称作"河边小景",把另一乐章称作"田夫同乐",也只是生于音乐的譬喻式观念而已,而绝非指音乐所模仿的对象,无论从哪方面看,这些观念都不能就音乐的酒神内容给我们以启示,而且,和别的形象相比,它们也没有特别

---

　　① 忒潘德(Terpander),活动时期约公元前 647 年,希腊爱琴海莱斯岛诗人和音乐家。
　　② 品达(Pindar,公元前 522?—442),古希腊抒情诗人,擅长合唱抒情诗。

的价值。现在,我们把这个寓音乐于形象的过程搬用到一个朝气蓬勃的、富有语言创造力的人群中,便可大致了解诗节式的民歌如何产生,而一个民族的全部语言能力又如何因模仿音乐这一新原则而获得调动的。

且让我们把抒情诗看作音乐通过形象和概念的模仿而闪射的光芒,这样,我们就可追问:"音乐在形象和概念中表现为什么?"它表现为意志(按照叔本华所赋予的含义来使用这个词),也就是表现为纯观照、无意志的审美情绪的对立面。在这里,人们或许要尽可能严格地把本质概念同现象概念加以区分,因为音乐按照其本质不可能是意志,否则就要完全被逐出艺术领域,须知意志本身是非审美的。然而,它却表现为意志。这是因为,为了表达形象中的音乐现象,抒情诗人必须调动全部情感,从温情脉脉到深仇大恨。在用日神譬喻表达音乐这种冲动下,他把整个自然连同他自身仅仅理解为永恒的意欲者、憧憬者和渴求者。但是,只要他用形象来解释音乐,那么,不论通过音乐的媒体所看到的他周围的一切是多么汹涌澎湃,他自己已经静息在日神沉思的宁静海面上。当他通过音乐媒介看自己时,他自己的形象就出现在一种未得满足的情感状态中,他自己的意愿、渴念、呻吟、欢呼都成了他借以向自己解释音乐的一种譬喻。这就是抒情诗人的现象;作为日神的天才,他用意志的形象解释音乐,而他自己却完全摆脱了意志的欲求,成了纤尘不染的金睛火眼。

这里的全部探讨坚持一点:抒情诗仍然于音乐精神而存在,而音乐本身却有完全的主权,无需依赖形象和概念而存在,却可以容忍它们二者。抒情诗不能说出音乐在最高一般性和普遍有效性中未曾说出的东西,音乐迫使抒情诗作图解。所以,语言绝不能把音乐的世界象征圆满表现出来,音乐由于象征性地关联到太一心中的原始冲突和原始痛苦,故而一种超越一切现象和先于一切现象的境界才得以象征化。相反,每种现象之于音乐毋宁只是譬喻;因此,语言作为现象的器官和符号,绝对不能把音乐的至深内容加以披露。不论何时,当语言试图模仿音乐时,它同音乐只能有一种外表的接触,我们仍然不能凭借任何抒情的雄辩力而向音乐的至深内容靠近一步。

二

由此观之,现在,我们必须求助于前面已经探讨过的种种艺术原理,以期在希腊悲剧的起源这个迷宫里辨识路径。倘若我说这一起源问题至今从未严肃地提出过,更不用说解决了,我想这决不是夸大其词,危言耸听。古代传统的飘零碎片也曾常被拼缝起来,可又往往重新被扯裂。古代传统斩钉截铁地告诉我们,悲剧从悲剧性合唱中产生,一开始仅仅是合唱,除了合唱什么也不是。因此,我们有责任去探究作为真正原始戏剧的悲剧性合唱的核心,无论如何不要满足于流行的艺术滥调,说什么合唱队是理想观众,或者说它代表平民对抗舞台上的王公势力。后一种解释,在有些政治家听来格外响亮,似乎民主的雅典人的永恒道德准则体现在平民合唱身上了,这合唱始终凌驾于国王们的狂暴的放荡无度之上,坚持着正义。这种解释尽管可以援引亚里士多德的话来助威,但不着悲剧起源问题的边际。在这个问题上,所谓平民和王公的对立,一般来说,任何政治和社会领域中的对立,都未触及悲剧的纯粹宗教根源。就埃斯库罗斯①和索福勒斯②那里我们所熟悉的歌

---

① 埃斯库罗斯(Aischulos,约公元前525—前456),古希腊三大悲剧作家之一,被称为"悲剧之父"。
② 索福克勒斯(Sophokles,约公元前496—前406),古希腊三大悲剧作家之一,对希腊悲剧的进一步革新和发展有很大贡献。

队的古典形式而论，我们甚至认为，说这里预见到了"立宪人民代表制"那真是亵渎。古代的国家宪法在实践上并没有立宪平民代表制，也就没有必要去希望在他们的悲剧里"预见"到它。

比合唱这种政治解释远为著名的是 A.W.施莱格尔[①]的见解。他认为，在一定程度上，可把合唱看作观众的典范和精华看作"理想的观众"。这种观点同"悲剧一开始仅是悲剧性合唱队"这一历传统说法对照起来，就原形毕露，证明自己是一种粗陋的、不科学的、然而闪光的见解。但它之所以闪光，只是靠了它的概括的表达形式，靠了对一切所谓"理想的"东西的真正日耳曼式偏爱，靠了我们一时的惊愕。只要我们把我们十分熟悉的剧场公众同合唱队作一比较，并且自问，从这种公众里是否真的可能产生过某种同悲剧性合唱队类似的东西，我们就惊诧不已了。我们冷静地否认这一点，既奇怪施莱格尔主张的大胆，也奇怪希腊公众竟有完全不同的天性。我们始终认为，一个正常的观众，不管是何种人，必定始终知道他所面对的是一件艺术作品，而不是一个经验事实。相反，希腊悲剧合唱队却不由自主地把舞台形象认作真人。扮演海神女儿的合唱队真的相信亲眼目睹了泰坦神普罗米修斯，并且认为自己就是舞台上的起初的神。那么，像海神女儿一样，认为普罗米修斯亲自到场真有其人，难道便是最高级最纯粹的观众类型了吗？难道跑上舞台，把这位神从酷刑中解救出来，便是理想观众的标志？我们相信审美的公众，一个观众越是把艺术品当作艺术即当作审美对象来对待，我们就认为他越有能力。可是，施莱格尔这时却用他的理论来指点我们说，对于完美的、理想的观众，舞台不是以审

[①] 施莱格尔（August Wilhelm Von Schelgel，1767—1845），德国批评家兼诗人。

美方式，而是以亲身经验的方式发生作用的。我们不禁叹息：啊，超凡的希腊人！你们推翻了我们的美学！可是，习惯成自然，一谈到合唱，人们就不禁要重复施莱格尔的箴言。

然而，传统却毫不含糊地反对施莱格尔：本来的合唱无须舞台，因此，悲剧的原始形态与理想观众的歌队水火不相容。这种从观众概念中引申出来，把"自在的观众"当作其真正形式的艺术究竟是什么东西呢？没有演员的观众是一个悖理的概念。我们认为，悲剧的诞生恐怕既不能从群众对于道德悟性的尊重得到说明，也不能从没有戏的观众的概念得到说明。看来，这个问题是过于深刻了，如此肤浅的考察方式甚至没有触到它的皮毛。

在《麦西拿的新娘》的著名序言中，席勒已经对歌队的意义发表了一种极有价值的见解。他把歌队看作围在悲剧四周的生活的布幕，悲剧用它把自己同现实世界完全隔绝，替自己保存理想的天地和诗意的自由。

席勒用这个重要武器反对自然主义的平庸观念，反对通常要求于戏剧诗的妄念。当有朝一日，戏剧本身被认为是人为的，布景被认为只是一种象征，剧中的对话被认为是程式化的时候，但是，还始终会有种种误解起着支配作用。把那种属于一切诗歌之本质的东西仅仅当作一种诗意的自由来容忍，这是不够的。他认为用合唱队是决定性一步，通过这一步，便向艺术上形形色色的自然主义光明磊落地宣布了战。——在我看来，正是对于这样一种考察方式，我们这个自命不凡的时代使用"假理想主义"这诬蔑的字眼。我担心，与此相反，如今我们怀着对自然和现实的崇拜，接近了一切理想主义的相反极，即走进了蜡像陈列馆的领域。正如在当代某些畅销的长篇小说中一样，在蜡像馆里也有某种艺术，只是但愿别拿下列要求来折磨我们：用这种艺术克服席勒和歌德的"假理想主义"。

按照席勒的正确理解,希腊的萨提儿合唱队,原始悲剧的合唱队,其经常活动的境界诚然是一个"理想的"境界,一个高居于浮生朝生暮死之路之上的境界。希腊人替合唱队制造了一座虚构的自然状态的空中楼阁,又在其中安置了虚构的自然生灵。悲剧是在这一基础上成长起来的,因而,当然一开始就使痛苦的写照免去了现实性。然而,这终究不是一个在天地间任意想象出来的世界,毋宁是一个真实可信的世界,就像奥林匹斯及其神灵对于虔信的希腊人来说是真实可信的一样。酒神歌舞者萨提儿,在神话和崇拜的批准下,就生活在宗教所认可的一种现实中。悲剧始于萨提儿,悲剧的酒神智慧借他之口说话,对我们来说,这是一个可惊的现象,正如一般所说的"悲剧产生于合唱队是一个可惊的现象"一样。倘若我提出一个论断,说萨提出这虚构的自然生灵与有教养的人的关系,相当于酒神音乐与文明的关系,也许我们就获得了一个研究的出发点。理查德·瓦格纳最近说,音乐使文明黯然失色,犹如日光使火黯然失色。我相信,与此同理,希腊有教养的人面对萨提儿合唱队会自惭形秽。酒神悲剧最直接的效果在于,城邦、社会以及一般来说人与人之间的裂痕向一种极强烈的统一感让步了,这种统一感引导人复归大自然的怀抱。在这里,这已经指出,每部真正的悲剧都用一种形而上的慰藉来解脱我们:不管现象如何变化,事物基础之中的生命仍是坚不可摧和充满欢乐的。这一慰藉异常清楚地体现为萨提儿合唱队,体现为自然生灵的合唱队,这些自然生灵简直是不可消灭地生活在一切文明的背后,尽管世代更替,民族历史变迁,它们永远存在。

希腊人深思熟虑,独能感受最细腻、最惨重的痛苦,他们用这合唱队安慰自己。他们的大胆目光直视所谓世界史的可怕浩劫,直视大自然的残酷,陷于渴求佛教涅槃的危险之中。然而,艺术拯救了他们,生命则通过艺术拯救他们而自救。

酒神状态的迷狂,它对人生日常界限和规则的毁坏,其间,包含着一种恍惚的成分,个人过去所经历的一切都淹没在其中了。这样,一条忘河①隔开了日常的现实和酒神的现实。可是,一旦日常的现实再度进入意识,就会令人生厌,从而造成禁欲主义及丧失意志者的心理状态。在这个意义上,酒神式的人与哈姆雷特想相像:二者都一度洞悉事物的本质,他们彻悟了,他们厌弃行动;由于他们的行动丝毫改变不了事物的永恒本质,他们就觉得,指望他们来重整分崩离析的世界,乃是可笑而荒唐的。知识扼杀了行动,行动离不开幻想的蒙蔽——这才是哈姆雷特的教训,而决不是梦想家的那种肤浅的智慧,后者由于过度的反省和多余的思虑,才永远无法见诸行动。不是顾虑重重,不!——是真知灼见,是对可怕真理的洞察,战胜了每一个驱使行动的动机,无论在哈姆雷特还是在酒神的身上均是如此。此时此刻,任何安慰都无济于事,思慕之情已经越过了先验的世界,超过了神灵,超过了生存并连同它在神灵身上或不死彼岸的辉煌返照都遭到了否定。一个人只要一旦悟见了真理,他就处处只看见存在的荒谬可怕,终于领悟奥菲利亚②命运的象征意义,同时懂得林神西勒诺斯的智慧:他厌世了。

就在这里,在意志的这一最大危险之中,艺术作为救苦救难的仙子降临了。唯她能够把生存荒谬可怕的厌世思想转变为使人借以活下去的表象,这些表象用艺术将恐惧化为乌有,一方面是一种崇高的精神,另一方面是一种愉快的精神,用艺术使我们从沉闷的

---

① 忘河,希腊神话,人们饮了它的水,就会将过去的一切都忘记。
② 奥菲利亚(Ophelia),莎士比亚悲剧《哈姆雷特》中的女主角。

荒谬中得到解放。酒神颂的萨提儿合唱队是希腊艺术的救世之举；而以上我所谈到的这些令人恐惧的感情的激发，由于酒神的居间而得到抑制。

三

　　萨提儿和近代牧歌中的牧人一样，二者都是怀恋原始因素和自然因素的产物。然而，希腊人是那么坚定果敢地拥抱他们的森林之神，而现代人却那么羞涩怯懦地玩弄那个温情脉脉的吹笛牧人！希腊人在萨提儿身上所看到的，是简朴的、未经任何粉饰的自然。因此，对希腊人来说，萨提儿与猿人不可相提并论。恰好相反，他是人类的本真形象，是人类的最高且最有力的灵感的表现，是因为靠近神灵而兴高采烈的醉心者，是与神灵共患难的难友，是宣告自然至深胸怀中的智慧的先知，是自然界中性的万能力量的象征。希腊人对这种力量每每心怀敬畏、惊诧注目。萨提儿是某种崇高神圣的东西，在痛不欲生的酒神气质的人眼里，尤其如此。那个矫饰的牧人令他感到侮辱。他的目光留恋于大自然明朗健康的笔触，从而获得崇高的满足。这里，人的本真形象洗去了文明的铅华。这里，显现了真实的人，长胡子萨提儿，正向着他的神灵欢呼。在他面前，文明人皱缩成一幅虚假的讽刺画。在悲剧艺术的这个开端问题上，席勒同样是对的：合唱队是抵御汹涌现实的一道生动的布幕，因为它（萨提儿歌队）比通常自视为唯一现实的文明人更诚挚、更真实、更完整地模拟生存。诗的境界并非像诗人头脑中想象出的空中楼阁那样存在于世界之外，恰好相反，诗的目的是要成为真理的不加掩饰的表现，因而它必须抛弃文明人虚假现实的矫饰。这一真正的自然真理同虚伪自负文明谎言的对立，酷似于事物的永恒心以及自在之物同全部现象世界之间的对立。正如悲剧以其形而上的安慰在现象的不断毁灭中指出那生存核心的永生一样,萨提儿合唱队用一个譬喻说明了自在之物同现象之间的原始关系。近代人牧歌里的那位牧人,不过是他们所妄称作自然的全部虚假文化的复制品。酒神气质的希腊人却要求最有力的真实和自然——看到自己魔变为萨提儿。

酒神信徒结队游荡,纵情狂欢,沉浸在某种心情和认识之中,它的力量使他们在自己眼前发生了变化,以致他们在想象中看到自己是再造的自然精灵,是萨提儿。悲剧合唱队后来的结构是对这一自然现象的艺术模仿,其中当然必须把酒神的观众同酒神的幻变者分开。只是必须时刻记住,雅典悲剧的观众在合唱队身上重新发现了自己,归根到底在观众和合唱队之间并不存在对立,因为他们全体是一个庄严的大歌队,它由且歌且舞的萨提儿或萨提儿所代表的人们组成。施莱格尔的见解在这里必须按照一种更深刻的意义加以阐发。合唱队在以下含义上是"理想的观众",即它是唯一的观看者,舞台幻境的观看者。我们所了解的那种观众概念,希腊人是不知道的。在他们的剧场里,由于观众大厅是一个依同心弧升高的阶梯结构,每个人都真正能够忽视自己周围的整个文明世界,并历历如绘地设想,自己就是合唱队一员。根据这一看法,我们可以把原始悲剧的早期合唱队称作酒神气质的人的自我反映。这一现象在演员表演时最为清楚,倘若他真有才能,他会看见他扮演的人物形象栩栩如生地飘浮在眼前。萨提儿合唱队最初是酒神群众的幻觉,就像舞台世界又是这萨提儿合唱队的幻景一样。这一幻觉的力量如此强大,足以使人对于"现实"的印象和四周井然就座的有教养的人们视而不见。希腊剧场的构造令人想起一个寂静的山谷,舞台建筑有如一片灿烂的云景,聚集在山上的酒神顶礼者从高处俯视它,宛如绚丽的框架,酒神的形象就在其中向他们显现。

在这里,我们为了说明悲剧合唱队而谈到的这种艺术原始现象,用我们关于基本艺术程序的学术研究的眼光来看,几乎是不体面的。然而,诗人之为诗人,就在于他看到自己被形象围绕着,它们在他面前生活和行动,他洞察它们的至深本质,这是再确实不过的了。由于现代才能的一个特有弱点,我们喜好把审美的原始现象想象得太复杂太抽象。对于真正的诗人来说,借喻不是修辞手段,而是取代某一观念而真实浮现在他面前的形象。对他来说,性格不是由搜集拢来的个别特征组成的一个整体,而是赫然在目的活生生的人物,它仅仅因为持续不断的生活下去和行动下去而显示出同画家的类似幻想的区别。荷马为何比所有的诗人都描绘得更活灵活现?因为他观察得更多。我们之所以如此抽象地谈论诗歌,是因为我们平常都是蹩脚的诗人。谁只要感觉到自我变化的冲动,渴望借助别的肉体和灵魂向外说话,谁就能成为戏剧家。酒神的兴奋足以向一整批群众传导这种艺术才能:看到自己被一群精灵所环绕,并且知道自己同它们内在地是一体。在悲剧合唱队中所发生的是戏剧的原始现象:看见自己在自己面前发生变化,现在又采取行动,仿佛真的进入了另一个肉体,进入了另一种性格。这一过程发生在戏剧发展的开端。这里,有某种不同于吟游诗人的东西,吟游诗人并不和它的形象融合,而是像画家那样用置身事外的静观的眼光看这些形象。这里,个人通过逗留于一个异己的天性而舍弃了自己。而且,这种现象如传染病一样蔓延,成群结队的人们都感到自己以这种方式发生了魔变。因此,酒神颂根本不同于其他各种合唱。手持月桂枝的少女们向日神大庙庄移动,一边唱着进行曲,她们依然故我,保持着她们的公民姓名;而酒神颂合唱队却是变态者的歌队,他们的公民经历和社会地位均被忘却,他们变成了自己的神灵的超越时间、超越一切社会领域人仆人。希腊人的其余一切抒情歌队都只是日神祭独唱者的异常放大;相反,在酒神颂里,出现的却是一群不自觉的演员,他们从彼此身上看到自己发生了变化。

魔变是一切戏剧艺术的前提。在这种魔变状态中,酒神的醉心者把自己看成萨提儿,而作为萨提儿的他又看见了神;也就是说,他在他的变化中看到一个身外的新幻象,它是其情态的日神式的完成。而戏剧也就随着这一幻象而产生了。

根据这一认识,我们必须把希腊悲剧理解为不断重新向一个日神的世界进发的酒神歌队。因此,用来衔接悲剧的合唱部分,在一定程度上是孕育全部所白的母腹。在接二连三的进发中,悲剧的这个根源放射出戏剧的幻象。这种幻象绝对是梦境现象,因而具有史诗的本性;可是,另一方面,作为一种酒神状态的客观化,它不是在外观中的日神性质的解脱,相反是个人的解体及其同太初存在的合为一体。所以,戏剧是酒神认识和酒神作用的日神式的感性化,因而与史诗之间隔着一条鸿沟。

按照我们的这种见解,希腊悲剧的合唱队,处于酒神式兴奋中的全体群众的象征,就获得了充分的说明。倘若我们习惯于合唱队在现代舞台上的作用,特别是习惯于歌剧合唱队,那么就完全不能明白希腊人的悲剧合唱队比本来的"情节"更古老、更原始,甚至更重要,尽管这原是异常清楚的传统;倘若因为合唱队只是由卑贱的仆役组成,我们便不能赞同它那传统的高度重要性和根源性;倘若舞台前的乐队对于我们始终是一个谜——那么,现在我们却达到了这一认识:舞台和情节一开始不过被当作幻象,只有合唱队是唯一的"现实",它从自身制造出幻象,用舞蹈、声音、言词的全部象征手法来宣述幻象。合唱队在幻觉中看见自己的主人和导师酒神，因而永远是服役的合唱队。它看见这位神灵怎样受苦和自我颂扬，因而它自己并不行动。在这个完全替神服役的岗位上，它毕竟是自然的最高表达，即酒神表达，并因此像自然一样在亢奋中说出神谕和智慧的箴言。他既是难友，也是从世界的心灵里宣告真理的哲人。聪明而热情奔放的萨提儿，这个幻想的、似乎很不文雅的形象就这样产生了，他与酒神相比，既是"哑角"，是自然及其最强烈冲动摹本，自然的象征，又是自然的智慧和艺术的宣告者，集音乐家、诗人、舞蹈家、巫师于一身。

酒神，这本来的舞台主角和幻象中心，按照上述观点和按照传统，在悲剧的最古老时期并非真的在场，而只是被想象为在场。也就是说，悲剧本来只是"合唱"，而不是"戏剧"。直到后来，才试图把这位神灵作为真人显现出来，使这一幻象及其灿烂的光环可以有目共睹。于是便开始有狭义的"戏剧"。现在，酒神颂歌队的任务是以酒神的方式使听众的情绪激动到这地步：当悲剧主角在台上出现时，他们看到的决非难看的戴面具的人物，而是仿佛从他们自己的迷狂中生出的幻象。我们不妨想象一下阿德墨托斯①他朝思暮想地深深怀念他那新亡的妻子阿尔刻提斯，殚精竭虑地揣摩着她的形象，这时候，一个蒙着面纱的女子突然被带到他面前，她的体态和走路姿势都酷似他妻子；我们不妨想象一下他突然感到的兴奋的战栗，他的迅疾的估量，他的本能的自信——那么，我们就会有一种近似的感觉了：酒神式激动起来的观众就是怀着这种感觉看见被呼唤到舞台上的那个他准备与之共患难的神灵的。他将不由自主地把他心中魔幻般颤动的整个神灵形象移置到那个戴

---

① 阿德墨托斯（Admetus），希腊神话中阿戈英雄之一，其妻阿尔刻提斯（Alcestis）以钟情丈夫著名，自愿代丈夫就死。英雄赫剌克勒斯为之感动，从死神手中夺回阿尔刻提斯，把她的脸用面纱遮着送回阿德墨托斯面前。

面具的演员身上,简直把后者的实际消解在一种精神的非现实之中。这是日神的梦境,在这种梦境中,日常世界变得模糊不清,一个比它更清晰、更容易理解、更动人心弦然而毕竟也更是幻影的新世界在不断变化中诞生,使我们耳目一新。因此,我们在悲剧中看到两种截然对立的风格:语言、情调、速度、说话的力,一方面进入酒神的合唱抒情;另一方面进入日神的舞台梦境,成为彼此完全不同的表达领域。酒神虽深深感受到日神的变换之力,但他不再是像歌队音乐那样的"一片永恒的海,一匹变幻着的织物,一个炽热的生命",不再是热情奔放的酒神仆人预感的神的降临那种只可意会不可目睹的力量。现在,史诗的造型清楚明白地从舞台上向他显现;现在,酒神不再凭力量,而是像史诗英雄一样几乎用荷马的语言来说话了。

(璐　夫　译)

作为艺术家和作家之灵魂①

一

在我们欣赏一部完美作品时,对它的生成往往不予重视,似乎这部作品如同变魔术一般,是突然出现在我们眼前的。如此我们便进入了一种古老神话的感觉中(例如在像裴斯顿神庙②那样的希腊神庙中),好像某个早晨有一位神灵游戏似地用一些巨材突然盖起了他的住宅。但艺术家们知道,这种神话般的奇迹有多大的价值!他的作品唯有使人相信是即兴而作、是奇迹般的一挥而就之时,就能生出圆满效果。于是人们开始巧妙地去助长这种幻觉,把创作开始时那种不安、盲目纷乱等因素将其艺术化,欺骗观众或听众,使他们相信完美的作品是这样蹦出来的。不言而喻,艺术科学断然反对这种幻觉,指出悟性的误解和积习,正是由于这些误解和积习,悟性中了艺术家的圈套。

二

艺术家在真理的理解上与思想家走了不同的路径。他们希望

---

① 选自《人性,太人性了》第1卷。
② 裴斯顿(Pastum),希腊移民城,位于意大利南部,筑有著名的长方形大会堂"巴齐立卡"。

对生命的光辉作出深意的诠释,反对方法的平淡无华,他们要争取人的尊严和价值;把诸如幻想、神话、含糊、极端、象征意义、高估个人、对于天才身上某种奇迹的信仰,作为艺术手段来强调,他们创造的行为往往比科学研究行为更强调献身精神。

三

　　作为招魂女巫的艺术。——艺术具有收藏的价值,它也给黯淡褪色的生生着色;当艺术解决了这个任务,它就为各个时代织成了一条纽带。唤回起人们对过去生活的记忆,虽然它也许仅是墓地的虚假生命,或如逝去的爱人梦中重返,但至少在顷刻之际,从前的感觉又一次唤醒,心脏又按业已忘却的节拍搏动。艺术的这种普遍效用,使得艺术家一辈子就像个孩子,始终停留在被他的艺术冲动袭击的地位上;他不自觉地以使人类儿童化为自己的使命;并以此为他的光荣和他的限度。艺术就如招魂女巫。

四

　　诗人是使人的生活变得轻松的人。而要这样做,他们就得把目光从苦难的现在引开,或者使过去发出一束光,以致使其呈现新的色彩。为了能够这样做,他们本身在某些方面必须面朝后来进行思考,由此搭起人们可以通往遥远时代和印象的桥梁,通往正在或已经消亡的宗教和文化的桥梁。他们骨子里始终是或必然是传统的遗民。至于他们用来减轻人生苦难的药物,诚然可以说:它们仅仅能抚慰和治疗于一时,其作用是片刻的,有时甚至会实际阻碍人们去为改善其处境而工作,因为它们转移了人们的注意力,解除了不满者渴望行动的激情。

五

最高贵的美是这样一种美,它并非一下子把人吸引住,它是那种渐渐渗透性的美,人是在那种不知不觉中被它带走,逐渐地为它所控制,在它悄悄久留占有于我们的心之后,往往使我们对它充满感激,眼睛饱含泪水,心灵憧憬种种。美是一支慢箭。在观照美时我们所渴望的,当然使自己也成为美的:我们以为必定有许多幸福与此相连。但这是一种误会。

六

艺术是有灵气的,它与宗教相反相成。宗教的消退,往往就是艺术的抬头。艺术吸收着宗教所生的大量情感和情绪,置于其创作的灵感中,使艺术的作品变得深邃而有思想,从而能够传达人的精神升华和感悟。但宗教情感的滔滔江河是由于一再决堤,才有了为生长着的启蒙思想所动摇,人们对宗教信条表示了根本的怀疑。于是这种情感被启蒙思想者们逐出宗教领域,投身于艺术之中;在个别场合也进入政治生活中,甚至直接进入于科学中。无论何处,只要在人类的奋斗中觉察一种高级阴郁色彩,便可推知,这里滞留着灵魂的不安、焚香的烟雾和教堂的阴影。

七

韵律具有美化的功能,它就如现实被罩上一层薄薄的面纱忽隐忽现,阴影这时起到一种美化的作用。因此,生活有时并不要总是明亮的,"模糊"对于明亮也有点缀的作用。这就是艺术的功能,它使生活的景象变得富有了色彩,纯粹或非纯粹的表达都显现于生活中。

八

如果艺术的表达总要求循规蹈矩、四平八稳,好像它有一个统一的模式,这种艺术的思想就过于狭窄。就其灵魂是丑恶的。因此,无论是在造型艺术还是音乐或诗歌艺术中,除了美丽灵魂的艺术外,还有着丑恶灵魂的艺术。但艺术只有它是美丽的,才能达到强烈的效果,令心灵震撼,顽石移动,禽兽变人。

九

艺术对思想家具有神奇的作用。艺术的形而上的力量是多么强烈,人的天性难于同这种需要诀别。一位自由思想家即使放弃了一切形而上,艺术的最高效果仍然很容易在他心灵中拨响那根久已失调,甚至已经断裂的形而上之弦。例如在倾听贝多芬《第九交响乐》某一段时,人会感到自己心中怀着的不朽之梦想,远离大地飘摇于星星的大教堂中:众星闪烁于他的周围,大地渐渐沉入深渊。——如果他意识到这个境界,内心就会有一种面对所失去的莫名的困惑,他的智性在这瞬间将接受考验。

十

艺术也嬉戏人生。荷马式幻想的轻松和粗率是必需的,以求抚慰和暂时解脱过于激动的情绪和过于敏锐的悟性。人的悟性总说人生看来是多么严酷!但艺术却故意用谎言戏弄人生。西蒙尼德斯劝他的邦人把人生视同游戏;严肃之为痛苦对他们是太熟

---

① 西蒙尼德斯(Simonides),公元前 500 年的古希腊诗人。

悉了（人间的苦难实在是诸神听得最多的歌唱题材），因此，唯有艺术能化苦难为欢乐。但是，作为对这种认识的惩罚，他们如此受虚构欲望的折磨，以致在日常生活中也难以摆脱谎言和欺骗了，正像一切诗化民族都爱撒谎，并且毫无罪恶感一样。邻近的民族有时真对他们感到绝望了。

十一

但艺术有对灵感的信仰。艺术家们喜欢让人们相信顿悟，即所谓灵感；仿佛艺术品和诗的观念，一种哲学的基本思想，都是天下照于人类的一束仁慈之光。实际上，优秀艺术家和思想家的想象力是在不断地生长着的，虽然他们所创造的产品是那样的良莠不齐，但他们具有高度敏锐而熟练的判断力，对自己的想象力作出选择；正如人们现在从贝多芬的笔记所看到的，他是逐渐积累，在一定程度上是从多种草稿中挑选出最壮丽的旋律的。谁若不太严格地取舍，纵情于再现记忆，他也许可以成为一个比较伟大的即兴创作家；但艺术上的即兴创作与严肃刻苦地精选出的艺术构思深切关联。一个伟大的工作者，不但在不倦地发明，而且也在不倦地抛弃、审视、修改或整理。

十二

艺术的灵感有时会失去，创造力被堵塞了，就像流动的思想被一种障碍所阻挡。但它终有突然奔泻的那时刻，就宛如有一种直接的灵感、奇迹突然发生。这造成了常见的错觉，好像所发生的与先前的工作是无关的。其实所有艺术家都有体会，艺术的创造过程有一个积累的问题，它并非一朝从天而降。此外，这种貌似的灵感在别处也有，例如在善、道德、罪恶等领域里。

十三

天才的痛苦及其价值。艺术天才愿给人快乐,但如果他站在一个很高的水平上,他就很容易曲高和寡;他端出了佳肴,可是人家却不想品尝。有时他所谓的伤感和激动其实很可笑;因为他根本无权强迫人家接受他的作品。他的笛子吹起来了,可是没有人愿意欣赏,这是一种悲剧吗?——也许是吧。但作为对这种缺憾的补偿,比起别人在所有其他种类的活动中所具有的快乐,他毕竟在创造中有更多的快乐。人家觉得他的痛苦言过其实,因为这只是他的虚荣心和嫉妒心在起作用。像开普勒、斯宾诺莎这样的科学天才一般不如此急于求成,对于自己真正遭遇巨大的痛苦也不大事张扬。他们相信后人会理解或接受他们的作品。当然,一位艺术家这样做时,有时是很绝望的,但不会伤心之至。在极稀少的场合——当一个人集技能、知识天才与道德天才于己一身之时——除上述痛苦外,还要增添一种痛苦,这种痛苦可视为世上极特殊的例外,一种非个人的,超个人的,面向一个民族、人类、全部文化以及一切受苦之存在的感觉;这种感觉因其同极为困难而远大的认识相连而有其价值(同情本身价值甚小)。——然而,用什么尺度、什么天平来衡量它的真实性呢?一切谈论自己这种感觉的人岂非几乎都使人生疑吗?

十四

伟大的厄运。伟大的现象总会发生某种变质,在艺术领域里尤其如此。伟大所确立起来的榜样,激起人天生的虚荣,人们作表面的模仿或学习。此外,伟大的天才还会面临一种厄运,即他也许会窒息许多较弱力量的发展,周围的世界自然变得荒凉了。艺术的发展最幸运的,是它能处于有较多的天才互相制约的情景;这时由于竞争的存在,较柔弱的力量也能得到一些良好发育的空气和阳光。

十五

艺术如何会有害于艺术家。当一种艺术强烈地吸引住了某个人,它就会引这个人去反顾艺术最繁荣的时代。艺术的教育作用是倒退性的。艺术家们曾是那样的亢奋过,他们相信鬼神,神化自然,厌恶科学,他们的行为如同孩子那样偏激不已,渴望颠覆一切不利于艺术的环境。艺术家本来就已经是一种停滞的生灵,因为他停留在少年及儿童时代的游戏之中;现在他又受着倒退性的教育而渐渐回到当时的时代。因此,在他和他的同时代人之间终于发生剧烈的冲突,有一个悲惨的结局;就像——根据古代传说——荷马和埃斯库罗斯那样终于在忧愁中活着和死去。

十六

被创造出的人物。说到艺术家,人们总认为他创造了某种性格,这种说法广为流传,艺术因而又获得一个意外的收获。其实这种说法乃是不真实的。事实上,当我们举出一个真正的艺术家的这样那样性格时,我们对他所知不多,概括得十分肤浅。我们这种对人极不完善的态度与诗人相一致,他给人描画(所谓"创造")的肤浅草图,正和我们对人的认识一样肤浅。在艺术家创造出的这些性格中有许多虚假;这根本不是有血有肉的自然产品,反而和画家一样有点儿过于单薄,是经不起推敲的。即如我们普通人的性格往往自相矛盾一样,艺术家所创造的人的性格是浮现在自然面前的原型,这种说法也是过于简单的。一个真实的人是一个整体,一种完全必然的东西(哪怕在所谓矛盾时),不过我们并非始终认识这种必然性。虚构的或作为幻象的人物也欲表示某种必然的东西,但总是那样的粗略、不自然或简单化,表现出某种粗线条的特点。他们很容易把幻象的人当作真实必然的人,因为他们惯于把一个幻象、一个投影、一种任意的缩写当作整个的真实。——画家和雕塑家要表现人的"观念",这更是空洞的幻想和感官的欺骗。谁这样说,他就是被眼睛施了暴政,因为眼睛只看到人体的外表和肌肤;而内脏同样也属于观念。造型艺术想使性格见之于皮肤;语言艺术借言词来达到同一目的,用声音模拟性格。艺术是从对人的自然的无知作为出发的,它越过了人的内在(无论是肉体上的还是性格上的)某种东西;因为艺术不是属于物理学家和哲学家的。

十七

对艺术家和哲学家信仰中的自我评价不宜过高。倘若一件艺术品、一位艺术家吸引住了我们,并使我们感到震撼,其优秀就算得到了证明。可是在这里必须首先证明,我们自己的判断力和感觉力得优秀才行,但事实却很难说。在造型艺术领域里,有谁比贝尔尼尼[①]更令人心醉神迷呢?在狄摩西尼之后,有谁比那个引进亚细亚风格并使之占统治地位达二百年之久的演说家影响更大呢?支配整个世纪丝毫不能证明一般风格的优秀和持久效用,所以不应当执着于对某一位艺术家的衷心信仰。这样一种信仰不但是相信我们的感觉真实无欺,而且是相信我们的判断正确无误,其实,判断和感觉可能分别或同时会表现得太粗糙或太精细、太紧张

---

① 贝尔尼尼(L.Bernini,1598—1680),意大利雕塑家、建筑家,巴洛克艺术主要代表人物之一。

或太松弛。能给人以幸福感和慰藉的哲学或是宗教,并不一定就能证明它们具有真理性。这就像疯子会固守他所信奉的观念并感到了幸福,但这丝毫不能证明这些观念就具有合理性一样。

十八

天才迷信出自虚荣心。我们都自视甚高,却根本不期望自己有朝一日能够写出一场莎士比亚式的戏剧,或画出一张拉斐尔式的草图,于是我们自我解嘲说,这种极为罕见的才能乃是异乎寻常的奇迹,或者,我们还会带着宗教感情说,这是上天的恩惠。因为,只有当我们把天才设想得十分遥远,如同一种神迹,他才不会伤人(即如歌德,这位毫无嫉妒之心的人,也把莎士比亚称作他的最遥远高空的星辰;在这里不妨回想一下那句诗:"人不会渴慕星星"),所以,是我们的虚荣心和自爱心促进了天才迷信。然而,如果不去理我们虚荣心的暗示,那么,天才的活动看起来同机械发明师、天文学家、历史学家、战术家的活动绝无根本的区别。如果我们想象有这样一些人,他们的思想积极地朝着一个方向,把一切用作原料,始终热烈地关注着自己和别人的内心生活,到处发现范型和启示,并不倦地组合着自己的方法,那么,所有这些活动都一目了然了。天才所做的无非是学着奠基、建筑,——时时寻找着原料,时时琢磨着加工。不只天才的活动复杂得令人吃惊,人的每种活动都如此,但没有一种活动是"奇迹"。人们说仅仅在艺术家、演说家和哲学家中有天才,仅仅他们有"直觉",这种信念缘何而生呢?("直觉"似乎成了他们的一副神奇的眼镜,他们借此可以直接看到"本质"!)人们显然只在这种场合谈论天才:巨大智力的效果对于他们是极为令人愉快的,使他们无意再嫉妒了。称某人为"神圣"就意味着:"我们不必和他竞争。"再者,一切完成的、完满的东西都令人惊奇,一切制作的过程都会遭人小看。没有人能在艺术家的作品上看出它的制作过程,这是它的优越之处,因为只要能看到它是如何制成的,人们的热情就会冷却下来。完美的表演艺术拒绝对其排演过程的任何考察,而直接作为当下的完美作品对人产生强烈效果。所以,表演艺术家首先被视为天才,而不是科学家。事实上,扬彼抑此不过是理性的孩子气。

十九

手艺的严肃。且不说天才、天生的才能吧!有许多天赋有限的人值得一提,他们变成了人们所说的"天才",仅靠某些素质就赢得了伟大,关于另一些素质的缺乏,大家心中有数却讳莫如深。他们全都具有能干匠人的严肃精神,这种匠人先学习完美地建造局部,然后才敢动手建造巨大的整体;他们舍得为此花时间,因为他们对于精雕细刻的兴趣要比对于辉煌整体效果的兴趣更浓。例如,做一个出色小说家是很容易的,但必须具备某些素质才能实现,如果一个人说"我没有足够的才能",他往往忽略了这些素质。不妨写出成百篇以上小说稿,但要写得十分简洁,每篇不超过两页,使其中每个字都是必要的;每天记下趣闻轶事,直到善于发现其最言简意赅、最有感染力的形式;不懈地搜集人的典型和性格并描绘他们;首先抓住一切机会向人叙述,也听人叙述,注意观察、倾听在场者的反应;像一位风景画家和时装画家那样去旅游;从各种学科中摘录那些若加生动描写便能产生艺术效果的东西;最后,沉思人类行为的动机,白天黑夜都做每种这方面教诲提示的搜集者。在这多方面的局部练习中度过几十年,然后,在这工场里造出的东西就可以公之于世了——但是多数人不是从局部而是从整体开始。他们也许一度干得挺漂亮,引人注目,但经历公正的、自然的磨砺，从此干得愈来愈糟。——所以，当理智和性格不足以制定一种艺术家的人生计划时，便有命运和困苦代替它们，引导未来的大师一步步通过其手艺发展的所有必要阶段。

二十

天才迷信的利弊。对于伟大、卓越、多产的才智之士的信仰，虽然未必、却也经常与纯粹宗教或半宗教的迷信相连，即认为这些才智之士是超人的源泉，可以通过某种奇异的能力由迥异于常人的途径获取知识。大家迷信天才无须经历科学的艰辛刻苦，仿佛能洞穿现象的外衣，直视世界的本质，他们凭着这种神奇的眼光，便能传达关于人与世界的某种最终有效的、决定性的东西。只要在知识领域里还有奇迹的信徒，信徒自己必然会因之而受益，他们只须绝对服从这些伟大的才智之士，便可使自己正在发育时期的才智获得最好的培养和训练。相反，倘若对于天才及其特权、特殊能力的迷信在天才自己心中也根深蒂固，这种迷信对天才本身是否有益，至少还是个问题。无论如何，如果人类被一种自我恐惧袭击，不管是著名的对恺撒的恐惧，还是现在所考察的对天才的恐惧；或者那理应只奉献给神祇的熏香也熏入了天才的脑中，使他开始飘飘然地自以为是超人，这终归是危险的症候。渐次的后果是：一些人自以为拥有特权，可以不负责任，相信自己有法术赐福赦罪，一旦有人通过比较甚至发现他的实际估价更低，进而揭露其作品的缺点，他便狂怒不已。他羽毛上的健翎随着他停止了自我批评，终于纷纷脱落：迷信掘断了他的力量的根基，在他失去力量之后，甚至可能使他变成伪君子。对于有巨大才智的人们来说，对自己的力量及其来源有一个明确认识，懂得在他们身上汇合的有哪些纯粹人类的特性，他们遇到的是哪些幸运的情形，如此将更为有益的:首先,是充沛的精力,巨大的个人勇气,坚定地朝着一个目标;其次,幸运的教育机遇,及早获得良师、典范和方法。当然,如果他们以发生尽量大的影响为目标,就会愈加装作不了解自己,顺便做出半疯狂的姿态;因为人们总是对他们身上的力量抱以惊诧和嫉妒,他们凭借这种力量使人丧失意志,陷于幻觉,觉得前面走着的是超自然的导师。正是这样,相信某人有超自然的力量,这是令人振奋鼓舞的。在这个意义上,正如柏拉图所说,疯狂极大地造福人类。——在个别罕见的场合,这种疯狂也是一种牢牢规束漫无节制的天性的手段。在个人生活中,疯狂的幻念也是一剂有治疗价值的毒药;但是,在每个自信有神性的"天才"身上,随着年老的到来,它终究会发挥毒性。不妨回想一下拿破仑,他的性格无疑是通过他对自己的信仰、对其命数的信念以及由此产生的对人类的蔑视而生长为强有力的整体的,这使他高出所有同代人之上,但这种信念最后转变为一种近乎疯狂的宿命论,它夺走了他的敏锐眼光,导致了拿破仑的毁灭。

二十一

　　天才的无价值之作。有时,恰是那种独创的、自为源泉的艺术家会写出极其空洞乏味的东西来,相反,所谓的才子其依赖的天性,倒是充满对一切可能的美好事物的记忆,即使在才力不足时也能写出一些说明过去的东西。而独创者是与自己隔绝的,所以记忆对他们来说是无用的,于是他们的作品变得空乏了。

二十二

　　公众的审美立场。民众对于悲剧,除了深受一番感动,抑或痛哭一场之外,本无别的希求;相反,艺术家对一出新悲剧感兴趣的是,巧妙的技术发明和艺术技巧,题材的安排和处理,翻新旧主题和旧构思。——他们的立场是对待艺术品的审美立场,是创作者的立场;民众的立场是尝尝新鲜,只看题材,介于二者之间的人无甚可说,他既非民众,也非艺术家,自己不知道自己要什么,所以,他的兴趣是含糊而微不足道的。

二十三

公众的艺术教育。只要同一个主题尚未经过许多大师成百次地处理,公众就不会对超出题材的东西感兴趣;然而当他们长期从许多版本中认出这个主题,对其感受不到新奇紧张的刺激之时,他们自己终于也会把握和欣赏大师如何处理巧妙新颖的创造主题以及细节。

二十四

艺术家及其跟随者的同步性。从风格的一个等级向另一个等级前进应当循序渐进,以便听众和观众确知发生了什么事情,与艺术家以同一步调前进。否则,艺术家在玄妙高空创作其作品,而公众不再能达到这高度,终于颓然坠落下来,两者之间就出现了一条鸿沟。因为,失去艺术家的提举,公众就会飞快坠落,而且天才把他们带得愈高,他们坠落就愈深愈危险,就像被苍鹰带上云霄又不幸从鹰足跌落的乌龟一样。

二十五

滑稽的来源。试想一下,数千年来容易陷入最高度恐惧的动物就是人,他随时准备战斗,迎接一切突然的、意外的遭遇,也许还要准备死亡,即使在后来的社会环境中,所谓的安全也以思想和行动中的预料和习惯为基础,那么,我们就不会奇怪,当言论和行动中一切突然的、意外的东西并未造成危险和损害时,人就会顿时轻松,并转化为恐惧的反面:因为害怕而颤抖的、收紧的心一下子放松舒展——于是我们笑了。这种从恐惧瞬时转化为短暂放纵的现象就叫做滑稽;相反,在悲剧现象中,人从巨大的、持续的放纵迅速转入巨大的恐惧。事实上,对于终有一死的生灵,巨大持续的放纵要比恐惧的缘由少得多,所以世界上滑稽比悲剧多得多,人们笑比悲痛多得多。

二十六

艺术家的功名心。希腊的艺术家,例如悲剧诗人,是为胜利而创作的;难以想象失去竞争后他们的艺术会怎样:赫西俄德的善良的厄里斯①,功名心,给他们的创造力插上了双翼。这种功名心首先要求他们的作品在自己眼中保持尽善尽美,他们以自己的标准理解优秀,对于流行的趣味以及吹捧某部艺术作品的舆论不屑一顾;所以埃斯库罗斯和欧里庇得斯长期没有成就,直到他们终于自己培养出一批艺术审判员,按照他们制定的标准评价他们的作品。所以,他们是在他们自己的审判席前,力求按照他们自己的评价,战胜竞争对手,他们想成为真正更优秀的;然后他们才要求外界同意他们的评价,追认他们的判决。在这里,争取荣誉就是"自成优胜者""并愿有目共睹"。无前者而仍求后者,谓之为虚荣。无后者而终不失后者,谓之为骄傲。

二十七

艺术品中的不必然要素。热衷于谈论艺术品中必然要素的人,倘若是艺术家,则意在提高艺术的荣耀(in majorem artisgloriam),

---

① 厄里斯(Eris),赫西俄德神谱中司竞赛和纷争的女神。

倘若是外行,则出于无知。形式,是用以表达艺术品的思想的,因而是其语言方式,如一切语言方式一样,总有一些马虎之处。雕塑家可能增添或舍弃许多细小笔触;不论是表演领域的演员还是音乐领域的演奏家或指挥家,同样如此。今天能使创作者高兴的细小笔触和润饰,明天就未必,它们的存在与其说是为了艺术,不如说是为了艺术家,因为他在为表现主要思想而不得不严肃自制之际,间或也需要甜点和玩具,以免太苦了自己。

二十八

把大师忘掉。演奏大师作品的钢琴家想弹奏得最好,就需要把大师忘掉,显得他好像在倾诉自己的生平或此刻正身历某境。当然他必须懂得吸引听众的想象力。如果他毫无价值地唠叨他的生平就会使大家厌恶了。所以"技巧名家气派"(virtuosentum)的全部虚弱和愚蠢又可由此得到说明。

二十九

命运的修正(Corriger la fortune)。总有一些恶劣的际遇影响大艺术家的生涯,譬如说它们迫使一位画家把他最重要的作品当作稍纵即逝的想法画成速写,或者迫使贝多芬在有些大型奏鸣曲(例如 B 大调奏鸣曲)里仅仅给我们留下使人不能满意的一部交响曲的钢琴摘录。所以,后来的艺术家应当力求修正大师们缺憾的生活,例如,作为一位乐队完整效果的行家,他可以为我们复活仿佛死在钢琴上的交响曲。

三十

伟大的缩小。有些物、事或人经受不了缩小处理。不能把拉奥孔群雕缩小成摆设用小人像,它必须是大的;然而本性渺小的东西能经得了放大的情况更少之又少。所以传记作家把伟大写得渺小,总比把小人物写得伟大更成功些。

三十一

现代艺术中感性的沦丧。现在,艺术家们常失算于创造艺术作品的感性效果;因为他们的观众或听众不再具有他们那样完满的感官,甚至完全违背艺术家的意图,由其艺术作品而陷入一种近乎无聊的"明亮"感受之中。——也许,他们的感性开始之处,正是艺术家的感性终止之处,所以二者充其量只有一个交点。

三十二

道德家莎士比亚。莎士比亚对于激情是深思熟虑过的,由他的气质肯定有一条通往许多激情的捷径(戏剧家一般是相当恶的人)。但是他不能像蒙田那样谈论激情,而是借热情的剧中人物之口说出对激情的观察;这虽然不自然,但他的戏剧却显得思想丰富,使其他一切戏剧相形之下变得空洞,因而很容易招来普遍憎恨。——席勒的警句(它们几乎总是基于错误的或无价值的随感)适合作为剧场警句,并且作为剧场警句产生强烈效果;相反,莎士比亚的警句却为他的榜样蒙田争了光,以精致的形式中包含十分严肃的思想,但也因此对于剧场观众来说太疏远、太精细,于是没有剧场的效果了。

三十三

善于让人听。不但要善于演奏,而且要善于让人听。例如在过于空旷的场地里,大师手中的小提琴只能发出唧唧声;那样,人们会把大师混同于低能儿。

三十四

不完全之效果。浮雕如此有力地刺激想象力,因为它们仿佛正要从墙中走出,突然受到某种阻碍而停住了。同样,有时候,浮雕式地不完全表现一种思想,一种完整的哲学,也比和盘托出更能深入人心,给读者留有思索的余地,激励他继续完成这强烈反差所衬托出的东西,最终自己来克服迄今为止妨碍其完全走出的障碍。

三十五

反对惊奇。当艺术穿着破旧衣衫时,最容易使人认出它是艺术。

三十六

善用集体。一个好作家不但拥有他自己的才智,而且还拥有他的朋友们的才智。

三十七

读者的双重误会。人们以敏锐而明快的作家为肤浅,因此不在他们身上下苦功,是其不幸;晦涩的作家的幸运是,读者费力地读他们,并且把自己勤奋的快乐也归功于他们。

三十八

与学科的关系。凡是要亲自在一门学科中所发现才感觉其温暖可亲的人,都不算真正喜欢这门学科。

三十九

钥匙。同一种思想,杰出人物赋予其重大价值,平庸之辈则报以挖苦嘲笑,因此对于前者是打开隐秘宝库的钥匙,对于后者却只是一块废铁。

四十

不可翻译的。一本书中不可翻译的东西,既非其中最好的,亦非其中最坏的。

四十一

作家的自相矛盾。作家被一位读者攻击的所谓自相矛盾,但这矛盾往往根本不在作家的书中,而在读者的头脑里。

四十二

幽默。最幽默的作家能使人发出几乎觉察不到的微笑。

四十三

反题。反题(antithese)是一道窄门,错误最爱经这道门悄悄走向真理。

四十四

作为文体家的思想家。多数思想家都写作得很差,因为他们不但向我们传达他们的思想,而且传达思想的思想。

四十五

诗中的思想。诗人用韵律的车辇隆重地运来他的思想;通常是因为这思想不会步行。

四十六

违背读者精神的罪行。倘若作家只是为了与读者平起平坐而否认自己的才能,一旦被读者发现这,就是决不原谅的唯一死罪。就如同你背后议论一个人的所有坏处,但是以这种方式,如人们所说,必须知道重新激起他的虚荣心。

四十七

真诚的界限。即使最真诚的作家,当他想补足一个长句时,也会经常地漏掉一个词。

四十八

最好的作者。最好的作者是那羞于成为作家的人。

四十九

治理作家的苛法。对付书籍泛滥的一种办法:应当把作家看作罪犯,只有极罕见的场合才有言论自由或得到赦免。

五十

现代文化的小丑。中世纪宫廷里的小丑与我们的无聊文人是同一类人,理智不健全、诙谐、夸张、愚蠢,其存在有时只是为了缓和情绪的激昂而打诨和饶舌,用叫喊掩盖重大事件的过于沉重庄严的钟声；不论从前为王公贵族效劳，或现在为党派效劳（正如在党派意识和党派纪律中，民众对于王公的旧式顺从大部分延续到了今天）。但整个现代文学家的状况与无聊文人相距太近了，这是"现代文化的小丑"。倘若他们是理智不健全的人，尚可宽大待之；把写作视为职业的，实在是一种疯狂。

五十一

仿效希腊人。几百年来，一切词汇由于情感的夸张都变得模糊而肿胀了，这严重地妨碍了认识。高级文化，在认识的支配（倘若不是专制）下，必有情感的大清醒和一切词汇的强浓缩；在这方面，狄摩西尼时代的希腊人是我们的楷模。一切现代论著的特点便是夸张；即使它们简单地写下，其中的词汇仍然令人感到很古怪。所以，周密的思考、简练、冷峻、质朴，甚至有意矫枉过正，直言之，情感的自制和沉默寡言——这是唯一的补救。——此外，这种冷峻的写作方式和情感方式作为一种对照，在今天也是很有魅力的；当然，其中也有新的危险，因为严厉的冷峻和高度的热烈一样也是一种刺激手段。

五十二

好小说家坏理论家。在好小说家那里，人物行为中常常表现出一种令人惊异的心理上的准确性和因果关系，却与其心理学思考的笨拙造成可笑的对照；以致他们的修养时而显得很卓越，时而又很可怜。常常有这种情况：他们明显地、错误地解释自己的人物性格及其行为，——这种事听起来荒唐，然而是确确凿凿的。也许，当大钢琴家谈论技术条件以及每根手指的专门德行、不德、功用和训练（长短格伦理学）时便会出严重的错误，因为他很少会思考这些事情。

五十三

阅读熟人著作的矛盾。我们读熟人（朋友和敌人）的著作有双重心情，一方面在此时我们的认识不断耳语："这是他写的，是他的内在知识、他的经验、他的禀赋的标志"；同时另一种认识又力求弄清，这著作本身的成就是什么，它本身提供了什么新知识，不看其著者，它本身应当获得什么评价。不言而喻，这两种阅读和衡量方式彼此干扰，也彼此对立。即使和一位朋友谈话，也只有当两人忘掉他们是朋友，只想着事情本身才能收获好认识。

五十四

节律的牺牲与无能。大作家们改变段落的节律纯粹是因为，他们不承认一般读者能够掌握这些段落在他们的初稿中所用的节奏；所以他们替这些读者简化节奏，优先采用人们熟悉的节律。——当今读者节律上的无能已经引起许多感叹，因为这种顾虑已经造成许多牺牲。——优秀音乐家们的处境岂不也很相似吗？

五十五

"不完全"作为艺术感染力的手段。——不完全常常比完全更有效果，尤其在颂歌之中：为了达到颂歌的目的，正需要一种诱惑人的不完全、非理性的因素，来使听者的想象力幻见一片大海，又像雾一样罩住对岸，罩住被赞颂对象的界限。倘若向人们详尽而铺张地历数一个人的赫赫功绩，便总会使人们猜疑这是全部功绩——完全的赞颂者高居于被赞颂者之上，俯视后者，所以完全所发生的效果大为减弱。

五十六

　　写作和教学中的审慎。谁刚开始写作并感觉到自己的写作热情，那么在他从他经历和从事的一切中就几乎只领会可以充当写作材料的东西。他只想着作家及其读者，而不再关注自己：他有志于观察，但不为自己所用。谁是教师，他就多半不善于为他自己的利益做自己的事情，他始终想着他的学生的利益，他感兴趣于只有是他能够教授的知识。最后，他把自己看作一条知识的通道，归根到底看作工具，以致丧失了为自己的真诚。

五十七

　　坏作家存在的必然性。永远必须有坏作家，他们符合不发展、不成熟之辈的趣味；因为这类人如同成熟者一样有其需要。倘若人的寿命能更长些，变成熟的人的数量就会超过或至少等同于不成熟者；然而，永远有更多的不发展的理智连同坏的趣味，因为绝大多数人死得过于年轻。这些人带着青年人过激的态度，并渴望其需要被满足，他们强迫产生坏作家。

五十八

　　太近和太远。读者和作者常常互不理解，作者因为太熟悉他的题目以至感到它无聊了，于是放弃了他所知道的许多例子；而读者却对这事物生疏，如果不给他举例，就容易觉得根据不足。

五十九

　　从前的艺术准备。拉丁文体的练习在中学文科的全部课程中是最有价值的,这恰是一种艺术练习,相反,其他一切课程仅以求知为目的。把德语作文放在首位是无理的,因为我们没有形成统一修辞的标准德语文体;不过,倘若想通过德语作文来推动思想的练习,则不妨把思想练习和描写练习分开,暂时不顾文体必然更有益。描写练习应当关系到某一既定内容的多重结构,而非关系到独立发明一种内容。对既定内容作纯粹描写是拉丁文体的任务,老教师在这方面有一种久已失传的精微听觉。倘若从前谁学会出色地运用一种当时的语言写作,便应当归功于这种练习(现在人们却被迫去学古代法国人);但不止于此,他通过实践还获得了关于形式之高贵和艰难的概念,一般来说是在唯一正确的路上为艺术作准备。

六十

黑暗与强光并呈。在一般情况下不善于清晰阐明其思想的作家,在个别情况下就喜欢选用最高级形容词形成最强烈、最夸张的标记,从而达到一种光照效果,宛如斑驳的林荫道上的耀眼火炬。

六十一

作家的画艺。如果像化学家那样从对象自身中析取绘画的色彩,然后又像艺术家那样来运用它,就能最生动而有意味地描绘了。让画面从色彩的交界和转变中显现出来,于是,画面获得了某种富有魅力的自然素质,它使得对象本身成为有意味的。

六十二

令人翩翩起舞的书。有一些作家,他们把不可以的事描绘得像可能的事一样,谈论起灵性和天才来就好像它们只是一种心境和爱好似的,以此产生出一种奔放自由的情感,宛如人以足尖站立,遏止不住地要翩翩起舞了。

六十三

不成熟的思想。每个年龄阶段都有一种自在的价值,少年和童年不能仅仅看作过渡和桥梁;与此同理,不成熟的思想也自有其价值。所以,人们不应当用精细的解释来折磨诗人,而应当欣喜于其地平线的不确定,人们仿佛能通往更丰富思想的道路,门槛还敞开着;人们像在挖掘宝藏时那样期待着,仿佛马上就会有一种意味深长的幸运发现。诗人预先显示了思想家在发现一个重要思想时的快乐,因而使我们渴慕不已,去捕捉这个思想;然而它从我们头顶上翩翩飞过,展现最绚丽的蝶翅——它终于远离我们——逃走了。

六十四

几乎变为人的书。一再令每位作家惊奇的是,书一旦脱稿之后,便以独立的生命继续生存了;那感觉就好像昆虫的一截脱落下来,继续走它自己的路去了。也许他超越了其中所写的见解,也许他自己也不再理解它,也许他完全遗忘了它,失去了构思此书时一度载他飞翔的翅膀;与此同时,它寻找它的读者,点燃生命,使人幸福,给人震惊,唤来新的作品,成为决心和行动的动力——简言之,它像一个赋予了精神和灵魂的生灵一样生活着,但还不是人。——作者获得了最幸福的命运,他年老之时可以说,即使他的一生只是残灰,火种却到处复燃并且流传,他身上一切创造的、有力的、高尚的、澄明的思想和情感,在他的作品中继续生存着。——你设想一下,如果不仅是一本书,而是一个人的每个行动,以某种方式成为其他的行动、决心、思想的诱因,一切已出现的牢不可分地同将出现的相结合,那么,你就是认识了实际存在着的真正不朽,即运动的不朽:一度运动之物,如同昆虫嵌在琥珀中一样,嵌进了万有的总联系之中,从而变得永恒了。

六十五

老年的快乐。思想家以及艺术家,其较好的自我逃入了作品中,当他看到自己的肉体和精神渐渐被时间磨损毁坏时,便感觉到一种近乎恶意的快乐,犹如他躲在角落里看一个贼撬他空空的钱柜,而他知道所有的财宝已经安全转移。

六十六

宁静的丰收。天生的精神贵族是不太勤奋的;他们的成果在宁静的秋夜出现并从树上坠落,无需焦急的渴望与催促,便除旧布新。不间断的创作愿望是平庸的,显示了虚荣、嫉妒、功名欲。倘若一个人是什么,他就根本不必去做什么——而仍然大有作为。在"制作的"人之上,还有一个更高的种族。

六十七

阿喀琉斯和荷马。事情总是像阿喀琉斯①和荷马之间的情形那样:前者有经历、感受,而后者则描写它们。一个真正的作家只以言词给予别人激情和经验,他是艺术家,要从他的少量体验中悟出很多东西。艺术家绝不是具有巨大激情的人,但是他们常常做出这种样子,无意中觉得,倘若他们自己的生活能为他们这方面的

---

① 阿喀琉斯(Achilles),荷马史诗《伊利亚特》中的英雄。

体验辩护，人们就会更相信他们所描绘的激情。一个人只要放纵自己，对自己不加约束，公开表露他的愤怒和欲望，全世界就立刻叫喊起来：他多么热情奔放！但是，撕心裂肺的折磨并且常常吞噬个人的激情却意味着：谁经历它们，谁就必定不在戏剧、诗歌或小说中描写它们。艺术家常常是无节制的人，在这一点上他们恰好不是艺术家；不过这是另一个问题了。

六十八

关于艺术效果的古老怀疑。若真如亚里士多德所认为，怜悯和恐惧因悲剧而得宣泄，便可使得听众心平气和地回家去么？精神历程可以减少人的恐惧和迷信么？在一些物理事件中，例如性欲，随着需要的满足，冲动的确会缓和并暂时低落下去。但是，恐惧和怜悯并非这种意义上的欲求松弛的特定器官的需要。而且，天长日久，每一冲动尽管有周期性的缓和，却因惯于被满足而增强了。很可能，怜悯和恐惧在每一个别场合因悲剧而得缓和与宣泄，但在总体上却因悲剧的影响而强化。柏拉图认为，总的来说，人们因悲剧而变得更胆怯、更多愁善感了，这是有道理的。悲剧诗人自己也势必获得一种阴郁的、充满恐怖的世界观，一颗柔弱敏感、爱流眼泪的心灵；同样地，倘若悲剧诗人以及酷爱他们的拥护者愈来愈漫无节制地堕落，这也是与柏拉图的看法相合的。——但是，一般来说，我们有什么权利回答柏拉图提出的艺术的道德影响这个重大问题呢？我们就算有艺术——但艺术的影响、随便哪种影响又在哪里呢？

六十九

对于荒谬的快乐。人怎么能对荒谬感到快乐？只要世界上还有笑，情况就会如此；甚至可以说，凡有幸福之处，便有荒谬的快乐。我们平时把必然、合目的、经验看作我们的无情主宰的；当经验转为反面，合目的转为无目的，必然转化为任意，被期待之物（它通常使人不安、紧张）无害地来到，只是一时心血来潮而发生，就会使人高兴，因为这暂时把我们从种种无情的压迫下解放出来，我们便游戏和欢笑。这是奴隶在农神节的快乐。

七十

现实的高贵化。由于人们视爱情冲动为神圣，怀着虔敬的感激领略它的威力，所以，时间一久，这种激情因渗透了崇高的观念，事实上变得极高贵了。一些民族凭藉这种理想化的艺术从疾病中创造出文化的伟大助力：例如希腊人，在早期曾受流行的神经病（属于癫痫和舞蹈病）折磨，从中创造出了美好的酒神狂女的典型。——希腊人丝毫没有那种矮墩墩的健康；——他们的秘密是，倘若疾病有威力，也可以尊它为神。

七十一

音乐的原始意义。音乐并非自在自为地对我们的内心如此充满意义，如此令人深深感动，以致可以把它看作情感的直接语言；而是它同诗的原始联系赋予节律的运动和声调的抑扬以许多象征意义，使我们现在误以为，它直接发自内心直接向内心倾诉。只是经过歌曲、歌剧以及音画的数百次尝试之后，声音艺术占据了象征手法的广大领域，戏剧音乐才成为可通用阵列逻辑电路。此时"纯音乐"或者是形式本身处在原始状态，按照节拍和不同强度发出的声音即可给人快感；或者是无需诗歌便可领会的形式所表达的象征，此时两种艺术在长期发展中业已结合，音乐形式可以纯粹从形式上感受一首曲子,而更先进的人对同一首曲子却处处从象征上加以理解。音乐并非自在地深刻和充满意义的,它并不表达"意志""自在之物";唯有在音乐象征占据了全部内心生活领域的时代,理智才会生此误解。理智自己把意义置入了音响之中,正如在建筑学中,理智同样把意义置入了线与度量的关系之中,其实这种意义与力学规律是毫不相干的。

七十二

　　表情姿势进化的语言。表情姿势的模仿比语言更古老,它是不由自主地发生的,即使在今天,人们普遍控制自己的表情,很有教养地支配肌肉,它仍如此强烈,以致他们看到一张激动的脸时,自己的脸部神经不可能毫无反应(可以观察到,一个人假装打呵欠会引起别人自然打呵欠)。模仿来的表情姿势把模仿者引回到被模仿者脸部或身体在做这种表情姿势时所表达的那种感觉。人们就是这样学会相互理解的,婴儿也是这样学会理解母亲的。一般来说,痛苦的感觉是通过会引起痛苦的表情姿势(如扯头发,捶胸,脸部肌肉剧烈扭曲抽搐)来表达的。反之,快乐的表情姿势本身就充满快乐,因而很容易使人理解(笑原是快乐的呵痒的表现,又用来表达其他快乐的感觉)。——人们一旦通过表情姿势相互理解了,表情姿势的一种象征就会产生。我是说,人们会就一种音符语言达成协议,虽则开始时是声音和表情姿势(象征性地做一下)并用,后来才只用声音。——看来从前也时常发生同一过程,这一过程如今在音乐,尤其是戏剧音乐的发展中呈现在我们的耳目之前:一开始,没有阐明题旨的舞蹈和哑剧(表情姿势语言),音乐便是空洞的噪音;在长期训练音乐和动作的配合之后,耳朵才能够立刻分辨声音的形态,完全不再需要可见的动作,而能理解无动作的音乐,终于达到顿悟的高度。于是才有所谓纯音乐,即其中的一切无需其他辅助手段就立刻被象征性地理解的音乐。

七十三

高级艺术对感性的泯灭。新音乐的艺术发展使理智得到特殊的训练,从而使我们的耳朵也日益理智化了。所以,比起我们的前辈来,我们现在能忍受更大"喧哗"的音量,因为我们训练得更善于去倾听其中的理性了。事实上,我们的全部感官正是由于它们立刻寻求理性,即探问"有何意义"而不再探问"是何",所以变得有些迟钝。例如,按平均律调节音调占据绝对支配地位,便暴露了这种迟钝;因为现在尚能辨别升 C 小调或降 D 小调之类的细微差别的耳朵已属例外。就这一点而论,我们的耳朵已经变粗糙了。然后,原来与感官相敌对的世界的丑的方面也成了音乐的地盘;其势力范围因此举而令人惊愕地扩展到表达崇高、恐怖、神秘的东西:我们的音乐如今使过去瘖哑的事物也开口说话了。有些画家以相似的方式使眼睛理智化了,远远超出了从前所谓的色彩快感和形式快感。在这里,原来被视为丑的世界方面也被艺术理解力占领了。——这一切会导致什么结果呢?眼睛和耳朵愈是善于思想,它们就愈是接近一个界限,在那里它们非感生化了:快感误置于头脑中,感官本身变得迟钝而衰弱,象征愈来愈取代存生——因而,我们从这条路比从任何其他路更加确定地走向野蛮。同时这还意味着:世界比任何时候更蕴含着美的意义,但它也比任何时候更丑。然而,隐义的香烟愈是飘散消失,能够感知它的人就愈少,而其余的人终于停留在丑之中,想要直接享受它,却又必定归于失败。所以,在德国现有音乐发展成两股潮流,这里,有万把人带着高级、细腻的要求,愈来愈注意倾听"有何意义";那里,芸芸众生愈来愈不能理解蕴含有感性的丑这种形式中的意义,因而以愈来愈浓的兴趣学会抓住本身丑恶的东西,即音乐中的低级感性。

七十四

石头比从前更是石头。一般来说,我们不再理解建筑艺术,至少久已不像我们理解音乐那样地理解它。我们已经脱离了线与形的象征,我们也荒废了修辞的声音效果,从出生的第一刻起,我们从文化的母乳中就不再吸取这些品性了。在一座希腊的或基督教的建筑上,原先每个细节都赋有意义,关系到事物的一种更高的秩序:这种无穷意味的情调如同一层魔幻的纱幕罩在建筑物四周。美仅仅附带地进入这个体系,根本不妨碍敬畏和崇高,不妨碍因近神和魔幻作用而圣化的基本情感;美至多缓和了恐惧——但这种恐惧处处皆是前提。——在我们现代,一座建筑物的美是什么呢?它乃是假面具一类的东西,就像一个没有灵性的女人的漂亮脸蛋一样。

七十五

现代音乐的宗教来源。充满灵气的音乐是在特棱特宗教会议①之后复兴的天主教中经帕莱斯特里那之手产生的,他帮助新觉醒的真切而深刻动荡的心灵发出声来;然后,在新教中经巴赫之手也做到了这一点,他靠了虔信派而深刻化,摆脱了他原来的教条本性。这两种兴起的前提和必要准备的执着于音乐,如同文艺复兴和前文艺复兴时代所特有的那样,特别是那种对音乐的学术研

---

① 特棱特宗教会议,天主教会于 1545—1563 年间在瑞士特棱特举行的三次宗教会议,旨在反对宗教改革运动和新教。

究,那种对和声技巧和发音技巧的本质上的科学兴趣。另一方面,还必须已经有过歌剧,外行从中发现了自己对过分学究气的冷静和音乐的反感,因而希望重新给音乐女神以灵魂。——没有那种深刻的宗教情绪变化,没有内心激情的渐渐消失,音乐就会仍然是学究气或歌剧气的;反宗教改革的精神是现代音乐的精神(因为巴赫音乐中的虔信主义也是一种反宗教改革)。所以,我们深深有负于宗教生活。——音乐是艺术领域里的反文艺复兴;属于此列的还有牟里罗①的后期绘画,也许还有巴洛克风格;无论如何要比文艺复兴的或古代的建筑更属此列。也许现在人们还可以问:倘若我们现代音乐能够移动石块,它会聚集起这些石块造成一座古典建筑吗?我十分怀疑。因为支配着音乐的因素,如激情,对高昂紧张心情的爱好,不惜一切代价变得生动的意愿,感觉的迅速转换,明暗的强烈浮雕效果,狂喜和单纯的并存,——这一切都曾经一度支配过绘画艺术并且创造出新的风格准则;——但既不是在古代,也不是在文艺复兴时代。

七十六

艺术中的彼岸。人们深为痛心地承认,一切时代的艺术家在其才华横溢的顶峰,恰恰把我们今日视为谬误的一种观念提举到了神化的地步;他们是人类宗教迷误和哲学迷误的颂扬者,倘若没有对人类的绝对真理的信念,他们不会这么做。但若根本除去对这一真理的信念,架于人类知识与迷误两端的虹彩黯然失色,那么,像《神曲》、拉斐尔的绘画、米开朗基罗的壁画、哥特式教堂这一类艺术就决不可能复兴,它们不仅以艺术对象的宇宙意义,而且以

---

① 牟里罗(Murill,1618—1682),西班牙画家。

其形而上意义为自身的前提。于是,曾经有过这样一种艺术,这样一种艺术家的信念,便仅仅成了动人的传说。

七十七

诗中的革命。法国戏剧家加于自己的严格限制,如情节、地点、时间三一律,关于风格、诗格、句式的法则,关于选择语言和思想的法则,正如同现代音乐发展中对位法和赋格曲的练习,或者希腊演说术中的高尔吉亚①风格一样,乃是一种重要的练习。如此约束自己似乎是荒谬的;但是,除了首先极严格地(也许是极专断地)限制自己之外,没有别的办法可以摆脱自然主义。如此,人们的收获是极其灵巧的动作,逐渐学会优雅地走过哪怕是架在无底深渊上的窄桥,正如音乐史向如今活着的一切人所证明的那样。在这里可以看到,束缚如何一步步放松,直到最后仿佛可以完全解除;这个"仿佛"乃是艺术中必然发展的最高成果。在现代诗艺中缺乏这种从自造的束缚中逐渐摆脱出来的幸运过程。莱辛使得法国形式即当时唯一的形式在德国受嘲笑,并让人们参照莎士比亚,因而,人们是一跃而入于自然主义,而不是循序渐进地摆脱束缚——也就是说,退回艺术的开端。歌德试图摆脱自然主义,其办法是用种种方式不断重新自加束缚;然而,发展的线索一旦中断,即使最有才华的人也只是从事不断的试验。席勒的形式有相当的确定性,这要归功于他尽管否认,却在无意中尊崇着的法国悲剧的典范,与莱辛保持着相当的距离(众所周知,他贬薄莱辛的悲剧尝试)。在伏尔泰之后,法国人突然也缺乏足够的才能,来把悲剧的

---

① 高尔吉亚(约公元前 485—377),古希腊修辞学家,他的演说辞富丽堂皇,和谐悦耳,史称"高尔吉亚风格",对希腊演说术的发展有深远影响。

发展从限制中引向自由的外观;他们后来遵照德国榜样也一跃而入于艺术的一种卢梭式自然状态,从事起试验来了。只要时时阅读伏尔泰的《穆罕默德》,就可以清楚地知道,由于传统的中断,欧洲文化究竟不可挽回地失去了什么,伏尔泰是用希腊规范来约束自己由巨大悲剧暴风雨所孕育的动荡不安的灵魂的最后一位伟大戏剧家,他具备一切德国人所不具备的能力,因为法国人的天性要比德国人的天性远远接近希腊人;他也是最后一位在处理散文语言时犹有希腊人的耳朵、希腊艺术家的责任心、希腊的质朴和优雅的伟大作家;他甚至还是最后一批兼备最高精神自由和绝对非革命观点而并不怯懦彷徨中的一个。在他之后,现代精神带着它的不安,它对规范和约束的憎恨,支配一切领域,先是借革命的狂热挣脱缰绳,然后当它对自己突然感到畏惧惊恐之时,又重新给自己套上缰绳,——不过是逻辑的缰绳,而非艺术规范的缰绳了。虽则由于这一解放,我们一时得以欣赏各民族的诗歌,一切生长在隐蔽角落的、原始的、野生的、奇丽的、硕大无比的东西,从民歌到"伟大的野蛮人"莎士比亚;我们玩味迄今令一切艺术民族感到陌生的地方色彩和时装的乐趣;我们充分利用当代"野蛮的优点",歌德就以之反对席勒,为他的《浮士德》的缺乏形式辩护。但为时多久呢?一切民族一切风格的诗歌的滚滚洪流必定冲刷掉那尚能借以幽静生长的土壤;一切诗人不论一开始力量多大,必定成为试探着的模仿者,大胆的复制者;至于公众,在表现力量的控制中,在一切艺术手段的协调中,业已忘记欣赏真正的艺术行为,必定愈益为力量而推崇力量,为色彩而推崇色彩,为思想而推崇思想,为灵感而推崇灵感,因而倘若不是剥离出来,就全然不能欣赏艺术品的要素和条件,最后自然而然地提出要求:艺术家必须把它们剥离出来交到他们手上。是的,人们抛弃了法国艺术和希腊艺术的"不合理"束缚，但不知不觉地习惯于把一切束缚、一切限制都视为不合理了；于是艺术力求解除它们，其间便经历了——真是富有教益——它的原始、幼稚、不完全、已往的冒险和过度等一切状态；它用毁灭来诠释它的产生和变化。有一位伟人，他直觉完全可以信赖，他的理论所缺少的只是三十年以上的实践，——拜伦有一次说："诗歌一般所达到的，我都达到了，我愈是对此加以深思，就愈是坚信我们全部走在错误的路上，人人都一样，我们全部追随着一个内有错误的革命体系——我们或下一代仍将达到同一种信念。"拜伦又说："我把莎士比亚看作最坏的榜样，同时也看作最特殊的诗人。"而歌德后半生成熟的艺术见解所表达的不正是同一层意思吗？他岂非凭借这种见解而超出好几代人，使我们大体上可以认为，歌德或许还完全没有发生影响，他的时代或许刚刚在到来？正是由于他的天性使他长期执着于诗歌革命的道路，正是由于他最深切地体会了因传统中断而在新的发现、展望和补救手段中间所暴露的一切，似乎从艺术废墟里发掘出的一切，所以他后来的改弦更辙才如此沉重。这表明他意识到了一个深刻的要求：恢复艺术传统——在毁坏尚且必须有巨大力气的地方，倘若膂力太弱不足以建设，那么至少也要靠眼睛的想象力来把古庙的断垣残柱复原为昔日的完美整体。所以，他生活在艺术中就像生活在对真正艺术的回忆中一样：他的诗歌是回忆、理解久已消逝的古老艺术时代的手段。他的要求尽管不能靠现代的力量来满足；但是，这方面的痛苦却因一种快乐而得到充分补偿：这要求一度曾经满足过，而且我们仍然可以分享这种满足。不是个人，而是或多或少理想的面具；不是现实，而是一种象征性的普遍；时代特性、地方色彩淡薄得几乎不可见，使之化为神话；当代感觉和当代社会问题凝聚在最简单的形式中，撤除它们的刺激、紧张、病态的特征，使它们除了在艺术意义上之外,在其他任何意义上都失效;不是新题材和新性格,而是老的、久已习惯的题材和性格却不断改造和新生:这便是歌德后期所理解的艺术,这便是希腊人以及法国人所从事的艺术。

七十八

艺术剩余什么。诚然,在某种形而上学的前提下,例如,倘若人性不变、世界的本质始终显现于全部人性和行为中这样的信念得以成立,艺术便具有大得多的价值。这时,艺术家的作品就成了永恒常存者的形象。相反,在我们看来,艺术家只能给予他的形象以一时的有效性,因为整个人类是生成变化的,即使个人也决非一成不变的。——在另一种形而上学的前提下情况也一样:假定我们的可见世界只是现象,如形而上学家们所主张的,那么,艺术就相当接近于真实世界;因为现象世界与艺术家的梦境世界之间有着太多的相似之处,而其余的差别甚至使艺术的意义超过自然的意义,因为艺术描绘的是自然的共性、典型和原型。——然而,这些前提都是错误的;按照这一认识,艺术现在还保持一个怎样的地位呢?数千年来,它谆谆教导,要兴趣盎然地看待各种形态的生命,把我们的感情带到如此之远,我们终于喊道:"管它好活歹活,活着就是好的!"艺术教导我们,要热爱生存,把人的生命看作自然的一部分,但并不过分剧烈与之一起运动,看作合规律发展的对象,——这一教导已经融入我们的血肉,现在又作为强烈的认识需要大白于天下。正如同人们已经放弃了宗教,但并没有放弃它而获得的崇高和升华的心境,人们可以放弃艺术,但不会因此而丧失因它学得的能力。正像造型艺术和音乐是借宗教而实际获得和增添的情感财富的尺度一样,在艺术一度消失之后,艺术所培育的生命欢乐的强度和多样性仍然不断要求满足。科学家乃是艺术家的进一步发展。

七十九

艺术的晚霞。人类对待艺术不久就会像是在伤感地回忆青春的欢乐了,正如人在垂暮之年回忆青春岁月和庆祝纪念节日一样。也许因为死神似乎就在艺术周围嬉戏了,艺术从来不像现在这样深切感人,情意缠绵。不妨想一想意大利南部的那个希腊人的城市,那里一年一度还在庆祝他们的希腊节日,为异国的野蛮日益战胜他们自己的风俗而忧伤落泪;从来不曾如此欣赏希腊的事物,没有一处如此狂欢地纵饮这金色的琼浆,如同在这些湮灭着的希腊后裔之中那样。人们不久就会把艺术家看作一种华丽的遗迹,因为我们是不会把光荣赐予我们的同类的,正如古代的幸福系于他的力和美,便把他作为奇怪的异类而赐以光荣。我们身上最好的东西也许是从古代的情感中继承下来的,我们现在已经不可能再直接地获得它们;太阳已经沉落,但我们生命的苍穹依然因它而绚丽辉煌,尽管我们已经不再看见它。

(璐 夫 译)

作为艺术的强力意志

一

宗教、道德和哲学可以说是人的颓废形式,而艺术则相反。

二

艺术哲学家追求的是艺术的更高的概念。他要站在离别人遥远的地方来塑造他们(第一,做一个自我塑造者,一个隐居者,这是预习性的;第二,像迄今为止的艺术家那样,以某种质料做一个小小的完成者)。

三

在没有艺术家的情形下所出现的譬如像一个机体,一个组织(普鲁士军官团,耶稣会教团)是作品。它对艺术家是一个初级阶段。世界的艺术品其实有一个自我的生育。

四

"艺术家"这种现象最容易一目了然,从那里去窥视强力、自然等的基本本能!甚至宗教和道德的基本本能!

"游戏"中充溢着的是人的理想,"游戏"中的那种"稚气",是神的稚气,嬉戏中儿童在接受着"游戏"中的那种"稚气"。

五

日神状态和酒神状态是艺术本身所具有的,它们就像一种自然的强力一样,借这两种状态表现在人的身上并对人以支配,不管他愿意与否,或作为由于幻觉的驱向,或作为放纵而形成的迫力。这两种状态在日常生活中也有所表现,如人处于梦中或醉中,只是有强弱的区分。

当然,在梦和醉之间也存在着对比,二者都释放着艺术的强力却又不相同:梦释放的是视觉、联想、诗意的强力,醉释放的是姿态、激情、歌咏、舞蹈的强力。

六

在狄奥尼索斯的醉之中所具有的性欲或情欲的冲动,阿波罗的方式中也存在。但这两种状态之中必定还有一种节奏的差异,如阿波罗的方式中某种醉感的极端平静(确切地说,时间感和空间感的变缓),特别反映在最平静的姿势和心灵行为的幻觉之中。古典风格从本质意义上表现着平静、单纯、简洁和凝练,——是那种最高的强力感聚集于古典的范型之中。它是那样的一种具有高度的自信,无争斗之感的自信。

七

醉感往往在两性动情期表现得最为强烈:醉感的器官,醉感的技能,醉感的色彩,醉感的外形,但醉感实际上是情欲那种同力的过剩相应。对醉感可以"美化",美化是得胜的意志的表现,它加强了协调的功能,这时醉感所有的强烈欲求已达成为和谐,表现为是分毫不爽地垂直的重力。逻辑和几何的简洁是力量高涨的结果,反过来这种简洁的感觉又提高了力量感……发展的顶点是伟大的风格。

丑意味着某种形式的颓败、内心欲求的冲突和失调,丑意味着某种事物组织力的衰退。按照心理学的说法,丑的事物它的意志力是衰退的。

在人称之为醉的快乐状态,人处于一种具有高度的强力感的状态……这时人的时间感和空间感改变了:天涯海角一览无遗,简直像个能一次得以尽收眼底,眼光伸展,投向更纷繁更辽远的事物;人的器官变得精微,可以明察秋毫,觉察瞬息;他可以未卜先知,"智力"极强,领悟力超凡绝伦;人变得强健有力,好像肌肉中有了一种支配感,运动起来敏捷而快乐,犹如舞蹈,犹如轻松的快板,犹如绝技、冒险、无畏、置生死于度外的人生经历……人生的所有这些高潮时刻相互激励;这一时刻的形象世界和想象世界化作提示满足着另一时刻。就这样,那些原本也许有理由互不相闻的种种状态终于并生互绕、相互合并,就例如宗教的陶醉与性的兴奋那样(两种深刻的感情几乎总是奇妙地关联着)。什么能取悦于所有虔信的妇女,无分老少?答案是:神圣、美丽、年轻、童贞。悲剧的残酷与怜悯(通常也相互关联着)……春意、舞蹈、音乐,——无非是异性的互相显耀,——而且还有那种浮士德式的"春心无限"。

艺术家倘若有些作为,他的禀性就必须强健(肉体上也如此),精力过剩,他犹如野兽般那样的充满情欲。假如没有某种过于炽烈的性欲,就无法设想会有拉斐尔……创作音乐也还是制造孩子的一种方式;贞洁不过是艺术家的经济学,无论如何,艺术家的创作力所伴随的是他的生殖力,创作力的强弱取决于生殖力的强弱……艺术家本来就不是按照一般的面目看事物,他看事物看得更丰满、更单纯、更强健,为此在他自己的生命中就必须有一种朝气或春意,有一种常驻的醉意。

八

我们有时赋予事物以诗意,使它具有光彩,事物反映出自身的丰富和生命的欢乐;这是人予以事物的,人的某些状态:性冲动、醉、宴饮、春性、克敌制胜、嘲弄、绝技、残酷、宗教感的狂喜等在事物中留下印记。但其中三种因素是主要的,即性冲动、醉和残酷,它们都属于人类最古老的节庆之快乐,也都在原初的"艺术家"身上表现得最为充分。

当显示了光彩和丰盈的事物展现于我们面前时,人身上的动物性的存在往往会被调动起来,而动物性的快感和欲望与事物的存在所具有的因素极其精妙地混合,这就是人的审美状态。审美状态仅仅出现在那些能使肉体的活力横溢的天性之中,最初的推动力永远是在肉体的活力里面。无论是清醒的人,或疲倦的人,或筋疲力尽的人,或干巴巴的人(例如学者),他们都不能从艺术中感受到什么,因为他没有艺术的原动力,没有内在丰富的逼迫——谁不能给予,谁也就无所感受。

所谓完满是人处在那些状态中(特别是在性爱中),他天真地透露那至深的本能通常尊崇为最高、最令人向往、最有价值的东西,透露出了本能类型的上升运动;而本能实际上也就在力争这种境界。完满是本能的强力感的异常扩展,是丰富,是冲决一切堤防的必然泛滥。

九

艺术往往反映出的是动物所具有的活力:动物那旺盛的精力

投向于形象的世界或意愿的世界,借助于崇高生活的形象和意愿对动物性机能的诱发。它高涨着生命感,激发着生命感。

丑在何种程度上也是具有这种威力的。它在一定程度上传达艺术家的思想,表现为对丑陋事物的主宰;或者是在这种程度上:它在我们身上稍稍激发起对残忍的快感(它也许具有自伤性,但它是凌驾于我们自身的强力感)。

十

对艺术家来说,"美"之所以具有至高无上性,因为美使得事物内部的对立得到了统一,事物不再有其内部对立的紧张感;暴力已不再必要,一切都可以轻松地俯首听命,而且带着友好不过的神态来顺从——艺术家的强力意志对此而欢欣鼓舞。

十一

在审美活动中生物学意义的美、丑分析,时常使我们本能地感到不快,人们的长期生活经验证明,只从生物学意义上的分析,往往是有害并危险的。美的价值包含了有用、有益、生命的升华等,然而它总与极为长久的提示着、联系着的事物相联系,并由此形成的刺激,才给我们以美感即强力感增长的感觉(所以,不仅仅是事物,而且还有伴随着这些事物的感觉或者其象征)。

因此,美、丑被看作有条件的,即要从我们最基本的自我保存的价值着眼。否则,设定美或丑就变得毫无意义。没有美无所谓丑。美总与在特定场合下特定类型的人的存在条件有关,因而和异常的人或超人相比,群氓往往在另一类的意义上使他们感到有所谓美的价值的事物。

这可以看作是一种近景光学(vordergrunds-optik)的现象,人们的视野只为切近的事物所激动,而美(还有善,还有真)的价值也就从中产生。

但作为这时所形成的是本能的判断,这种判断的思维链条存在某种短视的问题。它们建议的什么事情,要受到理智的阻断,理智主要是一种阻止对本能判断作出即时反应的制动装置,理智它使本能止步,它权衡再三,它可以看到较长远的因果链条。

美、丑的判断出自本能,它虽存在短视的问题(它们总有个理智同自己相对立),却又是可以高度信赖的。事情往往是这样,在我们做出某种决定时,最先是本能做出的反应,本能在断言是或否,而这时理智还在沉默中不曾得发一言。

最通常的美的肯定具有激励的作用。审美本能一旦工作起来,结合于"这一个美"周围的还有许许多多其他事物也得到调动。因此要保持完全客观地观察事物是不可能的,我们无法摆脱解释、赋予、充实、诗化的这种主观力量的影响(这种力量维系于美的判断之中)。

因此,第一,美的判断往往是短视的,它仅仅看到最近的后果。

第二,美的判断形成某种联想,它具有一种魔力,这种魔力是以各个美的判断之间的联想作为条件,这时它对对象的认识是与那个对象的本质相脱节的。把一个事物感受为美的,伴随的必然是对事物种种错觉的形成(顺便说说,正因为如此,从社会的观点看,恋爱的结婚是一种最不理智的结婚)。

十二

艺术的发生与制造或发现完满有关。我们人的大脑会产生固有的性力冲动(和情人在一起消磨时光,会美化哪怕最细小的偶然事件,生活被美化为一连串精美的事物,爱情之不幸在于其价值高于一切)。另一方面,艺术的那种完满的和美的表达,其作用犹如那种处于热恋状态的人所看待世界的方式,是那种方式的一种无意识的回忆。

每种完满的事物或艺术作品的美,其深沉的是被唤起的性欲亢奋的极乐。(从生理学角度看,是艺术家在创造冲动的传递中精液的流入的份额……)对艺术和美的渴望是对性欲癫狂的间接渴望,他把这种快感传导给大脑。世界通过"爱"而变得完美。

十三

肉欲有时会伪装着表现自己。第一,作为理想主义("柏拉图式")式的,这种情况常见于青年人,看事物的时候好像有一种凹面镜,映象的事物是被夸张或美化了,就如在情人的眼中他所爱的人总什么都是美的一样。美是被镶嵌进事物中的,并是环拥着万物的一种无穷;第二,在神圣的爱情中的少年总是英俊,女人总是佳丽,无论如何都添加了美丽的光环于那些准新郎和新娘的身上;第三,艺术可以说就是作为这样的一种"装饰的"力量而存在,它犹如像一个男人看一个女人时简直要把人间一切优点都当礼物送给她一样,艺术家的肉欲也把他一向还尊重和珍视的一切赋予一个对象,他就这样地完成一个对象(把它"理想化")。女人意识到男人对于女人的那种感觉,就努力去迎合这种理想化,于是她们浓妆淡抹,翩行宛舞,巧思纤想;与此同时,她又那样的表现出羞怯、温情和矜持——又增加了男人们理想化的想象力。(当然,女性的精细,羞怯并不必然是出于有意的虚伪:但正是那种天真的真实的羞怯(die Schamhaftigk-eit)对男人诱惑最甚,促使他去过高地评价女性。女人天真的真实的羞怯——出于本能的精细,留下了很多晓谕给她的空间。艺术家故意闭着眼睛不去自省……任凭想象力的发挥,于是无意识使得矫饰更有作为,矫饰就变成无意识的。)

十四

可以被称作为"爱情"所陶醉的,总是那样的无所不能。当然陶醉并不只有爱情的陶醉！人们会有切身的体会。当一个男人来到一个少女身旁,这个少女的肌肉力量就会增加,这一点可以用仪器测量出来。在两性接近的关系中,例如在舞会上或在其他的社交场合,这种生理上的变化表现得尤为突出,甚至使人们会达到难以置信的程度！在这里当然要考虑到,就像每一种快速运动一样,跳舞本身已经为整个血管、神经和肌肉组织带来一种陶醉了。在这种情况下,就要计算双重陶醉的联合作用。有时候有点儿疯狂是多么聪明！……有一些事实,人是从来不向自己承认的；女性具有羞怯之心(pudeur)……与女性在那里跳舞的这些年轻人,他们实际已超然物外,他们不过是在同仅可触知的理想跳舞,而且他们甚至看见理想们围绕自己而坐——这些年轻人在自我陶醉！……得以引证《浮士德》的表述……当她们有点儿疯狂的时候,这些尤物呵,看起来真是无比的动人,而她们自己也清清楚楚呢！正因为她们清楚这一点,她们甚至变得更讨人喜欢了！最后,她们的装束也激励着她们；她们的装束是她们的第三项小小的计谋：她们信奉她们的裁缝就像是信奉她们的上帝,——而谁又会去反对她们的这个信仰！这个信仰造福于人！而自我欣赏是健康的！自我欣赏可以预防伤风。可曾有一个知道自己衣着华丽的漂亮女人伤风过吗？从来不曾有过！我甚至设想,她即使几乎一丝不挂也不会伤风。

十五

陶醉是一种变形的力量,它的作用有时是令人惊叹的。"爱情"就是一种证明。爱情往往被世界上的一切语言都作有美丽的描述。在这里,可以用陶醉来反映这个现实,但陶醉是这样来处置现实的:在恋爱者的意识里,真实的动机消隐了,别的什么东西似乎取代了它的位置,——喀耳刻的所有魔镜的颤动和闪光……在这一点上,人和动物并无区别;精神、善和诚实尤其无所区别。谁精明,谁就被精明地愚弄;谁粗鲁,谁就被粗鲁地愚弄。但是,爱,甚至对上帝的爱,"拯救灵魂"的神圣的爱,归根到底都是一码事:这是一种冠冕堂皇地把自己理想化的狂热,一种巧妙地编造关于自己的诺言的醉态……而当一个人恋爱的时候,他一定善于向自己撒谎,撒关于自己的谎:他似乎变得面目一新,人显得强壮、丰满、完美,他使他自身得到了提升……在这里,我们发现艺术所具有的一种生物机能,我们发现它被置入"爱"的天使般的本能之中,我们发现它是生命的最强大动力,——因此,甚至在撒谎这一点上,艺术也是非常合乎目的的……可是,如果我们在这种欺诳力量作用下停留下来,我们就错了。它的作为不止于想象,煞费苦心甚至改变价值。而且并非仅仅是说它改变价值感:恋爱者是更有价值的,是比较强有力的。在动物身上,这种状态产生出新的武器、色素、颜色和外形,特别是新的运动、新的节奏、新的声音和引诱。在人身上,事情并无不同。他的整个组织比以往更丰富了,比不恋爱时显得更有力、更完备了。恋爱者成了挥霍者,他富裕得足以这样做。他现在变得有些胆大妄为,开始成了冒险的精神,或成了一个宽宏大量、纯洁无邪的人。他又信奉上帝了,他信奉德行了,因为他信奉爱。除此之外,这个幸福的白痴增添了翅膀和新的能力,甚至艺术之门也为他所敞开了。如果我们从作品的字里行间抒情的语句里删去那种内在狂热的暗示,那么,抒情诗和音乐还剩下的是些什么呢?……这时所谓的为艺术而艺术的(lart pourl art)多半是在沼泽里作垂死状的冻僵了的青蛙的高超聒噪……其他一切都是爱创造的……

十六

艺术的作用往往通过对人体的肌肉和感官所产生的暗示而发挥出来的。肌肉和感官原本是在反映天真的艺术造型,通过人身上肌肉和感官活动,使艺术产生影响。艺术向来只对艺术家说话,因为只有他的肉体能极其灵敏地对艺术说话。"外行"这个概念就是说这时人的肌肉和感官在反映艺术造型时会发出错误的信号。就像一个聋哑人不可能像一个听力正常的人那样去反映事物。

艺术具有健身的作用,它可以增添人的力量,燃起人的欲火(即力量感),激起人处于陶醉对醉的全部微妙的回忆,——这时有一种特别的记忆潜入这种状态,带着一个遥远的、稍纵即逝的感觉来到这个世界。

艺术的对立面是丑,丑为艺术所要排斥的,是它的否定。只要一察觉到衰落、生命的枯竭,一察觉到瘫软、瓦解和腐败,不论相隔多远,审美者都要作出否定的反应。丑起着压抑的作用,它是压抑的标志。丑反映了人的力量的消逝,人的生命的枯竭,它承受压迫……丑暗示着丑恶的东西。一个人可以从他的健康状况来验证,生病会怎样明显地提高对于丑恶事物的想象力。对事业、意趣、问题的选择变得不同了。在逻辑的领域里也有与丑血缘相近的状态——笨重、迟钝。从力学上说,这里失去平衡,丑使得人跛足而行,跌跌撞撞。恰与舞蹈者的神圣的轻盈所不同。

审美状态具有丰富的传达手段,同时对刺激和信号具有高度感受性。它是生物之间进行交流和传递的顶峰,它是语言的源泉。语言在这里有其自身的起源,就像声音语言的发生,手势表情语言的发生,眼神语言的发生一样,在这里可以找到解释。现象的完整性总是起点,我们的能力是从这里进行分析的。正是如此,即使到今天的人们,仍然还用自己的感官如肌肉来听,甚至还用肌肉来读。

每一种成熟的艺术都有许多惯例作为基础,因为它总是一种语言。惯例是伟大艺术的条件而不是它的障碍……生命的高涨就在于提高了人的传达力,同时也提高了人的理解力。深入他人的灵魂而与其共生,这是艺术的魅力所在,这无所谓关乎于道德的问题,反映的是人的一种对于暗示的生理易感性。"同情"或所谓"利他主义"不过是被当作精神性来看待的心理动力联系(查理·费勒所说的心理动力感应)的现形。人们从来不传达思想,他们传达动作,传达用表情和动作表达的符号,而正是这些符号被我们事后解释为思想。

十七

与音乐相比,一切借用言词所传达的艺术都显得十分无力,言词使艺术的内容变得稀薄而愚蠢,言词在抹杀个性,言词化神奇为陈腐。

十八

正是那些例外的情形造成了现在的艺术家,使得这些艺术家的作品总与病态的表达方式有亲缘的关系,以至于看起来当个艺术家而又没有病是不可能的。

以下状态在艺术家身上被培育成所谓的"个性",一般来说它们在某种程度上也附着于普通人:

第一,陶醉。高度的力感,一种通过事物来反映自身的充实和完满的内在冲动。

第二，某种官能的极端敏锐所产生的创造力。由于这种官能的作用，它能够理解并且创造一种完全不同的符号语言，这种符号语言常常同有些神经相连；极端的灵活性，从中发展出一种高度的传达能力；谈论一切能给出符号的事物的愿望；似乎要通过符号和表情姿势摆脱自我的需要；用成百种语言方式来谈论自己的能力——一种爆发状态。首先必须把这样一种状态设想为通过各种肌肉劳作和活动而从极度的内在紧张中摆脱出来的驱迫和冲动，然后把它设想为这种向内部过程（想象、思想、欲望）发展的运动的自发协调，——设想为整个肌肉组织在从内发挥作用的强烈刺激推动下的一种自动作用；没有什么可以去阻止这种反应的发生；制动装置有着自身的生命力的运转。其事物内部的自我运动（感觉、思想、情绪）都伴随着生理上血管的变化，随之而来的是肤色、体温和体液分泌的变化。音乐的暗示力量是它的"精神暗示"。

第三，模仿的冲动。这是一种异常的反映，这时一定的榜样富有感染力地传达出来，一种状态已经根据符号被激动并显示了出来……一个印象在头脑里一闪现，就作为肢体的运动而发生作用了——意志的某种停顿（叔本华！！！）……对外部世界的某种闭目塞听，忍受下来的刺激范围严格地限定了。

这一点区别了艺术家和外行（艺术的接受者）：后者在接受中达到其兴奋高潮，前者则是在给予中。因此，这两种资质的对抗不但是合乎自然的，而且也是值得向往的了。其中每一种状态各有一个相反的着眼点，要求艺术家具备听众（批评家）的眼光，就等于要求他使自己以及自己的创作力枯竭……这里的情形同两性差别相类似，人们不应当要求从事给予的艺术家变成女人，即要他"从事接受"。

我们的美学就这方面来说至今还是一种女人美学，仅仅是由接受者们为艺术提出了他们关于"什么是美"的经验。在全部哲学中，迄今为止还缺乏艺术家……正如前面所指出的，这是一个不可避免的缺陷，因为只要艺术家开始去理解自己，他立刻也就误解了自己，他不应该向后看，他根本不应该看，他必须给予。没有能力做批评家，这是艺术家的荣幸，否则，他只是半瓶醋，只是"赶时髦"。

十九

这里我举出一系列心理状态，这些心理状态是生命力充实而强盛的反映，但今天的人们却习惯于把这些反映视为是病态的。然而，其实我们现在已经放弃谈论所谓健康的与病态的之间的对立了，"健康"的不过意味着是下述状态的一种较低级的水平，这种状态在有利情形下会成健康；而相对来说是病态的，却是较高级的水平……艺术家就属于这样一个类别。对我们来说被说成会造成危害的，或被认为在我们身上会成为病态的，在艺术家身上却是很自然不过的。可是人们难以接受，认为病态的就好比失灵的机器，它会对各种测试表现出过度的反应。而我们的证据可以从那些歇斯底里的女人身上加以证明。

正如生命的枯竭一样，生气和精力的充溢，有时也能够带来某种局部的压抑、感官的幻觉、对暗示的敏感等表征为所谓病态的现象，反映所据的条件不同，内容有其相同之处……。当然，生命的枯竭不能创造什么，而生气和精力的过于充溢却相反。一切病态天性由于神经的离心倾向而造成了极度松弛，艺术家在这里充分发挥他的想象力。因此艺术家从来不必为他的美好时光还债……他富裕得足以能够挥霍而不至于穷竭。

就像如今"天才"可以被看作患神经官能症，是这种病态的一种表现形式一样，艺术所具有的暗示力量也许可以被同样地看待，而我们的戏子们事实上仅仅与歇斯底里女人的状态是相似的！我们并不反对"艺术家"，所要反对的是今天人们的无知和偏见。

非艺术状态：客观状态、反映状态、意志被解除的状态……（叔本华的荒唐误解是他把艺术当作通向否定生命的桥梁……）非艺术状态使人变得枯竭、贫乏、苍白，生命因瞥见这些状态而受苦——基督徒。

二十

现代艺术家在生理上与歇斯底里有着血缘的联系，他们的性格是由于这种病态而表现出来的。但歇斯底里是假的，艺术家们为他们的乐趣而伪装自己，他们在每种矫饰的艺术中都是令人叹服的——如果病态的虚荣心不曾愚弄他们的话。这虚荣心犹如一种持续不断的热病，需要麻醉剂，什么自欺和或许片刻的慰藉而产生的闹剧都不会使他动摇（没有资本可以忘乎所以，但深入于骨髓的自卑使他要不断地报仇——这差不多就是人类的虚荣心的定义）。

他们的整个系统荒谬得易于激动，这把他们的全部经历都变成危机，把"戏剧性因素"塞进最微不足道的生活细节里面，夺走他们的一切可预测因素。他们不再是人，至多是角色的会合，其中忽而这个角色、忽而那个角色带着可怜的狂妄态度出来自我标榜一番。刚好在这一点上，他们和演员一样伟大：所有这些可怜的无意志者，医生总是守在旁边研究着他们，他们用他们的做表情的、变形的以及进入几乎任何一种派定角色的高超技巧表现自己，人们只能带着发呆的眼神看着他们。

二十一

艺术家并不一定是有巨大激情的,尽管他们中有些人如此地喜欢向我们也对自己作这样的宣称。有如下的分析可以说明这一点。其一,他们面对自己缺乏羞耻心(他们在生活中总是盯着自己;他们窥伺自己,他们过于好奇),他们面对巨大激情也缺乏羞耻心(他们作为戏子而滥用它);其二,他们是自己才能的高利贷者——在通常的情况下他们不乐意挥霍他们叫做激情的那种力量。有才能的人同时是他的才能的牺牲品:人们生活在他的才能的高利贷盘剥之下。

一个人并非通过表现他的激情来守护激情,毋宁说当他表现其激情的时候,他是在摆脱他的激情(歌德的教导不同,不过好像他在这方面出于审慎故意误解自己而已)。

二十二

关于生活的理性。人对生活保持一种相对的贞洁的态度,在思想中谨慎聪慧地对待色情,这一点对于禀赋丰富而完满的天性者来说,他就算具有巨大的生活理性了。这个原理特别适用于艺术家,这时他属于最高的生活智慧之列。现在明白无疑地可以看到,赞同这种见解的呼声已经升高。我这时想提起司汤达、泰·戈蒂叶,还有福楼拜这些艺术家。艺术家按照其性质来说恐怕难免是好色之徒,一般易受刺激,每种官能都开放着,远远地就能对刺激和刺激的暗示起反应。尽管如此,他倒真正是个节制的人,甚至常常是个贞洁的人。他的占优势的本能要他这样,他不允许他随随便便地消耗自己。一个人在艺术构思中消耗的力和一个人在性行为中消耗的力是同一种力:只有一种类型的力。对于一个艺术家来说,在这方面输掉,在这方面消耗自己,就是背叛。他泄露了本能的欠缺和一般来说意志的欠缺,这可能就是标志着颓废,他是在使他的艺术做无谓的贬值。

二十三

科学家同艺术家相比是另一种类型,从生命的表现方式而言,科学家标志的是某种限制或降级(但也是强大、严格、顽强、意志力的标志)。

在何种程度上,艺术家身上的虚饰,对真实和效用的漠不关心,可以说是年轻和"稚气"的表征……他们的惯常举止,他们的不理智,他们对自己的无知,他们对"永恒价值"的淡漠,他们"游戏"时的认真,——他们对体面的无所谓;丑角与上帝为邻,圣徒与恶棍相伴……模仿是一种专横的本能。上升的艺术家和下降的艺术家,他们是否属于一切阶段?……是的!

二十四

女人和女人所从事的工作有它的特点,无论在艺术和科学的事业上,这个环节在整个链条上不能缺少。我们可以这样来看,这是在证明一个规则,即女人总是把算不上工作的事做得尽善尽美,例如写信、写回忆录、做烦琐的手工活等,总之,这些事也许并不是高雅的手艺,但她感到在做这些工作中她实现了自己,因为她借此服从于人性中所赋有的唯一的艺术冲动——她要讨人喜欢……可是,女人和真正艺术家对艺术的那种热烈的追求岂可同日而语?后者赋予一种声响、一种气息、一种细枝末节(hopsasa),这个行为本身还有其更多更丰富的意义,艺术家伸开五指抓取最隐蔽最内在的东西,他不把价值给予任何一个事物,除非它知道变为形式(除非它自首,除非它自己亮相)。艺术,就像艺术家所从事的那样,难道你们不明白它是什么吗?它是对一切羞耻心(pudeurs)的剿杀……

二十五

一个人只有当他把一切非艺术的看作有其"形式",能感受它所有的内容或"事物本身"的时候,才是艺术家。如此,当然就把属于这个颠倒了的世界的内容的东西看成了纯粹形式的东西,我们的生命也被作了这样的理解。

二十六

对于事物细微方面差别的观察(真正的现代行为)或领悟的能力并不是本能所能的作为,本能的能力所表现的在于抓住事物典型的方面,如同黄金时代的希腊风尚那样。本能使有蓬勃生机的人变得彬彬有礼,主人处事有了分寸,坚强的灵魂也归于那种平静,它动作缓慢,对过分的生机怀有厌恶之情。普遍情况、法则受到重视和强调,相反,例外被放到一边,细微差别被一笔抹杀。坚固、有力、牢靠的东西,宽广有力地栖息着的、掩藏自身力量的生活,这一切"令人愉快",即符合人们的自我评价。

二十七

大抵说来,我认为艺术家的追求比迄今为止的全部哲学家来要显得更为正确。他们没有离开生命所遵循的生活总轨道,他们热爱"尘世"的事物,——他们热爱他们的感官。在我看来,追求"禁欲"倘若不是一种纯粹的虚伪或自欺,那就或者是一种误解,或者是一种病态,或者是一种治疗。我祝愿我自己、一切不为清教徒良心所困扰而生活着的人们及可得而如此生活的人们,不断增进其感官的精神和多重性,我们的确愿为感官的精细、丰富和有力而感谢它们,并且为此而向他们奉献我们最好的精神成果。像僧侣和形而上学家那样把感官斥为异端是何等的荒诞!我们已经不再需要依恋着"尘世事物",这正是有教养的标志,这样他就会坚持一个伟大的人类观念:当人学会美化自己的时候,他就成了存在的美化者。

二十八

对艺术中的悲观主义我们应另外理解。艺术家常为他的表达方法所迷惑,为方法本身而喜欢方法,陶醉于其在方法中以极端的精致和色彩的鲜丽、线条的清晰、音色的细腻来确认自己。——在一般状态下任何色彩都有自己的特点。一切有特色的东西,一切存在细微差别的事物,都会引起人们的极端的力量之振奋,唤起他们由于生命的冲动而产生醉感。艺术作品的作用在于激发艺术创造状态,激发醉境。

艺术的本质方面始终在于它使存在的事物的完美(daseins-Vol-lendung),它产生肯定和充实,艺术本质上是向上、是祝福、是存在的神化……但一种悲观主义的艺术意味着什么?这不是自相矛盾(contradiction)吗?是的。当叔本华把某些艺术作品用来为悲观主义服务时,他错了。悲剧并不教人"听天由命"……可怕可疑事物本身就已经体现着艺术家的强力本能和雄伟气魄,他不怕它们……根本不存在悲观主义的艺术……艺术从来从事的都是肯定。作品从事着肯定。而至于说到左拉!说到龚古尔兄弟!他们表现的事物是丑的,然而他们之所以表现它们是出于对这些丑的事物的乐趣……无济于事!你们还要固执己见,你们就是在欺骗自己。陀思妥耶夫斯基是怎样的救星啊!

二十九

倘若我的读者们被告知并且是充分地被告知,生活着的大舞台上的"善"实际所表达的是枯竭的一种生命形式,那么,他们就会尊重基督教的结论了,基督教把善想象为是丑的。基督教在这一点上倒是对的。

对一个哲学家来说,宣布"善与美是一回事",这种行为是卑鄙的,但他竟然还要补充说"真也如此",那他真该打。真理是丑的。

我们有了艺术,依靠它我们就不致毁于真理。

三十

艺术的道德化。艺术是对道德约束的解脱,对道德广角镜的嘲讽,艺术摆脱了他们,逃回到大自然,在那里大自然的美与恐怖交媾——伟大之受孕。

——"美丽的灵魂"。一阵微风就使它黯然,如此脆弱、无用、奢侈。

——褪色的古代理想,将恢复它们的本来面目:以其不可调和的严厉和残忍觉醒为最恢宏大观的怪物。

——所有的道德化艺术家都不知不觉地在蠕行和做戏,能心领神会地理解到这一点的,有一种幸灾乐祸式的享受。

——让艺术的不道德大白于天下的正是艺术的造作。

——艺术把"理想化的基本力量"(肉欲、醉、太多的兽性)充分明白地表达了出来。

三十一

适应于现代精神的最实际的、需要的,是艺术中的现代伪币制造活动：这被认为是必不可少的。

人们由此不但在填补自己才能上的缺陷，更多的是在填补教育上的缺陷、阅历上的缺陷和素养上的缺陷。

第一，他们找一伙不大在行的公众，我们这个世纪对"天才"的迷信助长了这些公众无条件地爱他们（他们能够顷刻间就跪倒在角色的面前）。

第二，他们虚张声势地谈论姿态的重要性，习惯于一个民主时代的怨天尤人、贪慕功名和自我掩饰，喜欢这些种种的不光彩的本能。

第三，他们把艺术的目的与知识的目的、教会的目的、种族利益（民族主义）的目的或哲学的目的混为一谈，把一种艺术的方法搬到另一种艺术中去，——他们一下子敲响所有的钟，以激起似是而非的疑惑，兴许他们是一个神。

第四，他们奉承女人、受难者和愤怒者，并使得麻醉剂和鸦片剂在艺术中也占据优势。他们把有教养的人、诗歌和古老历史的读者逗得心痒难熬。

三十二

在今天，"公众"和"佼佼者"的区别在于，凡要满足"公众"的他一定是一个江湖骗子，要满足"佼佼者"的就必定是一个高手！要抹平这个区别，在这两方面都称得上伟大的，只有我们本世纪特有的天才：维克多·雨果和里查德·瓦格纳，他们所具有的巨大骗术达到了如此的境界。这毕竟是十分的不容易，因为要与如此真实的高超技艺相交媾，甚至足以满足艺术感官最精细的人的要求。拥有如此才能的游移于二者之间的大师，他时而要照顾最粗俗的需要，时而要照顾最精雅的需要。

三十三

虚假的、不真实的"强化"有很多的表现:

第一,就是表情上经常具有的丰富性,但在浪漫主义中这实际上(espressivo)是一种欠缺感的标志,而不是强大的标志。

第二,如画的音乐,所谓戏剧性的音乐,要特别容易些(如同恶毒地散布流言蜚语以及自然主义小说里罗列事实和特征一样)。

第三,"激情"是神经和疲倦心灵的事情,譬如享受峻岭、荒漠、暴风雨、宴饮和可憎的事,享受大量的、坚实的东西(例如在历史学家那里);事实上存在着一种对逾常感觉的崇拜(为什么强大的时代在艺术中有对于激情的反面的需要,一种相反的需要?)。

第四,对刺激性题材的偏爱(色情或病理学):这一切标记都是为了今天那些因劳累过度而变得虚弱或涣散的人制定的。

……

三十四

现代的艺术是一种施暴政的艺术,是逻辑堆积和蛮横。通过粗糙而强迫推行的轮廓逻辑,题材被简化成了公式,公式在施暴政。线条把感官弄得混乱不堪,其中包含着一种未开化的杂多、压倒一切的堆积;色彩、题材和欲望的蛮横。例子:左拉,瓦格纳,还有在更精神化的层次上的泰纳。

三十五

关于画家。那些曾经幻想过要做画家的诗人构成了所有现代作家。有的曾在历史里寻找可以表现哲学的悲剧,有的却在发掘参悟宗教风俗剧。这一个模仿拉斐尔,那一个模仿早期意大利大师;风景画家用树和云彩来制作颂歌或挽歌。人人都是各种各样事件的舞台主持人或理论的考古学家、心理学家,没有人是纯粹的画家。他们欣赏我们的博学和哲学。他们和我们一样富于一般的思想,并且丰富得过了头。一种形式表达了什么才是他们所爱好的,而它原本是什么却不重要。他们是博学的、苦恼的、探索的时代的产儿,与那些不事阅读、只想用眼睛来享受的古代大师们相距千里。

三十六

瓦格纳的音乐在根子上也还是文学,当之无愧的十足的法国浪漫主义文学:多愁善感的小康国民喜欢被施与异国情调(迥异的时代、风俗和激情)的魅力。穿过凭书本导引的通道,跨进极其遥远的异国的史前天地时的狂喜,整个地平线因此用新的颜色和可能性描绘出来……鄙弃眼前的林荫道,对更为遥远的未知世界的憧憬……不用欺骗自己,因为民族主义也只是异国情调的一种形式……浪漫主义音乐家叙述的是异国书籍在他们身上留下的印记,人们一心想经历异国事件、体验佛罗伦萨和威尼斯风味的激情,最后人们满足于在想象中寻求它们……究其根本是一种新的渴望,一种照着做、照着生活的愿望,灵魂的乔装和作假……面对不成功的"真实性",浪漫主义艺术只是一种应急措施。

革命——创新的尝试:拿破仑代表着精神之新可能性激情,精神的空间扩张。

意志越衰弱,越无法节制对感受、想象、梦想新奇事物的欲望。人们经历过的放荡事情的后果:贪求放荡感觉的欲火中烧……异国文学提供了最过瘾的作料。

三十七

作为希腊人的文克尔曼和歌德,作为东方人的维克多·雨果,作为冰岛诗歌式人物的瓦格纳,作为13世纪英国人的瓦尔特·司各特——这一切都是异乎寻常的虚假的,这整部喜剧总有一天会被揭穿,然而却是时髦的。

三十八

民族的天才以什么样的态度对待外来的和借鉴的东西?
英国的天才把自己感受到的一切粗俗化和自然化;
法国的天才把它们稀薄化、简单化、逻辑化、装潢打扮;
德国的天才把它们融合、调和、缠绕和道德化;
意大利的天才最善于自如和巧妙地使用借鉴的东西,并且往里放入的要百倍地多于从中取出的,他赠送得最多,他是最丰富的天才。

三十九

在艺术领域里,犹太人借助亨利希·海涅和奥芬巴赫占据了天才的一席之地,奥芬巴赫是一个最机智最放纵的色情狂,他保持着一个音乐家的伟大的传统,对不只用耳朵欣赏其作品的人来说,他是一次真正的解放,摆脱了那些感伤的归根到底是堕落的德国浪漫派音乐家。

四十

奥芬巴赫式的法国音乐具有伏尔泰式的智慧,自由、放纵,带着一丁点儿冷笑;然而明朗、机智以至到平庸的地步(他不事修饰);毫无病态的或似金发维也纳人才有的淫荡的做作(mignardise)。

四十一

如果说,艺术家的天才可以理解为有权行使法则下最高的自由,在最凝重之中如神般轻快和敏捷,那么,其中更有权利被称为"天才"的莫过于奥芬巴赫,他比瓦格纳更具有这方面的才能。最纵情的完美时刻,对于笨重而迟钝的瓦格纳来说是陌生的,但对小丑奥芬巴赫却不是,在别人中只一次的表达他可以几乎总能达到五六次。不过我们未必要这样理解天才。

四十二

"音乐":德国音乐、法国音乐和意大利音乐。(我们的最多产的时代往往是政治上最卑微的时代。斯拉夫人?)文化历史的芭蕾战胜了歌剧。戏剧演员的音乐和音乐家的音乐。人们常把瓦格纳作的曲子误解为形式,其实它是无形式的东西。至于戏剧结构的可能性现在尚有待发现。追求节奏,不惜代价地追求"表达"。《卡门》的光荣。亨利希·许茨(以及"李斯特协会")的光荣——乐器的卖淫。门德尔松的光荣在于歌德的一个要素在他身上得到最充分的体现!(就像歌德的另一个要素在拉结身上趋于完成,第三个要素在亨利希·海涅身上趋于完成一样。)

四十三

描述现实的音乐,任由真实性充斥整部作品……低能儿热爱、追求它们,因为所有这类艺术都是较为容易的、较近于模仿的。于是暗示的艺术被本能地盼望。

四十四

现代音乐。"思想"的衰弱,辩证法的衰弱,精神活动自己的衰弱都在旋律的衰弱上一一体现,——笨拙和迟钝作为一种新的冒险正渐渐发展成为原则;——最后,人们只有其天资、其狭窄的天资的原则。

"戏剧音乐"是对音乐的亵渎,是胡扯!……人们往往用"感情"和"激情"来替代如伏尔泰般高度智慧的幸福。"感情"和"激情"在技术上较容易表达,而这又是以更为可怜的艺术家为前提的。当一个个艺术家支配虚假手段比支配真实手段在行时,我们有了戏剧绘画、戏剧诗歌等。

四十五

我们的音乐缺少一种美学,懂得为音乐家创造规则与良心的美学;其后果就是,我们缺少一场为"原则"的真正的斗争——因为就像嘲笑叔本华的幻想一样,作为音乐家的我们同样厉害地嘲笑这个领域里的赫巴特的幻想。我们以"凡使我们高兴的便是好的"为信仰,我们在价值领域里四处盲目地摸索,仅凭着往日爱好和欣赏的本能,我们不再知道论证"典范""卓越技巧""完满"等概念,对于鉴别音乐我们产生了一个巨大的困难……完全无辜的贝多芬到处被称作"古典派",这种情形引起了我的怀疑。我本会严格坚持,在其他艺术中,人们会把贝多芬归入与古典派完全相反的类型。然而更有甚者,瓦格纳所谓的戏剧风格——完美的耀眼的风格——之瓦解,居然被当作"榜样""卓越技巧""进步"而受人仿效和大出风头,于是我忍无可忍了。瓦格纳所理解的音乐中的戏剧风格,根本是放弃风格,服从于以下前提:另一种东西与音乐相比要百倍地重要,这种东西就是戏剧。瓦格纳会画画,他故作姿态地表现他是诗人,音乐是一种陪衬,而不是为了音乐而使用音乐;最后,他像所有剧场艺术家一样诉诸"美感"和"高耸的酥胸",他同所有剧场艺术家一道诱使女人和文化贫乏之辈来皈依自己,可是,音乐与女人及文化贫乏之辈何干!这些人全无艺术的良心,当一种艺术首要的必不可少的优点因为其次要的目的[例如戏剧的奴婢(ancilla dramaturgica)]而被践踏和嘲弄时,他们无动于衷。我们难以想象,当所要表达的东西即艺术本身失去了其规则的束缚时,随着表达手段的任何扩展都会发生什么事情呀!瓦格纳在音乐中所认识、强调和发展的一切就是:如画一样的华美和色调的强烈,声调的象征意义,节奏、谐音和不谐音的色调,音乐的暗示意义,靠瓦格纳而获得支配地位的音乐的官感。维克多·雨果在语言中做了相似的勾当,所幸的是如今法国人在谈及雨果时已经自问:难道他没有败坏语言吗……随着语言中的官感地位被再三抬高,语言中的理性、智慧和深刻的法则正在被压低!于是法国的诗人成了雕塑匠,德国的音乐家成了戏剧演员和文化油漆匠,难道这不是颓废的征兆吗?

四十六

今天在音乐家甚至非音乐家之中还有一种悲观主义。那些随处可见、受人诅咒的晦气的青年人把自己的钢琴捶出绝望的叫嚣,在自己面前亲手搅动着阴郁的灰褐色的和声的泥浆。我无法赞同一个人由此被认出是个悲观主义者,甚至由此被认出是个"音乐家"。瓦格纳之徒的纯粹血统(pur sang)是非音乐的,他屈从音乐的自然力差不多就像女人屈从她的催眠师的意志,而为了能够做到这一点,他在音乐和音乐效果的谜画(rebusmusics dt musicantibus)

中不可因为严厉而细腻的良心而变得多疑。我轻描淡写地说"差不多就像",可是也许严峻的真相远超过一个比喻。不妨细想一下瓦格纳带着偏爱而使用着的制造效果的种种手段(其中很大一部分他还得自己来发明):它们逃避旋律的逻辑和规矩的手段,与催眠师用来制造效果的手段有着惊人的相似(动作的选择;乐队的音色;竭力;蹑行;抚摸;神秘;他的"回旋曲"的歇斯底里)。那样一种状态,例如《罗恩格林》序曲使听众特别是女听众所陷入的状态,同梦游者的恍惚没有实质性区别。我听说一个意大利女人在听了上述序曲之后,带着那双女瓦格纳迷特有的狂喜的眼神,如此说道:"这音乐多能催人入睡啊!"

四十七

音乐中的宗教。在瓦格纳的音乐里一切宗教需求仍获得多少未被承认甚至未被理解的满足!那里面仍有多少祈祷、修身、涂油膏礼、"处女贞操"、"拯救"在发言!……音乐可以抄袭词和概念——这狡诈的天使,它引导人、诱惑人追溯曾经相信过的一切,从而从中获利呵!……我们把理智的良心停留在外边,面对任何一种古老本能,用颤抖的嘴唇从禁杯里啜饮时无须自愧,……这是聪明,健康,就它由于宗教本能的满足而流露羞愧来说,甚至还是一个善的标志……阴险的基督教教义就是"后期瓦格纳"音乐的典型。

四十八

勇气。我区分面对人的勇气、面对物的勇气和面对纸张的勇气。例如,大卫·施特劳斯的勇气就属于最后一种。我又区分有证人的勇气和没有证人的勇气,一个基督教徒、一个上帝的信徒的勇气根本不可能是没有证人的勇气,仅这一点就足以使它贬值了。最后,我还区分出于禀性的勇气和出于对畏惧的勇气,道德的勇气和出于绝望的勇气都是后者的特例。

瓦格纳具有这一类勇气。自然和文化,音乐的天分和音乐的训练——成为好音乐家的两大要素他都缺乏,因此他在音乐方面的处境基本上是绝望的。他很有勇气:他把自己的缺陷制作成一个原则,从而发明了音乐的一个种类。"戏剧音乐",如他所发明的那样他能够制造的音乐,它的概念是瓦格纳的界限。

然而这是误解了他!——误解了他吗?……六分之五的现代音乐家都同他境况一样,而且六分之五还是最保守的估计。瓦格纳是他们的救星。无论何处,只要自然无情地显示自己,同时文化却停留在偶然、尝试、一知半解的状态,艺术家就会本能地——瞧我说的没错吧!——热情地转向瓦格纳,像诗人所说的那样:"一半人拉他,一半他自沉。"

四十九

"音乐"和伟大的风格。衡量一个艺术家的伟大,应该用他接近伟大风格、擅长伟大风格的程度来衡量,而不是以他所激起的"美感"为标准,只有淑女们才乐意信这一套。伟大的风格与伟大的情感有很多共通之点,它不屑于讨好,它想不起劝说,它下命令,它意欲……支配人们、迫使他们的混乱成为形式:合乎逻辑,简单,明确,成为数学、法律——在这里,这就是伟大的野心。人们因此而骇退了,仿佛面临一种巨大恶行而恐惧;没有任何东西再能刺激起对这种强者的爱,荒漠围绕着他们,缄默……这种伟大风格的追求者在一切艺术领域中都存在,为何在音乐中却没有他们?还不曾有过一个音乐家像完成了匹提宫(palazzopitti)的那个建筑师那样来创造音乐……这是一个问题。莫非音乐属于那种各种类型的强者的王国都走到了尽头的文化世界？莫非伟大风格的概念终于同音乐的灵魂——我们音乐中的"女人"——发生了冲突？……

我们的全部音乐何所归属？这是一个关键问题。古典趣味的时代没有任何可以同它相比较的东西，当文艺复兴的世界迎来自己的黄昏，当"自由"辞别风俗甚至辞别人而去，音乐却繁荣起来了，难道反文艺复兴就成了它的特征？莫非它是巴洛克风格的姐妹？既然它们总是同生共存，音乐、现代音乐不是已经颓废了吗？……

我在前面已经指出这个问题，再反问一下：我们的音乐是不是艺术中的反文艺复兴？它是不是巴洛克风格的近亲？它是不是在同一切古典趣味的冲突中成长的，以至于在它之中古典主义的第一要求都被它禁止？

对这个头等有价值的问题的答案本应当毋庸置疑，倘若以下事实获得正确评价：音乐作为浪漫主义，同时也作为反古典主义，达到了它的最高成熟和丰收。

莫扎特——这温柔可爱的灵魂，甚至在他的严肃之中都是相当18世纪气……按照法国对浪漫主义概念的理解，贝多芬是第一个伟大的浪漫主义者，就像瓦格纳是最后一个伟大的浪漫主义者一样……他们两人都是古典趣味、严谨风格的本能的反对者，不必说在这一点上的"伟大"了。

五十

如同一切现代问题一样，浪漫主义，是一个歧义的问题。

审美状态是两面的：一方面是丰富和赠送，另一方面是寻求和渴慕。

五十一

一个浪漫主义者是这样成为一个艺术家的：对自己的巨大不满让他把目光从自己和同代人身上移开，把眼光转向过去。

五十二

艺术，究竟是对现实不满的结果，抑或是对所经历的幸福表示感激？前者是浪漫主义，后者是颂扬和赞美（简言之，神化的艺术）。属后者的拉斐尔起行为存在着欺诈：他把基督教世界观的外表奉若神明。他之所以感谢生活恰恰是因为生活并非纯粹基督教方式的。

世界无法热爱道德的解说。基督教就是用道德的解说来"征服"世界，它在表达对世界否定的企图。实际上，这样一种疯狂的谋杀——人类面对世界的一种疯狂的自我抬高——只能以人类的阴暗、渺小和贫困告终。能在那里有所指望的，只有那些最平凡最无害的族类，只有群居的人们，更进一步，不妨说他们在那里还能繁荣滋生。

荷马和鲁本斯都是神化的艺术家。音乐界尚没有这种艺术家。

希腊人会对伟大的作恶者加以美化（意识到他的伟大）；犹太和基督教只会使人变成有罪的人，对他贬低、诽谤和蔑视。

五十三

什么是浪漫主义？现在该使用什么尺度考察一切审美价值？有一个标志的东西，即或强调坚固、永恒的事物，或强调破坏、变化、生成的事物。然而，更深入地考察一下，这两种事物都存在模棱两可的地方，所以在每一个具体场合，我都要问："在这里是饥饿还是过剩变得富于创造性？"并且在我看来，正是按照这个尺度才能得到说明。

破坏、变化和生成的事物，它们来自充溢着的孕育未来的力量（正如人们所知道的，我给它的名称是"狄奥尼索斯"），但这也可以是对失败、匮乏和唾手而得的憎恨，这种憎恨必定要破坏，因为现存物、甚至一切现存物、存在本身都激怒和挑拨着它。

另一方面，"不朽化"可以来自感激和爱，也许热烈如鲁本斯，幸福如哈菲兹，英明仁慈如歌德，并且使荷马式的光辉普照万物……以此为泉源的艺术终归将神化艺术；但它也可以是一个沉重受难者萌发的施虐意志，他简直是向万物报复，他要把最个人的、最个别的、最狭窄的痛苦的原有特质，变为有约束力的法则和命令，用他的印象、用他受折磨的印象来压迫、限制和烙烫它们。浪漫悲观主义就是后一种情况表现得最突出的形式，不管它是叔本华的意志哲学还是瓦格纳的音乐。

五十四

在古典主义与浪漫主义的对立后面，还隐藏着积极与反动的对立。

五十五

当一个人具备所有强大的、表面上充满矛盾的才能和欲望时，才能成为古典主义者，不过它们应当受控在统一的驾驭下，走向适当的时机，以便使文学、艺术或政治中的一种达到其高峰和顶点（并非在这已经实现之后……）。在其最深刻最内在的精神中反映一种当时看来还是坚固的、尚未被对外国的模仿所污染的（或者还是有所依赖的……）全貌（不论是一个民族的还是一种文化的）；不是反动的、是在任何情形下、哪怕在憎恨时也表示肯定的，审慎地引向前进的精神。

"最高的个人价值是否也反映在其中？"……或许需要再斟酌，在这里道德偏见可能还有作用，它使古典主义在矛盾的状态下表现自己。……在言论和行动上道德怪物是否不一定是浪漫主义者？……一种德行压过别的德行的偏重（就像在道德怪物那里）恰好是与平衡的古典力量敌对的。我们可以大胆地断言，假如一个人是古典主义者却具有这般道德高度，那么他在同等高度上是不道德的。恐怕这就是莎士比亚的情形（假定他真是培根勋爵）。

五十六

关于未来。反对具有巨大"激情"的浪漫主义。要懂得一切"古典"趣味是怎样同一定程度的冷峻、透彻和严厉密切相连的：优于一切的连贯性，理智的愉快，"三一律"，集中，对情感、情绪、巧智的憎恶，憎恶杂多、不确定性、闪烁其词、朦胧犹如憎恶简略、尖刻、漂亮和善良。一个人应当改造生活，使它而后必能自己获得形式，而不是玩弄艺术公式。

我们刚刚观看了一场本该开心的喜剧，我们最近才学会对它发笑：与赫尔德、文克尔曼、歌德和黑格尔的同时代人宣布重新发现了古典理想……而且还有莎士比亚！这同一伙人再一次卑鄙地同法国古典学派断绝了关系！仿佛从别处那样就能够学得根本的东西，惟独从这里不行！……可是人们想要"天性""自然"，人们竟相信古典主义是一种自然行为！愚蠢呵！

在什么样的土壤上能生长起一种古典趣味？彻底地思考一下，不带偏见和放任。与此密不可分的是：人的硬朗、朴实、坚强和凶悍；逻辑和心理的简化；对细节、复杂和含糊的蔑视。

德国浪漫主义不是反古典主义，而是反对理性、启蒙、趣味和 18 世纪。

瓦格纳浪漫主义音乐的敏感性与古典敏感性完全对立。

追求统一的意志（因为统一施暴政，即施于听众和观众），在主要之点上却无能向自己施暴政，可以从作品本身来看（就删节、缩短、澄清、简化来看）。所以以量取胜（瓦格纳、维克多·雨果、左拉、泰纳）。

五十七

艺术家的虚无主义。我们敌视感动。自然用它的日出进行嘲讽，通过它的晴朗表现残酷。我们逃到那样的地方，在那里，我们的感官和我们的想象力被自然触动，无物可爱的我们，不会想起北方自然的道德上的谨慎和虚伪；——在艺术中同样如此。在一个可怕而幸福的自然之中，在感官和力的宿命论中，我们的道德敏感和痛苦似乎得到了解脱。我们更喜欢不使我们想起"善和恶"的东西，这就是无善的生活。

自然对善和恶的极冷淡的注视之中恬然始终存在着。

自然没有善，历史没有正义。所以，一个悲观主义者要想进入历史，那他必须是艺术家，在那里，恶的冷漠的性格并不遮掩自己，自然表现出完美的性质……正义的不存在也得到极其天真的显示，而恰恰是完满表现出来了；他同样也进入自然，在那里，在对愤世嫉俗的历史和愤世嫉俗的自然的向往和偏爱之中，虚无主义艺术家透露了自己。

五十八

悲剧的因素是什么?亚里士多德的误解我一再指出,他相信在恐惧和怜悯这两种消沉的情感中,可以辨认出悲剧的情感。假如他是对的,悲剧就是一种危及生命的艺术了:人们必须警惕它,如同警惕某种通常有害的和声名狼藉的东西。艺术在这里却为衰落服务,它本来可以是生命的陶醉,求生存的意志,生命的伟大刺激剂,就好像悲观主义的侍女一样损害健康(虽然这是不真实的,然而亚里士多德似乎相信,人们通过在自己身上激起这些情感而达到从它们的"净化")。某种东西在瓦解、削弱中使人气馁,因为它惯常激起恐惧和怜悯。假设叔本华关于悲剧教人听天由命的看法是正确的(即温顺地放弃幸福、希望和生存意志),那就得设想有一种自己否定自己的艺术。所以,生存本能在艺术本能中自己毁灭着自己,因为悲剧意味着一个瓦解过程。基督教、生理的衰弱、虚无主义、悲剧艺术,这些东西彼此支持,驱赶着——堕落……在同一时刻走向优势,互相驱赶着前进,悲剧就是一个衰败的征象了。

人们可以反驳这个理论用最冷静的方法,即用功率计来测量悲剧情感的效果。这个结果是:悲剧是一种强壮剂,这个结果最后只有一个教条主义者的绝对欺诳才会不予承认。如果叔本华不想明白这一点,如果他告诉希腊人(他们不"顺从"他的烦恼……),说他们并非处于世界观的高峰,如果他把通常的沮丧看作悲剧状态,那么,这是教条主义者的伪造,是先入之见,是体系的逻辑,这样一步一步地败坏了叔本华的全部心理(天才、艺术本身、道德、异教、美、知识以及几乎一切事物都被他武断而粗暴地曲解了),全被这种糟糕的伪造所赐。

五十九

悲剧艺术家。对"美"的判断其依据的是充实感,积涨的力量感(由此而得以勇敢而轻快地接受懦弱者为之颤抖的许多东西),——强力感对于那些无力的本能(只能评价为可憎的和"丑的"事物和状态)也作出"美"的判断,而这是(一个人的或一个民族的)力量的问题。有一种嗅觉,决定着我们审美上的肯定,当我们的肉体遭到危险、问题、诱惑时,它使我们安全地度过("这是美",是一个肯定)。

由此可见,总体说来,对漂亮的和纤巧的事物的喜好往往所必需的是衰弱和审慎,对可疑的和可怕的事物的偏爱却是有力量的征象。

而强有力的时代和性格则是对悲剧的快感的表明,它的无以复加的表达也许是一曲美妙的神曲。这是英雄的灵魂,它们坚强得足以把苦难当作快乐来感受,在悲剧的残酷中自我肯定。

设想一下相反的情况,懦弱者为了使悲剧合他们的口味,他们会怎样做呢?他们渴望的不是从艺术中获得享受,而是把自己的价值感塞进悲剧里去,例如"听天由命"的要求(或许还有亚里士多德的半医学半道德的情感净化),或"人生无意义"的说教,或"道德世界秩序的胜利"。最后,只要它刺激神经,就可以作为兴奋剂而成为懦弱者和疲惫者的宝贝——恐怖的艺术。例如在今天,一个人在多大程度上敢于承认具有可怕和可疑特征的事物,他最终是否需要一个"答案",这是幸福感和强力感的一个标志。这就是瓦格纳的艺术成为宝贝的原因。

道德宗教悲观主义不同于艺术悲观主义,它是为人类的"堕落"寻找答案,并是有希望的答案。任何时候,其实人都必须振奋,但它从人心的幻想中去寻找,以便人能挺下去("天国幸福"的概念就是这样产生的),而这类受苦的人,绝望的人,不相信自己的人,一句话:病态的人。颓废艺术家的却又是另外的情形,他们逃入形式美之中,逃入精选到的事物之中,根本上虚无主义地对待生命,因为在那里,自然是完美的,它淡然得伟大而美丽……(因此,"爱美"不一定是欣赏和创造美的一种能力,它恰巧可以是对此无能的征象。)

具有高屋建瓴能力的艺术家们他们每每可以从各种冲突中奏出和声,他们使事物享受到强大的自救,他们通过每件艺术品的象征意义表达出他们最隐秘的体验,他们的创作是对他们生存的感谢。

悲剧艺术家往往坚持一种很经济的观念,这种经济观念甚至可说是可怕的、恶的、可疑的。但他们的深刻就在于,他们具有能洞察久远的审美能力,而并非近视地局限于身边的事物。

六十

对《悲剧的诞生》这本书的构思,可以说充满了阴郁并令人不快的心情,这种阴郁在程度上也许在迄今为人所知的悲观主义类型里似乎有过之而无不及般的。在这里缺少一个现实的世界与一个虚假的世界之间的比较,只有一个世界,这个世界虚伪、残酷、矛盾、有诱惑力、无意义……在这里这个所谓的世界就是真实的世界。为了战胜这样的现实和这样的"真理",也就是说,为了生活,我们需要谎言……为了生存而需要谎言,这本身就是人生的一个可怕又可疑的特征。

这本书中陈列着各种谎言的不同形式,即形而上学、道德、宗教、科学也被罗列其中。人们借助于它们而相信生命。"生命应当产生信仰",如此提出的任务是艰巨的。他总还必须是个艺术家。他的确是的。形而上学、宗教、道德、科学,这一切只是他追求艺术、追求谎言、逃避"真理"、否定"真理"的意志的产物。为了解决这个任务,人必须出自本性地已经是个骗子,无论他有什么样的能力用谎言战胜现实。这种卓越的(par excellence)艺术能力,是人与生俱来的,并且与一切存在物所共有的。他又怎么会不是撒谎天才的一分子呢?虽然他本身固然是现实、真理、自然的一分子。

　　道德、科学、虔信、艺术所有这些东西其背后的最深最高的秘密意图所在,就是误解存在的性质。人们去无视事物的真实,曲解事物的真实,幻想事物的真实。爱情、热情、"上帝",只是这些登峰造极的自我欺骗的精致形式,当人们最不认为自己聪明的时候,他们仍是多么聪明啊! 当一个人受骗时,当他信仰生命时,当他蒙骗了自己时,他是多么欢欣鼓舞! 多么兴高采烈! 有怎样的强力感! 在强力感中有多少艺术凯旋! ……这个人一下子又变成了"物质"的主人,真理的主人! 他自得其乐犹如艺术家,他自我享受犹如享受强力,他享受谎言犹如享受他的强力……无论人何时得其快乐,反正他在快乐中总是如此……而这只是生命的引诱,只是对生命的信仰!

六十一

　　艺术,除了艺术别无他物! 艺术乃是生命的伟大兴奋剂,也是使生命成为可能的伟大手段,更是求生的伟大诱因。

　　艺术是唯一占优势的力量,因为无论抵抗何种否定生命的意志,它都是卓越的反虚无主义、反基督教、反佛教的力量。

　　"艺术就是救星",是对于正视和愿意正视人生的可怕可疑性质的求知者来说的,是对于悲剧性的求知者来说的。

"艺术就是救星",也是对于行动者即不仅正视而且身体力行和愿意身体力行人生的可怕可疑性质的行动者来说的,更是对于悲剧性的好斗的人们、对于英雄们来说的。

艺术是苦难者的救星,它通往那一境界,因为在那里,苦难早已成为心甘情愿的事情,并闪放着光辉,被神圣化了,而苦难则是巨大喜悦的一种形式。

六十二

人们看到,在《悲剧的诞生》这本书里,被看作"真理"的是——悲观主义,我们更明确的表述叫虚无主义。但是,人们认为真理不是最高的价值标准,更不是最高的强力了。对于求幻想、求外观、求生成、求欺骗和变化(求客观的欺骗)的意志,在这里被看得比求真理、求现实、求存在的意志更为深刻,更为本原,"更形而上学",后者纯粹是一个意志形式——求幻想。快乐被看得比痛苦更本原,因为痛苦是有条件的、有原因的,只是求快乐的意志(求创造的意志——即求生成、变化、塑造的意志,但是在创造中也包括着破坏)所产生的一种现象。设想一种对人生的最高肯定状态,同时也无法摆脱并排除最高痛苦,即悲剧性的酒神状态。

六十三

因此,《悲剧的诞生》这本书是反悲观主义的,即在这个意义上:它教导了艺术——这种比悲观主义、比真理更有力并"更神圣"的东西。彻底否定生命,不单单以实际行为否定生命,更是在口头上否定生命,在这一点上,看起来没有比这本书的作者更认真了。因为他明白——他体验过这,也许他对别的毫无体验!——

艺术比真理更有价值。

在序言中,也已表明了这一信念,并邀请了理查德·瓦格纳参加对话,这一艺术福音:"艺术是生命的本来使命,艺术是生命的形而上活动……"

(璐　夫　译)

论真理感(1872)

名声真的只是最合我们自爱口味的一道好菜吗?为什么那些最伟大的人在他们最伟大的时刻都热衷于它?在这样的时刻,个人一下子觉醒了,以一种创造世界的气度指点江山,用他自身的光明为周围带来光明;在这样的时刻,个人突然感到一种充溢全身的幸福的确实性,确信那使他得到升华并把他带到极境——因而还有一种独一无二的最高感觉——的东西,不应该对后代隐藏。在所有未来世代对于这些觉悟的永恒需要中,个人看到了他自己的名声的必然性。人类从此不能没有他。由于这一觉悟时刻集中体现了他的内在本性,所以他相信自己因之将不朽,而他生命的全部其他时刻都只是无足轻重的点缀、陈腐、粗俗、毫无必要而且速朽。

流逝和消失使我们遗憾,并常常感到震惊,仿佛它们让我们看到了某些根本不可能的东西。大树折断使我们怏怏不乐,高山崩塌使我们心怀悲戚,每一个新年除夕都让我们感觉到了存在和生成的神秘矛盾。但是,人的精神最不能忍受的是,尽善尽美之境也会像一束光一样稍纵即逝,而似乎没有留下任何后代和子嗣。因此,他发自内心地要求,一切曾为"人"这个概念增光添彩的东西都必须永远存在[①]。文

[①] 从这一句到下一段结束与《不合时宜的沉思》第二部分中的一段文字几乎完全相同。

化的基本观念是：那些渴望名声者的坚强信念将不会落空，伟大的时刻在任何时代都是伟大的，它们形成了一条像山脉一样的链索，把世世代代的人们联系了起来。

伟大的东西应该永存——这一要求引起了剧烈的文化冲突，因为生活中其余的一切对此都一口否定。平常的、渺小的和平庸的东西像沉闷的空气充满了世界，而我们却不得不在其中呼吸。它们啸聚在伟大的东西的周围，随时准备消灭和扼杀它，并且挡住了它通往不朽的必由之路——人类的大脑。作为一种可怜和短命的生物，人类在他们那有限的需要的驱使下，一次又一次地走上了同一条道路，艰难地在片刻之间逃开他们自己的毁灭。他们渴望生存，为了片刻的生存愿意付出任何代价，有谁能认识到，他们进行的是一场只有伟大的东西才能幸存下来的困难的接力赛？但是总是有那么几个觉悟者，认为他们自己与伟大的东西结有善缘，仿佛人生是一件可荣耀的事情，而那些不可一世的、苦思冥想的或充满激情的生活者①的事迹乃是这株苦涩植物的最甜美的果实。他们全都留下了一个启示：活得最美的人正是那些并不尊重生活的人。当普通人一本正经地对待这片刻的生存时，那些走向不朽的人却知道如何报之以奥林匹亚式的大笑，或者至少是用一种高贵的轻蔑打发它。他们带着讥讽的微笑走向坟墓，因为他们知道他们身上并没有什么可埋葬的。

这些名声迷中的最勇敢无畏的骑士只能到那些一心倚剑昆仑、饮马天河的哲学家中去寻找。他们超凡脱俗，独往独来，对群众的激动和当代人的欢呼不以为然。漫步独行是他们的一贯本性。他们的才能是最罕见的，事实上在某种意义上说也是最不自

---

① 分别指政治领袖、哲学家和艺术家。——译注

然的,甚至与相似的才能格格不入、反目成仇。人和自然中的一切都与他们为敌,而他们的自满的城墙似乎是用金刚石作成的,坚不可摧。虽然他们奔向不朽的旅程最艰难也最曲折,但是他们却比任何人都更对实现自己的目标信心十足,不达目的绝不罢休,因为哲学家如果不能面对全部世代就将一无所有。哲学思索的本质就是忽视眼前的和暂时的东西。真理在他手里:让时间之轮随便转吧,它反正逃不出他的手心。

  知道过去存在过这种人并不是无关紧要的。假设过去不曾有过这种人,我们自己永远也不会想到智慧的赫拉克利特(我们可以把他当作我们的典型)的骄傲。任何知识追求似乎都是内在地未满足和不满足的,因此,如果不是历史作证,谁也想象不到会有这种帝王般的自尊,会有这种认为自己是真理的独生宠儿的无限放纵自己的信念。这种人生活在他们自己的太阳系中,只有在那里我们才能找到他们。甚至某个毕达哥拉斯和某个恩培多克勒也以一种实际上几乎是宗教敬畏的超乎人类的敬重对待他们自己。然而,由于灵魂拯救和所有生灵整体的伟大信念,他们最终还是情缘未了,忘不了其他人和他们的拯救。只有赫拉克利特才使我们置身荒郊野外,独自面对苍天和大地,从而让我们在一定程度上测度到了阿尔忒密斯神庙的以弗所隐士①的无边的孤独感。他不会头脑发热,感情用事,向别人伸出救助之手。他像是一颗没有大气层的星星。他燃烧的目光指向内部,外表死寂而冰冷,仿佛是为了显现而显现的单纯的显现。妄想和无知的浪潮铺天盖地,如黑云压城,而他却厌烦地转过身去。在这副悲凉的遗容面前,即使是生性温和的人也会退避三舍。这样一种存在如果放在某个遥远圣地的

---

  ① 指赫拉克利特。

神像中间，周围全是庄严肃穆的建筑，那么它也许是更容易理解的。作为人群中的一个人，赫拉克利特是不可思议的。当我们看到他正注视一群吵闹的孩子游戏时，他满脑子想的却是一些人们此时此刻绝不会想到的东西：伟大的世界之子宙斯毁灭世界和创造世界的永恒游戏。对他来说，人是完全无用的，就是为了他的知识的目的也是如此。他对任何人们能够确知或他以前的贤哲努力确知的东西不屑一顾。"我寻找和探讨的只是我自己"，他用一种先知的深不可测的口吻如是说，仿佛只有他才是"认识你自己"这一德尔斐神谕的唯一真正的执行者和完成者。

但是，他把他从这一神谕中听到的东西表达成了不朽的智慧，像先知西比尔的预言讲话一样永恒地值得解释，那些最遥远的世代完全可以把它只当作是一位先知——赫拉克利特或"既不说出也不掩饰自己意思"的德尔斐神自己[①]——的教导。虽然赫拉克利特宣称他的智慧"既没有笑料，也没有香膏"，而只有"唾沫四溅的嘴"，它却注定要深入未来无数世代[②]。既然世界永远不能没有真理，那么它就永远不能没有赫拉克利特，虽然赫拉克利特并不需要世界。他的名声与他何干！"在不断消逝的凡人中的名声"，他轻蔑地说[③]。名声是为歌手和诗人们准备的，是为在他之前的那些以"聪明"知名的人准备的。让他们尽情享受他们的自爱的这道美味吧，而对他来说，这种伙食却未免太一般了。他的名声只与人们有关，而与他自己无关。他的自我之爱就是真理之爱，这种真理

[①] "在德尔斐神庙里发布谶语的大神既不说明，也不掩盖，而是显示象征"。《赫拉克利特残篇》。

[②] "女巫西比尔用狂言谵语的嘴说出了一些严肃和朴质无华的话，通过她的声音响彻千古，因为神附了她的体"。《赫拉克利特残篇》。

[③] 《赫拉克利特残篇》。

告诉他，人类的不朽离不开他，而不是他离不开某个赫拉克利特的不朽。

真理！巨人之狂想！与人们何干！

赫拉克利特的所谓"真理"！

而今安在？因人类进入其他梦境而消散的一个梦境！它并不是第一个。

对于我们用"世界历史""真理""名声"等大言不惭的隐喻称谓的一切，一个没有感情的精灵也许只会这样说：

"在那散布着无数闪闪发光的太阳系的茫茫宇宙的某个偏僻角落，曾经有过一个星球，它上面的聪明的动物发明了认识。这是世界历史的最妄自尊大和矫揉造作的一刻，但也仅仅是一刻而已。在自然作了几次呼吸之后，星球开始冷却冻结，聪明的动物只好死去。虽然他们自以为无所不知，但是他们最后还是无可奈何地发现，他们所知道的一切都是假的。他们死了，在临死时他们诅咒真理。那些发明认识的动物的命运就是如此。"

如果人仅仅是一个认识动物，那么这就是人的命运。真理——他永远逃不出非真理这一真理——将把他推上绝路。但是，人只会相信那些可取的真理和那些投他所好、让他充满信心的幻想。他难道不是生活在一个持续不断的欺骗过程中吗？自然难道不是在他面前藏起了大部分事情，甚至是最切近的事情，例如他的身体，使他对其只具有一种虚假的意识吗？他被关在这种意识中出不去，而自然永远地扔掉了钥匙。只有哲学家才在他那致命的好奇心的驱使下，一度想要通过这间意识禁闭室的缝隙打量外面的世界。也许他这时隐约瞥见，在人们对其无知心安理得的背后，隐藏的全是些贪得无厌、冷酷无情和令人反感的东西，人仿佛是骑在老虎背上做梦。

"不要管他!"艺术叫道;"叫醒他!"满怀真理感的哲学家叫道,然而就是当他相信自己是在唤醒沉睡者时,哲学家本人却在沉入更深的奇异睡眠。也许他此时梦到了不朽或"理念"。艺术比知识更有力量,因为它渴望生活,而知识却只是惦记着它的最后目标——剿灭①。

(田立年 译)

---

① 15年后,尼采仍然认为纯粹知识的最终目标是毁灭性的,并在《道德的谱系》第3篇中详尽地阐述了这种观点。

艺术与知识之争(1872)

一

哲学思想、艺术作品、嘉行懿德,登高视之,皆相通为一。

二

一个民族的那些最伟大的天才的形象就是这个民族的形象。它的全部生活都是这些形象的纷纭无声的反映。我们要表明的是这种反映的方式。不是群众造就了天才,而是天才改造了群众。

民众与天才之间舍此还会有其他关系吗?

一座看不见的桥梁把一个又一个天才联结起来,共同构成了一个民族的真正无可置疑的"历史"。其他一切都只是梦一般变幻不息的过眼烟云,不善绘画者的不断的败笔①。

---

① 在尼采的所有早期著作(包括发表的和未发表的)中,文化、人民和天生创造性个人(天才)三者之间的关系都是一个主要的研究问题,而尼采之所以重视希腊,在很大程度上是因为他认为研究希腊有助于理解这一问题,本书收入的许多笔记都说明了这一点。他最后的结论是,普通个人的价值在于充当天才的工具,而天才的价值在于通过他的创造性的生产"证明存在"。

一群非凡个人构成"桥"或"精神山脉"的观念来源于叔本华的"天才共和国",在尼采的早期作品中经常出现,如《不合时宜的沉思》第二部分;《希腊悲剧时代的哲学》;本篇第 34 节。

三

他们在那光辉灿烂的艺术世界中①是如何进行哲学思索的？生命达到完美之日就是哲学思索终止之时吗？不，真正的哲学思索现在才第一次开始。它关于存在的判断并不只是关于存在的判断，因为它首先面对着这种相对的完美和艺术与幻想的重重帷幕。

四

在艺术和哲学的王国里，人造成了一种"心智的不朽"。

只有意志才是不朽的①。在意志的不朽面前，通过教育得到并以人类大脑为前提的心智不朽显得黯淡无光。我们可以看到这种不朽所从出的自然谱系。②

但是天才怎么又成了自然的最高鹄的？活在历史中和活在生殖中。

这就是柏拉图所说的"建立在美之上的生殖"③。因此，天才的出世要求克服历史。它必须融于美，化于美，永存不动于美。

---

① 指在荷马和柏拉图之间的所谓"悲剧时代"的希腊。这则笔记有助于我们理解为什么尼采对前柏拉图哲学如此着迷：关键在于，与"悲剧艺术"平行是否还存在着一种"悲剧哲学"，这种哲学能够像艺术一样确证生命和痛苦。参见本篇第42节；《作为文化医生的哲学家》；《科学和智慧的冲突》；《希腊悲剧时代的哲学》，和《不合时宜的沉思》第3部分。

② 毫无疑问，这是十足的叔本华哲学的观点。在本书中我们可以看到，青年尼采怎样渐渐形成了他与叔本华哲学的理论和实践分野，对他的伟大的"教育者"从开始怀疑到最后坚决决裂，这是阅读本书的又一个乐趣。参见《真理和谎言之非道德论》，本书第103页。

③ 见《宴饮篇》206b：第俄提玛把爱定义为"建立在美之上的生殖"。

反对肖像式史学①！它包含有一种背离文化的因素。

历史应该只讲述伟大和独特的东西,只讲述典范。

我们由此抓住了哲学新一代所面临的任务。

历史学家关于悲剧时代的所有伟大的希腊人说的一切都是不真实的。

五

不加选择的知识冲动,正如不分对象的性冲动——都是下流的标志。

六

哲学家并不是和人民毫无共同之处的完全的异类：意志对他也同样有所要求,其目的与在艺术那里一样——意志自身的美化和表达。从一个台阶到另一个台阶,意志拾级而上,不断追求纯洁和高贵。

七

把希腊人和其他民族区别开来的那些冲动,在他们的哲学中得到了表现。但这些冲动确实只是他们的古典的冲动。

他们处理历史的方式是不容忽视的。

---

① "肖像式史学"抱有一种极端的历史理想,认为历史是"不带价值判断的科学"和"过去发生事情的忠实记录"。尼采在《不合时宜的沉思》第 2 部分中特别讨论了历史和人类生活需要的关系问题,他所关心的三种历史——纪念的、尚古的和批评的——都是非肖像式的历史。把历史变成一种客观的科学无助于甚至有害人类生活,所以理应受到拒斥(特别见《不合时宜的沉思》第 2 部分)。然而,尼采绝非反对一切历史研究。相反,他后来的发生学方法就是他在 70 年代早期思索的"服务于生活"的史学的一个典范。

历史学家这一概念在古代逐渐退化,最后只剩下了猎奇和假装无所不知。

八

任务:认识哲学天才的目的论。他真的只是一个偶然出现的漫游者吗?无论如何,如果他是一个真正的哲学家,一个民族一时的政治情势对他来说就是毫无关系的。与他的人民不同,他是无时间性的。但这并不是说,他与他的人民之间的联结就完全是偶然的。个人身上体现了民族的独特精神,而民族的冲动又被解释成宇宙的冲动,并用来解决宇宙之谜。通过分化出它们,自然最终将参透它自己的冲动。哲学家使我们在奔腾不息的洪流中驻足。哲学家使我们贬弃复多而意识到永恒的形式①。

九

哲学家是自然这座工场的自我揭示。哲学家和艺术家揭示自然的行业秘密。

哲学家和艺术家的王国高居于当代历史的喧嚣混乱之上,远处于必然性的彼岸。

哲学家是时间之轮上的制动。

---

① 关于作为自然获得自我意识工具的哲学家("哲学家的目的论"),见《不合时宜的沉思》第3部分。在《悲剧的诞生》中,尼采给艺术家作了"形而上学的证明",现在他想为哲学家提供一个类似的证明。尼采对于哲学家与其具体时代和国家之间关系的看法经历了一个缓慢而有趣的发展过程。按照本则笔记以及本书中的其他一些笔记,哲学家与他的人民的关系总是必然关系,而在《希腊悲剧时代的哲学》的一段文字中,只有古希腊的哲学家才与其人民有这样一种必然关系,其他所有哲学家都是偶然的漫游者;到了《不合时宜的沉思》第3部分,据说哲学家在他的时代和国家中总是只一个漫游者;最后,《善恶之彼岸》认为,哲学家必定与他的时代及其价值相对立。

每当危机重重,时间之轮越转越快,哲学家就应运而生。他们和艺术一起,占领了神话所留下的位置。但是他们远远地走在了他们的时代的前面。他们的同时代人只是在很久以后才慢慢注意到他们。

天才产生于开始意识到自身危机的民族。

十

在苏格拉底之后,再也不能保存公民社会了,所以个人主义伦理学就力图保存个人。

无论是那无止无休和无所不包的知识冲动本身,还是它的历史背景,都是生命已经衰老的标志。个人面临着卑贱化的巨大危险,所以他们就紧紧抓住知识对象不放,而不管这种知识对象是什么。普遍冲动变得如此软弱无力,以致它再也不能控制个人了。

日耳曼人在遗传其全部清规戒律的同时,又用科学来美化它们:忠诚、谦虚、自我约束、勤奋、清洁、热爱秩序等各种传统道德。但他同时也美化了无形式性、生命的了无生气以及琐屑。他那无限制的知识冲动正是他的生命的贫乏的结果。没有这种冲动,他就会显得可怜又可鄙——但就是有了这种冲动,他也常常如此。①

今天,在艺术的背景下,我们见到了一种更高的生活形式、一种有选择的知识冲动,即哲学随即发展起来。②

---

① 参见《叔本华哲学和德国文化的关系》(1872)中与此相似的一段(《尼采全集》第6卷)。

② 在青年尼采的心目中,不用说,这种"更高的生活形式"是由瓦格纳及其"事业"代表的。在《悲剧的诞生》的后半部分,尼采充满激情地赞颂了瓦格纳的艺术,并试图确信这种新艺术形式同时标志着哲学的再生——一次在康德和叔本华那里就已经开始的再生。康德、叔本华和瓦格纳都是一种再生的悲剧的先锋。

可怕的危险：美国式的政治骚动和学者们的无根文化的结合。

十一

由于这种选择性知识冲动，美再次呈现为力量。

叔本华行文优美！这是非常值得注意的。他的生活也比一个大学教师的生活更具风采——但他处在一个不利的环境中。

现在没有人知道一本好书是什么样子。你必须指给他们。他们不懂文体。出版正在一点一点地毁掉理解文体所需要的感觉。

让我们固守崇高。

十二

要与肖像式史学和自然科学抗衡，必须有艺术的伟力。

哲学家应该做些什么？处在这蜂拥而去的蚁群的中间，他必须强调存在问题，强调所有永恒的问题。

哲学家应该认识我们需要的是什么，而艺术家则应该把它创造出来。正像每一位古希腊哲学家都表达一种需要并在这种需要所标示的虚空中建立他的体系一样，哲学家应该竭尽全力去体验普遍的痛苦，在这片空间中架起自己的王国。

十三

哲学和科学[①]的不同后果，同样还有它们的不同起源，都是我们必须搞清的。

---

① 必须记住，德语中的"科学"指的是任何严密的系统化的和专业化的探讨，并不一定就是"自然科学"。就德语"科学"一词的充分意义说明，数学、历史和哲学全都是"科学"。

这不是一个如何消灭科学的问题,而是一个如何控制科学的问题。科学的全部目标和方法都是以哲学的意见为转移的,虽然它常常忘掉这一点。但是那获得控制的哲学也必须对科学的必要发展问题加以考虑:它必须决定价值①。

十四

科学之蛮化效果的证据:它很容易就效忠于"实践利益"了。

叔本华是难能可贵的,因为他没有忘记朴素的、普遍的真理。他敢于优美地谈论所谓"琐事"。

我们没有高贵的大众哲学,因为我们没有高贵的大众概念。我们的大众哲学的对象是民众而非公众。

十五

如果我们真想获得一种文化,前所未有的艺术力量就是必不可少的,以便打破无限制的知识冲动和再造整体。哲学因为压制无限制的知识冲动和使它服从于整体而显示了它的最高价值。

十六

我们应该这样理解早期希腊哲学家:他们控制了知识冲动。但是,在苏格拉底之后他们又如何渐渐失去了这种控制呢?苏格拉底及其学派表现了相同的倾向:知识冲动应当为对于幸福生活的个人关怀所取代。但这是一个最后的较低的阶段。先前,这不

---

① 如何通过决定科学认识的价值和目标来控制科学是本书探讨的一个主题。当然,就哲学家担负着这一使命而言,他不仅仅是一个"科学家"。关于"科学工作者"和哲学家之间的关系,尼采这里的观点与他 14 年后在《善恶之彼岸》中提出的观点是一致的。

是一个关于个人的问题,而是一个关于全体希腊人的问题。

十七

伟大的古代哲学家是普通希腊生活的一部分,但是在苏格拉底之后他们却形成了诸派别。哲学慢慢从手中丢掉了控制科学的权力。

在中世纪,神学捡起了这种权力。现在则是危险的放任时代。

普遍幸福要求再次实施控制,因而也就是同时要求提高和浓缩。

我们的科学的"自由放任"与政治经济学中的某些教条相似:相信结果绝对有利。

在某种意义上说,康德的影响是不好的,因为对形而上学的信仰被抛弃了。没有谁会把他的"自在之物"当作一条可以支配什么东西的原则来信仰。

我们现在看到了叔本华的独特之处所在:他把一切仍然可以用来控制科学的东西汇聚到一起;他触及了最深刻和最重要的伦理学问题和艺术问题;他提出了存在的价值问题。

瓦格纳和叔本华的奇妙和谐!他们起源于同一种冲动。和当时的希腊人一样,德意志精神的深处灵魂现在也已经为战斗做好了准备。

审慎的归来。

十八

我的任务:认识每一种真正文化的内在连续性和必然性;认识一个文化的保存和复兴因素以及它们与有关民族的天才的关系。每一个伟大的艺术世界都带来一种文化,但是由于充满敌意的逆流,一件艺术作品的这种最后和声常常杳然无期。

十九

哲学应该固守绵延许多世纪不绝的精神的山脉,固守所有伟大事物的永恒硕果。

对于科学来说,没有什么是伟大的或渺小的——只有哲学才区分伟大和渺小。这句话表明了科学的价值。

坚持崇高的东西不放。

在我们的时代,带有英雄气概的书籍是何等惊人地缺乏!人们甚至不再读普鲁塔克的作品。

二十

康德在《纯粹理性批判》第2版前言中说:"因此,我发现,必须否定知识,以便为信仰开辟地盘。形而上学的独断论乃是一种成见,认为无需理性的预先批判就可以取得形而上学的进展。一切敌视道德的、常常是非常武断的不信仰都来源于此。"妙极了!康德也感到了一种文化缺乏的压力。

多么奇怪的一个对立:"知识与信仰!"希腊人对此会作何想法?除了这个对立康德不知道还有其他什么对立。我们也一样!

一种文化需要驱使着康德。他希望从知识手中留下一块地盘:所有最伟大和最深刻的事物的根就扎在这里,艺术和伦理的根就扎在这里——叔本华。

在这块地盘上,他把所有过去值得认识的东西——伦理的、大众的和人类的智慧(七贤和希腊大众哲学家的立场)——汇聚到一起。

他把基督教信仰分解为它的各种成分,表明它无力满足我们的最深刻的需要——关于存在价值的问题。

二十一

知识和知识之间的冲突。

叔本华要求注意那些我们甚至对之无意识的思想和认识。

控制知识冲动：意在帮助某种宗教还是支持某种艺术文化？答案现在应该是很清楚的了。我愿意选择后者。

此外，我还要提出有关的历史肖像式认识的价值问题和自然的价值问题。

在希腊人那里，这种控制是为一种艺术文化（和宗教？）服务的，目的在于防止全面放任的状态。我们希望再次取得控制，制止全面的放任。

二十二

悲剧知识哲学家。他控制了不羁的知识冲动，但却不是借助于某种新的形而上学。他没有确立任何新的信仰。他认为形而上学的基础的消失是悲剧性的①。他永远不会允许自己在科学的杂耍闹剧中心满意足。他培养了一个新生命，他把艺术的权利还给了艺术。

绝望知识哲学家在又瞎又聋的科学中有去无回：不顾一切的知识。

对于悲剧哲学家来说，纯粹拟人论的形而上学的出现完成了存在的图画。他不是怀疑论者。

---

① "悲剧性的"在此有双重含义：形而上学基础的消失是"可悲的"；这一消失使一种与悲剧艺术平行的"悲剧式"哲学的发展成为可能。

这里我们必须创造一个观念,因为怀疑主义并不是目的。知识冲动走到极限,就会转而反对自身,开始批评认识。为最好的生活服务的知识,我们甚至必须愿望幻想——这正是悲剧之所在①。

二十三

最后的哲学家——这也许是全部的产物。只有他不得不支持生活。当然,只是在一种相对的意义上他才是最后的:在我们的世界上他是最后的。他证明了幻想的必要性、艺术的必要性和艺术统治生活的必要性。对于我们来说,再度产生一批类似悲剧时代希腊哲学家那样的哲学家是不可能的。他们的工作现在将由艺术独自完成。只有作为艺术,这样一种体系仍然是可能的。从我们现在的观点看,整个希腊哲学时期同时又是他们的艺术世界的组成部分。

二十四

除非借助于艺术,我们现在就不可能控制科学。这是一个有关知识和博学者的价值判断问题。任务是何等艰巨,而艺术又是多么伟大!它必须重新创造一切,独自让生活获得新生。希腊人让我们看到了艺术能做些什么,如果没有他们,我们的信念就会是异想天开了。

一种宗教能否在这种空缺中立足,取决于它的力量如何。我们不能没有文化:日耳曼,一种救赎的力量!无论如何,那种能够

---

① 关于尼采这里所说的"悲剧知识"的起源和意义,见《悲剧的诞生》,7 和 15。"悲剧知识"穿透幻想和个体化原理,从而使人面对存在的受难性。因此,它"扼杀行动"和要求悲剧艺术的新的保存性幻想("把艺术的权利交还给艺术")。有意识愿望幻想的问题在所有时期的尼采著作中都是一个中心问题,它并没有因为它最初的叔本华主义色彩的消失而消失。(在尼采一生的任何一个时期,都很容易找到有关幻想为生命之必须和这如何带来了"真理的热爱者"的长篇大论,其中最清晰有力者也许当推尼采 1886 年为他的大部分早期著述所写的非常重要的"前言"。)

如此确立自己的宗教必须拥有一种爱的伟力——在这种爱力面前,正如在艺术语言面前,知识将粉身碎骨。

然而,也许艺术自身就能够创造宗教,产生神话?希腊人当时就是这样的。

二十五

那些现在已经遭到贬黜的哲学和神学并没有立即从科学中消失不见。即使树根死了,树枝也仍然可能存活一段时间。主要是作为宗教神话的一种反对力量,但也是作为哲学的一种反对力量,历史感得到了广泛的发展。在历史和数学自然科学中,绝对认识纵情狂欢。这些领域里的可以确实决定的最微小的事物比形而上学的全部观念都更有价值。在这里,价值取决于确定性的程度,而不是对人类不可或缺的程度。这是信仰和知识之间的古老冲突。

二十六

存在着各种野蛮人的偏见。

强调所有知识的相对性和拟人性,强调幻想的无所不在的控制力量,这就是哲学现在所能做的一切。当哲学这样做时,它不再能够控制越来越根据确定性程度进行判断并追求越来越小对象的不羁的知识冲动。每一个人在一天结束时都松了一口气,而历史学家却试图发掘和重建这一日子,以使它不致被湮没。事物因其渺小而永存,因为它们可以被认识。

美学标准是我们所倚重的唯一标准①。伟大的东西自应在历史中占一席之地,但却不是那种肖像式的历史,而是丰富多彩、激

---

① 《悲剧的诞生》反复宣称,世界"只有作为一种美学现象"才是正当的。

动人心的历史事件的长卷。我们不想触动坟墓,我们想要的是那些永恒活着的东西。

现时代的得意话题:渺小事物的伟大效果。例如,历史发掘,如果把它当作一个整体看,带有一种宏伟的气势,就像植被的破坏可以使阿尔卑斯山渐渐化为尘土一样。我们看到了使用为数众多的小工具的巨大的冲动。

二十七

另一方面,我们又见到了个人所代表的伟大事物的渺小效果。伟大的东西难于把握;传统常常衰微;对它的仇恨无处不在;它的价值在于它的品质,而这种品质的赏识者总是寥寥无几。

伟大的事物只能影响伟大的事物,正如《阿伽门侬》中的烽火总是从一个山头传向另一个山头一样①。

不让一个民族中的伟大的东西默默无闻或浪迹江湖乃是文化的任务所在。

这正是我们为什么希望说出我们认识到的东西的原因。我们没有必要一直等到对在我看来已经一目了然的东西——即最微小事物的伟大效果说到底只是伟大事物的后效而已——的虚弱反思弥漫山谷。他们引发了一场雪崩,我们现在很难使它停下来。

二十八

为了反对中世纪,历史和自然科学曾是必不可少的:知识反对信仰。我们现在用艺术来反对知识:回到生命!控制知识冲动!加强道德和美学本能!

---

① 指埃斯库罗斯的《阿伽门侬》一剧第一场中的情景。

在我们看来,德意志精神将由此获得拯救,并从而再次成为拯救者①。

对我们来说,这种精神的真髓已经融入了音乐。我们现在理解了为什么希腊人把他们的文化建立在音乐的基础上。

二十九

如果我们打算创立一种宗教,我们就必须唤起人们对于我们在这片空缺②中架起的神秘建构的信仰,而这又意味着这个建构必定来自一种非同寻常的需要。在《纯粹理性批判》之后,这几乎不大可能再发生了。另一方面,我们可以想象一种全新类型的哲学家——艺术家,他用具有美学价值的艺术作品填补空缺③。

希腊人对待他们的神祇的方式是多么富有创造性!

我们总是把历史真理和非真理对立起来。有人说基督教神话是完全历史的,这是非常奇怪的。

三十

怜悯和善良的感情不以任何宗教的兴盛或衰亡为转移,这是值得庆幸的。然而善行却在相当大的程度上是由宗教命令决定

---

① 按照尼采的看法,"德意志精神"第一次成为拯救者是在路德改革时,当时它拯救了基督教。尼采对于德意志民族总的看法和对于新教改革意义的特殊看法后来都发生了戏剧性的变化。如他愤怒地谴责德国人是"延误者"(特别是在他们的"改革"上):《快乐的科学》;《瓦格纳事件》,"附录";《反基督徒》;和《看啊,这人!》,《瓦格纳事件》。关于"德意志精神",1888年时尼采认为,这样一种说法本身就是自相矛盾的:《偶像的黄昏》和1888年4月10日致G.布兰德斯的信。

② 即由于神话的毁灭而留下的"空缺"。见《哲学家:艺术家与知识之争思想录》。

③ 从《悲剧的诞生》中的"练习音乐的苏格拉底"到《查拉图斯特拉如是说》及以后著作的创造性证明,一种新型哲学家——艺术家的观念几乎见之于尼采的所有著作。在本书收入的许多笔记中,尼采试图给出和明确地描述这一观念。

的,我们甚至可以说,绝大部分善良本分的行为都没有伦理价值,而只是在强制下做出的①。

宗教的每一次衰落都使实践道德受害不浅。奖赏和惩罚的形而上学看来是不可少的。

谁创造了风习——强有力的风习——谁也就创造了道德。

风习,但只是为充满魅力的个性榜样所塑造的风习。

我不期望在整个有产阶级中唤醒善,但我们可以向他们灌输风习和对传统的顺从。

如果人类把它迄今为止花在建造教堂上的钱用于教育和学校,如果它现在把它用在神学上的才智转向教育……

三十一

文化的问题很少被正确地把握。一种文化的目的不是某个民族的最大可能幸福,也不是他们的全部才能的不受阻碍的发展。毋宁说,文化只在于这些发展的正确比例②。世俗幸福不是它的目的,产生伟大的作品才是它的目的。

希腊人的全部冲动都表现了一种控制性协调——让我们称它为"希腊意志"。这些冲动中的每一个冲动本身都竭力追求永存。古代哲学家试图用这些冲动建造一个世界。

一个民族的文化表现于对他们的各种冲动的协调控制:哲学控制知识冲动;艺术控制迷狂和形式冲动;阿伽帕控制爱洛斯③,等等。

---

① 对于"伦理价值"的这种理解完全是康德式的:只有在独立于包括谨慎和欲望在内的任何外在强制的自主道德命令基础上做出的行动才称得上道德行动。
② 尼采认为,文化"首先在于一个民族的生活的全部表现!之艺术风格的统一"。
③ 阿伽帕(Agape)就是"爱",特别是那种一般认为存在于家庭成员之间以及人和上帝之间的"纯洁的"爱。爱洛斯(Eros)也是"爱",一般指性爱。因此,阿伽帕和爱洛斯的对比往往有些像"精神的"爱和"肉体的"爱之间的对比。

知识的隔离作用。早期哲学家孤立地表达希腊艺术使之共同出现的事物。

艺术和古代哲学的内容是相同的。但在哲学中我们看到了一种用来控制知识冲动的孤立的艺术因素。意大利人的情况也必定可以证明这一点：生活和艺术中的个人主义①。

三十二

希腊人是发现者、航海家和殖民者。他们知道如何学习：占领的巨大力量。我们的时代不应该因为自己的知识冲动而自视甚高——除非在一切都是生活的希腊人那里！对我们来说，它是知识并且也仅仅是知识而已。

如果我们一方面考虑知识的价值，另一方面考虑一个不多不少正好与一条知识具有同样价值的美妙幻想——只是它必须是人们所相信的幻想，——那我们就会认识到，生命需要幻想即被当作真理的非真理。生命所要求的只是对真理的信仰：幻想也完全可以满足这一要求。这也就是说，真理非由逻辑证明确立，而由它们的效果确立：力量的证明②。真和有效验被当作是一回事：这里仍然是胜者王侯。然而，我们又如何解释毕竟有真理的逻辑证明这回事呢？在"真理"和"真理"之间的斗争中，双方都寻求反思的支持。所有现实的真理论证之所以存在，都是因为一种神圣的信

---

① 尼采这里指的大概是文艺复兴时期的意大利人（尼采总是透过他在巴塞尔的卓越同事雅可布·布克哈特所磨制的眼镜去看他们）。

② 相信一命题或理论为真带来的有益结果就是对该命题或理论的"力量的证明"。[关于这一概念的圣经和神学起源，见 W.考夫曼译《快乐的科学》，347 部分"注释"（纽约，兰德姆书局，1974）]。如果把尼采在本书中关于"力量的证明"的论述与他许多发表的和未发表的对于这种"证明"的批评联系起来，那么我们就会认识到，它们没有证明任何真理观，换句话说，在真理问题上，尼采不是实用主义者，见《快乐的科学》；《反基督徒》；和《我们语言学家》。

念驱使着它们——都是因为战斗的激情,否则人们就会对逻辑起源漠不关心。

三十三

哲学天才与艺术有何联系?他的直接行为没有告诉我们多少东西。我们必须问:"他哲学中的艺术成分是什么?从什么意义上说它是一件艺术作品?当他的体系作为科学被毁掉之后,还剩下的是什么?"这一剩余因素只能是知识冲动的控制因素,因此也就是他的哲学体系中的艺术因素①。为什么需要这种控制?因为科学地说,一个哲学体系乃是一个幻想,一个骗过知识冲动和仅仅暂时满足它一下的非真理,在这种满足中,哲学的价值与其说来自知识王国,不如说来自生命世界。生存意志利用哲学以达到更高形式的存在。

对于艺术和哲学来说,与意志作对是不可能的。道德也同样是它的仆从。意志的全能,最精致的存在形式之一,相对的解脱。

三十四

世界观(又名哲学)的美和宏伟对它的价值来说是决定性的,也就是说,它是被当作艺术来评判的。它的形式可能会有所变化:那曾使歌德大感宽慰的严密数学公式(如斯宾诺莎式的),现在却只有作为一种审美表达手段才是正当的。

三十五

我们必须确立这一命题:离开幻想我们就无法生活;我们的

---

① 这种剩余因素必定是控制的来源,因为它是哲学中的"非科学的"因素,而科学与哲学不同的正是它的缺少控制和统一性。

意识只是一些浮光掠影。有许许多多的东西是我们看不到的,而且,也并不存在下述危险:有一天人会透彻无遗地理解他自己,时时刻刻对他的生命所要求的全部杠杆力学和化学公式一清二楚。当然,任何事物的图式变得为我们所知是完全可能的。但这对于我们的生存几乎没有什么影响。此外,它们除了是一些代表绝对不可知力的式子以外,什么也不是。

三十六

由于我们的心智的表面性,我们确实生活在一个连续不断的幻想中,每时每刻都需要艺术以便活下去。我们的眼睛使我们滞留于形式。然而如果我们的心灵渐渐获得了这样的眼睛,一种艺术力量就会在内部支配我们。因此,在自然本身中,我们看到了与绝对知识对立的机制:哲学家认出了自然的语言,说"我们需要艺术"和"我们只需要一丁点儿知识"。

三十七

每一种文化都从遮隐一大堆东西开始。人类进步有赖于这种遮隐:生活在一个远离低级趣味的纯洁高尚的世界。德行反对"肉欲"的战斗本质上是一场美学战斗。当我们把那些伟大的个人当作我们的指路明星时,我们遮隐了有关他们的许多东西,掩盖了那使他们的成长成为可能的全部环境和事变。为了能让我们对他们顶礼膜拜,我们把他们从他们自身中分离出来。每一种宗教都包含有这样一种因素:受神佑护的那些人被认为是无限重要的。确实,一切伦理都始于个人被认为无限重要——而与对待个人冷酷无情和反复无常的自然截然不同——之时。如果说我们更为优秀和高贵,那也只是因为把我们孤立出来的这些幻想把我们造成了这副尊容。

自然科学用绝对的自然真理反对这种说法：高级生理学终将认识我们的进化过程——不仅是人类的进化过程，而且还包括动物的进化过程——中的艺术力量。高级生理学将宣布艺术始于机体。

也许，无机自然界的化学变化也应当称之为艺术过程，一种特定的力所扮演的模拟角色。然而，它能扮演各种不同的角色。

三十八

大难题：哲学是艺术还是科学？就目的和结果来说，它是艺术，但是它又与科学使用同一种手段——概念表述。哲学是艺术创造的一种形式。哲学没有专门的类别。因此，我们必须为它做成一个种类。

哲学家的自然史。他因创造而认识，因认识而创造。

他没有成长，我是说，哲学并不随着其他科学的发展而发展，即使在某些领域渐渐落入科学之手时也是如此。赫拉克利特永远不会过时。哲学是超越经验界限的创造，是神秘冲动的继续。数学表述与哲学的本质无关。

利用那些形成神话的力量克服知识。康德是值得注意的——知识和信仰！哲学家和宗教创立者之间的最深刻的亲缘关系。

奇异的问题：哲学体系的自我消费！这在科学和艺术中都是同样闻所未闻的。但是宗教在这方面与哲学相似，这是不平常的和耐人寻味的。

三十九

我们的理解是一种表面力量，是一知半解，人们也称它为"主观"。它通过概念手段理解事物,这也就是说,我们的思想是一个分类和命名的过程。因此,思想以人类的选择为转移,并未触及事物本身。只有在使用空间形式计算时,人才拥有绝对的知识。量是可以认识事物的最后界限。人一点也不理解质,只理解量。

这样一种表面力量的目的何在?

与概念相当的首先是形象。形象是原始的思想,即在眼睛这面镜子中结合起来的事物的外观。

形象是一回事;计算是一回事①。

人类眼中的形象!这支配了全部人性:心灵之窗!主观!耳朵聆听声音:同一个世界的完全不同的不可思议的概念。

艺术有赖于视觉的不准确性。

在耳朵那里也是一样:艺术有赖于节奏和调律的一种类似的不准确性。

四十

在我们内部既有使映像的主要特征被更为强烈地感觉到的艺术力量,也有不顾实际的不准确性而强调韵律的相似性的力量。这必定是一种艺术力量,因为它是创造性的。它的主要手段是省略、忽视和无视。因此,它是一种反科学的力量。它没有对于它觉到的一切事物一视同仁。

词所包含的只是形象,由此产生了概念。因此,思想是艺术量的演算。

一切范畴化都是为了达到形象。

---

① 尼采认为,我们的全部知识都分为两类:(1)总是建立在形象之上的概念知识;(2)数目比例知识。后一种知识是"绝对的"知识——虽然它只是关于事物之间抽象关系的知识而不是关于这些事物本身的知识。

我们在表面上与每个真正的存在相联;我们说着符号和形象的语言。当我们这样做时,我们通过强化主要特征和忘掉次要特征而巧妙地加上了一些东西。

四十一

艺术的辩护。我们的公共生活、公民生活和社会生活实际上是自我利益的一个平衡。这回答了一个问题:如何达到一种没有任何爱的力量的劣等存在?只要别忘了拨拉有关自我利益的小算盘就行了。

我们的时代仇恨艺术,正如它之仇恨宗教。它不想和解,不管这种和解是通向彼岸,还是通向艺术的美化世界。它把这一切都当作毫无用处的"诗情"和消遣。我们的"诗人"倒是证明它看的没错。但是艺术何其严肃!新形而上学何其严肃!我们要用形象重新安排世界,而你将在它面前发抖。你就等着瞧吧!即使你掩上耳朵,你的眼睛也会看到我们的神话。我们的诅咒将降临于你。

科学现在必须证明它的用处!它已经成了自私自利的一个温床。国家和社会把科学抓住手里,以便利用它实现他们的目的。

正常状态是战争状态,我们只在特定时期才缔结和约。

四十二

我必须知道希腊人在他们的艺术时代是如何进行哲学思考的。苏格拉底学派坐在一个美的海洋中间,对此我们在他们的著作中看出了多少?苏格拉底分子对于遍地盛开的艺术之花不是满怀敌意就是板起一副学究的面孔。

而早期哲学家却在一定程度上是为与创造悲剧的那种冲动类

似的冲动所支配的。

四十三

哲学家概念和哲学家的类型。哲学家全都具有的共同的东西是什么?

哲学家不是他的文化的儿子,就是他的文化的敌人。

他像造型艺术家一样爱好冥想,像宗教家一样富于同情,像科学家一样关心原因。他试图让世界上的所有声音都在自己的心中交响并通过概念手段把这种大音表达出来:在把自己同化于宇宙的同时又不失反思的审慎,正如一个在改变自己的同时又保留着反思的审慎因而才能外化自己的演员或浪漫诗人。所有这些一起汇聚成了辩证思维的大雨。

柏拉图是值得注意的:一个辩证法的热爱者,因而也就是这种审慎的一个热爱者。

四十四

哲学家。哲学家的自然历史。与科学家和艺术家并列的哲学家。

用艺术控制知识冲动,用概念控制宗教的整体冲动。

概念和抽象的并列是很奇怪的。

形而上学作为一种空缺。

未来的哲学家[①]?他必须成为一种艺术文化的最高裁判,俨然反对任何侵犯行为的警察。

---

① 瓦格纳喜欢称他自己的艺术为"未来的音乐"。尼采的第一本著作被他的攻击者用类似的语言称为"未来的语言学"。[关于这场相当激烈的争论的情况,见考夫曼英译《悲剧的诞生》导言第 2 部分(纽约:兰德姆书局,1967)。]

四十五

在一切科学思想甚至猜想的深处都可以找到哲学思维的踪迹。

它脚步轻盈,跳跃向前,而理解力却步履蹒跚地跟在后面,并在迷人的神秘形象出现在面前时寻找更为强壮的双足。它像闪电一样倏忽之间掠过茫茫的空间。但哲学思想与众不同的并不只是它那更为迅捷的速度。它是想象的振翅飞翔,也就是从可能性到可能性——暂时被接受为确实性的可能性——的一再的跃进。可能性不断变为确实性,然后又变为可能性。

这种"可能性"究竟是什么?一个突然的念头,比如说"这也许是可能的"。这种念头是如何发生的?由于偶然的外在事件:看到了对比,发现了类似。一个展开和扩充的过程由此就开始了。想象就是迅速觉察相似性。后来,反思用一个概念度量另一个概念,进行检验。因果关系取代了相似性。

那么现在,"科学"思维不同于"哲学"思维的仅仅是思维量的大小,还是思维领域的不同?

四十六

与科学截然不同的哲学是不存在的:他们那里使用的思维方式与我们这里使用的思维方式并无二致。不可证明的哲学推理不仅仍然有价值,而且一般来说还比一个科学命题更有价值,因为它拥有美学价值,因为它美和崇高。即使当它不能证明自己是科学论断时,它仍然是一件艺术作品。但是,对于科学命题难道我们就不应该这样看吗?换言之,美学考虑而不是纯粹知识冲动才是至关重要的。赫拉克利特缺少证明的哲学比亚里士多德的全部命题加在一起还更有美学价值。因此,在一个民族的文化中,知识冲动是受想象力支配的。这使哲学家的心中充满了真理的激情：他的知识的价值向他保证了它的真理性。一切收获和动力都来源于这些预感。

四十七

视觉可以用来说明想象制作过程。相似带来了意想不到的进一步发展。其他完全不同的关系也是这样：对比不断地导致对比。我们在这里看到了心智的超常的创造力。它是一个活在各种形象中的生命。

四十八

为了进行思想，我们必须在想象中已经拥有了我们所寻找的东西，因为只有这样反思才能对它加以评判①，根据通行的和经过时间检验的标准对它进行检验。

图像思维的真正"逻辑"是什么？

理智的人很少使用也很少拥有想象力。

总之，这种使我们能够记忆某些事情形式的产生是艺术性的。它把某一形象突出出来并因而强化了这一形象。思想是一个使某些东西突出出来的过程。

大脑中的形象千千万万，思维所使用的只是其中少数几个。心智迅速挑出相似的形象，这些形象反过来又引起大量的形象，然后心智再次迅速从中挑出一个形象，如此，等等。

---

① 主要是由于康德对创造性想象和再创造性想象在知识中作用的分析的影响，古代的"标准问题"——我们如何能"在认识之前就有所认识"——在19世纪就转变成了(有意识的和无意识的)创造力的问题：想象创造力的来源和标准是什么？就此言之，尼采对于艺术与知识关系的关注不是他可能具有的两种不同的"兴趣"的一种偶然会合，而是康德哲学缔结了一世纪之久的果实的一部分。

意识思维仅仅是一个选择表象的过程。从意识思维到抽象还有很长的距离。

（1）引起形象增生的力量；（2）挑选和强调相似者的力量。

高烧病人分不清哪是墙壁哪是挂毯，正常人却在墙壁上又看出了挂毯。

四十九

这里存在着双重艺术力量：产生形象的力量和选择形象的力量。

梦境证明了这种观点的正确性：我们在梦中不走向抽象或受经由眼睛涌入的形象的指导和调节。

如果更仔细地考察这种力量，我们很容易就会看到，这里也同样不存在什么完全自由的艺术创造，因为那意味着没有任何规则，因而是不可能的。相反，这些形象是神经活动的最微妙的外部表现。形象与激发它们的深层神经活动的联系恰如克拉德尼的声图与声音本身的联系①。这里的震荡和颤动纤巧无比！从生理学上说，艺术过程是绝对确定和必需的。一切思维表面上看都是自愿自主的。我们没有注意无限的活动②。

---

① 克拉德尼（Ernst Florens Friedrich Chladni，1756—1827），德国物理学家，现代声学科学的奠基人之一。他的声图（有时也称为克拉德尼图或沙图）就是通过固定在平面下的一根弦的振动而在平面沙层上形成的图形。尼采对这一特殊的实验装置大感兴趣，经常用它隐喻知觉。

② 即发生在意识层之下和生理上决定了的神经活动。尼采常有思索思想和行为的生理决定因素之好，尽管这种思索既没有什么很深刻的见解和大多数都留在了他的笔记本中，也与他的某些其他观点相冲突。不过，本书中的这类思索确实有助于我们理解他对于这一题目的一些正式发表的评论，如《朝霞》："我们的全部所谓'意识'都只不过是对一个无意识的和也许不可知的、虽然是可感觉的经文的多少想象性的评注。"也可参见《查拉图斯特拉如是说》中关于"大"和"小"理由的讨论。

设想有一种不依附于某个大脑的艺术过程乃是不折不扣的神人同情论。对于"意愿""道德"等也是如此。

欲望因而不是别的,只是一种渴望释放自己和对大脑施加了压力的外向生理活动。

五十

结论:所有人都是艺术家、哲学家、科学家等。问题只是程度和量的不同。

我们尊重的是量而不是质。我们颂扬伟大的东西,而伟大的东西当然也就是超出一般的东西。

我们之所以颂扬微小事物的巨大效果,只是因为微小原因和巨大结果的反差令我们惊奇。只有当我们把许多效果加到一起,并把它们看作一个整体时,我们才产生了伟大的印象。我们通过这种整合创造了伟大。

然而,人类正是在赞美罕见和伟大的东西的过程中成长起来的。即使只是想象中罕见和不俗的东西也同样具有这种效果。惊奇是人类的瑰宝。

梦是视觉形象的有选择的延续。

在心智王国中,任何质都只是量。只有概念和词才把我们带向质。

五十一

人也许无法忘掉任何东西。视觉活动和知觉活动是如此错综复杂,恐怕很难把它们一笔勾销,所有大脑和神经系统曾经产生过的形象此后就经常以同样的方式重复发生。相同的神经活动再次产生相同的形象。

五十二

最微妙的快感和不快感构成了一切知觉的真正原料。令人不解的是快乐和痛苦的神经活动在其上勾勒出形象的那个表面:感觉立刻幻化出形象,而形象反过来又引起新的感觉。

通过一定的运动表达自己乃是快感和不快感的本性。形象的知觉起源于下述事实:这些特定的运动反过来又引起了其他神经的感觉。

达尔文主义同样适用于图像思维:较强的形象吃掉较弱的形象。

思维是快乐地进行还是痛苦地进行,这中间有很大分别。那些发现思维是一件苦差事的人肯定不大会愿意自寻烦恼和走得太远。他是在强迫自己,而在这个世界强迫是没有用的。

五十三

按照效果证明的观点,跳跃所获得的结果有时当下就被证明是真的和有效验的。

引导一个科学探索天才的是正确的预感吗?是的。他所看到的正是尚未得到充分支持的可能性。把这样的一些东西看作是可能的,这正是他的天才之所在。他匆匆忙忙地越过那些他本来多少能证明的东西。

知识的滥用:没完没了地进行实验和收集资料,而结论却在少数几个例子的基础上就可以迅速得出。这甚至也存在于语言学中:在许多情况下,完全的资料是多余的①。

---

① 关于尼采对于才智和知识的这样一种滥用的痛斥,见《不合时宜的沉思》第3部分。

五十四

心智甚至也是道德事物的唯一来源。

但是,形象链索的后果在这里与在艺术家和思想家那里有所不同。在这里它唤起一个行动。相似者的知觉和识别不用说是一个必要的先决条件,然后是有关个人自己的痛苦的回想。因此,可以说"善"就是"毫不费力的迅速识别"。这里存在着与演员的转换相似的一个转换。

另一方面,所有公正和正义都来源于自我利益的一种平衡:来源于彼此不伤害的互惠协定,也就是来源于精明。当然,在作为个人的坚定品格以固定原则形式出现时,它们看上去是不同的。爱和正义的对立发展到极点就是为世界而献身。

对于可能发生的不快感觉的预见决定了正直之人的行动:他从经验中知道了伤害其他人的后果——当然也知道了伤害自己的后果。基督教伦理与此背道而驰:它以一个人自己与邻人的等同为基础。在这里,施善于人就是善待自己,其他人痛苦就是自己痛苦。爱与对整体的渴望密不可分。

五十五

人要求真诚并在与其他人的社会交往中满足这一要求。这是一切社会生活的基础。人们预见到了互相撒谎的不快后果,因此真诚就成了一种责任[①]。我们并不反对史诗诗人扯谎,因为我们

---

① 这是尼采探讨真诚责任感起源的最早尝试之一。它不仅是后面的笔记(当然,特别是《真理和谎言之非道德论》)的一个重要主题,而且也是全部尼采出版著作的一个不变主题,常常在"智力良心"的标题下被加以探讨,代表性段落有:《人性的,太人性的》第2卷第1部分;《人性的,太人性的》第2卷第2部分;《曙光》,前言;《快乐的科学》;《善恶之彼岸》;《道德的谱系》,Ⅲ。

看不到这里有什么有害后果。因此，只要谎言被认为是有益无害的，人们就不会拒绝谎言。无害的谎言又美丽、又迷人。教士就是这样为他的神虚构了证明其崇高性的神话。复活自主扯谎的那种神话式的感觉是极其困难的。伟大的希腊哲学家曾完全沉浸在这种正当的谎言中。

在人对真理一无所知之处，谎言即应获得特许。

每个人在夜梦中都放任自己不断受骗①。

人类经过无限缓慢的过程才获得了真理理想。我们的历史感在这个世界上是相当晚近的事物。这种历史感也许会彻底消灭艺术。

不顾一切地说出真理是某种苏格拉底主义的东西。

五十六

从生理学上看真理和谎言。

作为道德命令的真理——道德的两个来源。

根据效用评判的真理的本质。

这些效用促使我们假定未经证明的"真理"。

在这样一些依靠强力生存的真理的斗争中，显然越来越需要发现一些其他方式：或者用真理解释一切，或者从例证和显现到达真理。

逻辑：奇妙的发明。

逻辑力量逐渐占据主导和可能知识领域的限制。

艺术力量的不断消退和对（按其效果来说）值得认识的事物领

---

① 笛卡儿在其《沉思》中说："同样的幻想在我睡着的时候常常骗过了我，而我越是仔细盘算这个问题，越是觉得根本就没有什么标志使我们能够把醒和睡区分开来，这使我惊骇不已。"当代哲学家常常因此嘲笑笛卡儿。

域的限制。

五十七

哲学家的内心冲突。他的普遍冲动促使他不假思索,而他的广阔视野带来的真理感却把他推向交流,交流又把他推向逻辑。

一种逻辑乐观主义形而上学①发展起来,渐渐污染了一切事物并用谎言把它们掩盖起来。当逻辑被当作唯一的尺度时,谎言就产生了,因为它不是唯一的尺度。

对于真理的另一种感情是一种出自爱的感情:力量的证明。

充满爱心言说至福的真理:它建立在那种个人不必交流,但一种充溢的幸福使他不能不交流的知识的基础上。

五十八

人在一种蓄意扯谎的自然状态中还渴望毫无保留的真实,这是颇为高贵和英雄气的。然而,只有在一种非常相对的意义上,这才是可能的。这是悲剧性的。这就是康德的悲剧性的问题!艺术现在获得了一种全新的尊严,而科学却在一定程度上被贬斥了。

艺术的真实现在是唯一的真实②。

因此,在转了一大圈之后,我们又回到了自然状态(希腊人所处的状态)。在知识的基础上建立起一种文化已被证明是不可能的。

---

① 关于"逻辑乐观主义"及其代表人物苏格拉底,见《悲剧的诞生》。
② 因为只有艺术还有足够力量承受和提出有关世界的"真理"。还是在《悲剧的诞生》中,尼采阐述了逻辑乐观主义的自我毁灭与它使之成为可能的艺术的辩护之间的关系。我们在此还必须指出,尼采早年坚持的"艺术形而上学"(后来又加以反对)不仅仅是他陶醉于叔本华和瓦格纳的结果。他转向艺术还有一个坚实的理论基础。

五十九

斯多葛派为了意志的自由不惜践踏他们自己的原则,这一事实表明了他们的巨大道德力量。

论道德理论:在政治生活中,政治家常常预料到他的对手要干什么并抢先一步采取行动:"如果我不这样做,他就会这样做。"某种自卫是政治生活的基本原则。战争的立场。

六十

古希腊人没有一种规范神学:每个人都有权创造和信仰他愿意创造和信仰的任何东西。

希腊人的哲学思想(及其长达几个世纪的神学继续)的巨大数量。

从各个城邦的祭仪组织这一事例中可以看出他们的巨大逻辑力量。

拜酒神教幻想是不自然的和拼凑而成的,接近于寓言。

斯多葛派的神只关心伟大的东西,忽视渺小和个别性的东西。

六十一

叔本华否认道德哲学的道德效力。艺术家并不按照概念创作。妙论!的确,每个人都生来就已经是一个(经过无数世代确定下来的)有德的存在[①]!但是通过概念手段使某些感觉更为紧张激烈却可以加强这些道德力量。这种激化并没有创造出什么新东

---

① 在康德和叔本华道德哲学的语言中,"理性存在"是本体性的或非现象的道德主体。因此,人作为一个现象存在是"被决定的",而作为一个理性存在是"自由的"。

西，但它把创造的能量集中到了一个方面。例如，无上命令极大地增强了道德无私感。

我们在这里还看到，道德高人散发出一种令人效仿的魔力。人们认为哲学家传播了这种魔力。对于最高榜样是规律的必须最终成为规律本身，即使它对于其他人来说仅仅是一个障碍。

六十二

关于世界的所有宗教的、哲学的和科学的公案：它从最粗糙的拟人说开始，一点一点地变得越来越精细。

个人甚至认为天体任他驱使或与他息息相关。

在他们的神话中，希腊人按照他们自己的形象塑造万物。他们似乎认为自然只是人格性诸神的化装和伪装。他们因此表明自己是所有现实主义者的死敌。他们中间存在着真理和显现之间的一种深刻的对立。他们的变形正是他们与众不同的地方。

六十三

直觉有赖于种的概念或完美的类型吗？然而，种的概念总是缺少一个良好的样本，而完美类型又超越了现实。

伦理拟人说	阿那克西曼德：正义
	赫拉克利特：法律
	恩培多克勒：爱和恨
逻辑拟人说	巴门尼德：只有存在
	阿那克萨戈拉：奴斯①
	毕达哥拉斯：万物是数

---

① 奴斯是"智性"或"心灵"，被认为是宇宙的统治原则。

六十四

在最简明扼要的世界历史中,我们将根据对于哲学知识作出的真正贡献分配笔墨,省掉那些对哲学不太友好的时期。在希腊人那里,我们看到了一种我们在任何其他地方都无从发现的感受性和创造力。他们占据了历史的巨大部分。他们确实创造了所有的类型①。

他们是逻辑的发明者。

语言不是已经表明了人生成逻辑的能力吗?它无疑包含有最值得赞叹的逻辑操作和特征。然而语言并不是一夜之间发展起来的,毋宁说,它是无限漫长时间的逻辑结论。我们在此必须记住,本能地产生是一个相当缓慢的发展过程。

亿万年的精神活动沉淀在语言中。

六十五

只是在经过相当漫长的时间以后,人才发现世界是何等复杂。最初,他认为世界是非常简单即像他自己一样浅显的东西。

他从自己这一自然的最晚近的结果开始,以为力——原始力——与他所意识到的力相去不远。他认为脑这一最复杂机器的活动与最古老的活动方式是相似的。由于这一复杂机器在短时间内就可以产生智能性的东西,所以他认为世界的存在并不是很遥远的事情。他想这不会花费创造者太多的时间。

因此,他相信"本能"一词已经说明了某些东西。他为事物的

---

① "这就是说,他们发现了哲学思想家的所有类型,任何后代都再也找不到什么基本的类型了。"《希腊悲剧时代的哲学》;还可见《人性的,太人性的》第1卷。

原初发生设定了一种无意识的目的活动。

空间、时间和因果关系的感觉似乎是与第一感觉一同给予的。

人对自己了解到什么程度,他对世界也就了解到什么程度。他所能认识到的世界的深度正是他自己和他自己的复杂性让他吃惊的程度。

六十六

把人的道德需要、艺术需要或宗教需要当作世界的基础,并不比把他的物理需要当作世界的基础更不合理。我们既不了解冲力,也不了解引力。(?)

六十七

我们不知道单个因果联系的真正性质。绝对的怀疑主义:艺术和幻想仍是必不可少的。也许可以用以太的运动来解释引力,这种以太与整个太阳系一起围绕着某些巨大的天体旋转。

六十八

存在的形而上学意义、伦理意义和美学意义全都是不能证明的。

世界的有序——剧烈进化缓慢而艰难地取得的结果——被当作世界的本质:赫拉克利特!

六十九

必须证明世界上的一切解释——确实,如果康德是对的,一切科学——都是拟人性的。这里显然存在着一个恶性循环:如果科学是正确的,我们就用不着康德的基础的支持;如果康德是正确的,那么科学就错了。①

关于康德,我们必须不断进一步指出,即使我们接受他的全部命题,世界正如它对我们显现出来的那个样子仍然是完全可能的。不仅如此,从一种个人的观点看,这整个立场也是毫无意义的,没有谁能生活在这种怀疑主义中。

我们必须越过这种怀疑主义,我们必须把它丢在脑后。我们在这个世界上不能忘却的东西已经够多的了②(艺术、理想样式、调律)。

认识救不了我们,只有创造才能拯救我们。至高无上的幻想和激情正是我们的伟大之所在。如果宇宙对我们漠不关心,那么我们就应该有权对它表示轻蔑。

七十

最后的哲学家的可怕的孤独。自然在他周围耸立,兀鹰在他头上盘旋,迫使他对自然大声哀求:"大人,饶恕我吧!"不,他像泰

---

① 对于任何一个关心尼采如何理解康德问题的人,本则笔记都是非常重要的。显然,他认为康德的知识理论对整个科学的影响是破坏性的和怀疑主义的。因此,他在其他地方谈到了康德对于击败理论乐观主义的("英勇")贡献。要理解尼采所说的"循环推理",我们必须记住,《纯粹理性批判》不仅仅是关于科学的,而且它本身也被认为是一种科学,或至少是"科学的"。总之,尼采是这样看的。尼采关于康德和康德哲学的大多数评论都是偶发性的或争论性的。他对于这位他后来称之为"哥尼斯堡的中国人"的思想家的作品似乎没有什么太深入的第一手了解;确实,他在不再认为自己是叔本华主义者很久以后似乎还依赖着叔本华对康德的解释(《世界之为意志与表象》第1卷附录)。尼采对于康德的理解的另一个主要来源是 F.A.朗格的《唯物主义史》。这本书对于尼采,特别是对于他的认识论观点的发展产生了巨大而持久的影响。

② 尼采在他的出版著作中,经常确认选择性遗忘的肯定价值,它对于生活和幸福的必要性,如《不合时宜的沉思》第 2 部分;《人性的,太人性的》第 1 卷;《人性的,太人性的》第 2 卷第 1 部分;《人性的,太人性的》第 2 卷第 2 部分;和《道德的谱系》,Ⅰ。

坦一样忍受痛苦,直到最高的悲剧艺术为他提供了调停。

七十一

把脑的产物"精神"看作是某种超自然的东西!甚至把它神化!这是何等狂热!

在成千上万个衰落下去的世界中,曾经一度有过一个差强人意的世界!它也不免衰落!它并不是第一个!

七十二

俄狄浦斯
最后的哲学家的独白
(后世历史片断)

"我称自己为最后的哲学家,因为我是最后的人。除了我自己以外,没有人和我讲话,而我的声音听起来就像是一个将死的人的声音。哪怕让我和你再多呆上一小时也行,亲爱的声音,你这全部人类幸福生活的记忆的最后踪迹!和你在一起,我通过自我欺骗逃脱了孤独,置身在人群和爱之中。我的心灵无论如何也不愿意相信爱已死亡。它无法忍受孤独的高峰上孤独的战栗,所以我不得不开口说话,仿佛我是两个人。

"我还能听到你吗,我的声音?你正在低低地诅咒吗?你的诅咒当使这个世界的同情之心重新怒放!然而世界像过去一样运行着,只用它那甚至更加闪烁和寒冷的无情的星星看着我。它一如既往无声无息无知无识地运行着,只有一件东西——人——死了。

"然而,亲爱的声音,我仍然听得到你!某些其他东西而不是我——这个宇宙中的最后的人——死去了。最后的叹息,你的叹息,和我一同死去。响起的'呜呼'之声在为我,俄狄浦斯,这最后的可怜的人悲叹。"

七十三

当代德意志使我们看到，科学的花朵可以在一种蛮化的文化中开放。我们还看到，实用性与科学没有什么关系（虽然从对化学和应用科学机构的侧重来看，它似乎与科学不无关系：纯粹的化学家甚至成了著名的"权威"）。

科学的花朵自身带有一种生气，无论是衰落的文化（如亚历山大里亚式的文化①）还是非文化（如我们自己的文化）都不能使它凋谢。认识甚至可能成为文化的一个替代者。

七十四

那些黯淡时期，例如中世纪，其实是健康时期？也许是智力天才的沉睡时期？

或者，即使这些黯淡本身也是更高目的的结果？如果书籍具有它们自己的命运，那么一本书的没落也肯定是带有某种目的的一个命定。

使我们困惑不解的是意图。

七十五

哲学家的活动是通过隐喻进行的。对统一控制的追求。每件事物都趋向于一种巨量状态。在自然中，个体的性状很少是固定不变的东西。相反，它无时无刻不在扩展。这种扩展的速度是慢

---

① 尼采把希腊化时代特有的那种学者的理论性的文化称为亚历山大里亚文化。见《悲剧的诞生》和《我们语言学家》。

还是快,这是一个高度人类性的问题。从那些无限微小的东西的观点看,任何发展都总是无限快的。

七十六

真理和人有什么关系?不相信自己拥有真理,人就不可能有最纯洁和最高尚的生活。人需要信仰真理。

真理先是作为一种社会需要出现的,尔后通过一种转移,它被应用于所有事物,在那里它并不是必需的。

一切美德都来自抑制需要。真诚的必要性始于社会。否则人就会居住在永恒的黑夜中。国家的建立助长了真诚。

知识冲动具有一种道德起源。①

七十七

记忆与神经和大脑没有什么关系。它本身是一份原始财产。人在其自身中携带有所有前代的记忆。一个记住的形象是某种非常人为的和少见的东西。

我们完全可以不谈什么无误的记忆,正如我们不谈自然规律的绝对有目的的行动。

七十八

有无意识推理这种事吗?物质推理吗?它具有感觉并追求它的个别存在。"意志"首先体现在变化中,也就是说存在着一种自由意志,它根据追求快乐和逃避痛苦的原则调节事物的本质。物质具有若干变形性质,它们按照所受攻击的性质而受到整体的强

---

① 关于这一论断的充分阐述,见尼采14年后出版的《快乐的科学》。

调、强化和规定。质似乎只是单个物质的特别限定的和按程度数目大小确定的活动。

七十九

我们只知道一种实在——思想的实在。但我们是通过什么方式知道的？也许我们可以假设，思想是事物的本质，而记忆和感觉是事物的物质？

八十

思想提供给我们一种完全不同形式的实在概念：一个由记忆和感觉构成的实在。

这个世界上的人也许真的可以把自己看作是一个生活在一场梦中同时自己又在做梦的人。

八十一

原子之间的互相冲击和影响也是以感觉为前提条件的。内在离异的东西不可能影响任何其他东西。

在世界上唤起感觉并不难，难的是唤起意识。但是，如果万物都是有感觉的，那么这就不难理解了。

如果万物都有感觉，那么最小的、较大的和最大的感觉中心就会乱成一团。无论是大是小，这些感觉体都可以称为"意志"。

我们好不容易才从质中脱身。

八十二

几乎每时每刻都在以光速发生的感觉反射活动，渐渐变得非常熟悉，产生了推理活动即因果关系感觉，时间和空间有赖于因果关系感觉。记忆把反射运动保存和固定下来。

意识开始于因果感觉。因此,记忆比意识更古老。例如,含羞草树具有记忆,但没有意识。当然,在植物那里,这种记忆是非形象性的。

但是这样一来,记忆就必定是感觉的本质的一部分,因而必定是事物的固有性质,反射运动因此也成了事物的固有性质。

自然规律的神圣不可侵犯无疑意味着感觉和记忆是事物本质的组成部分。当一块物质与另一块物质接触时,它决定采取它所采取的那种方式,这是记忆和感觉性的。它在过去的某个时候学会了这样做,也就是说,物质的行为是发展起来的规律,而这种决定只能是由快乐和不快作出的。①

八十三

无论如何,如果快乐、不快、感觉、记忆和反射运动属于事物的本质部分,那么人类知识就无比深入地贯穿了事物的本质。

因此,自然的全部逻辑都在一个快乐和不快的系统中消融了。万物皆攫取快乐和逃避痛苦,这是自然的永恒规律。

八十四

一切认识都是根据某个标准进行度量的过程。没有一个标准,没有任何限制,也就不会有认识。在心智形式领域也是如此。例如,当我问认识本身有何价值时,我就必须站到一个更高的立场上,或至少是一种固定的立场上,以便把它用作一个标准。

---

① 这些思索无疑是尼采阅读斯皮尔和泽尔纳的著作的结果。感觉的原始性是斯皮尔的基本原理之一;泽尔纳认为物质具有感觉,快乐和痛苦的感觉是根本性的。

八十五

如果我们把整个心智世界都回溯到刺激和感觉,那么这种最琐碎的知觉几乎说明不了任何东西。

"没有认识者的知识是不存在的"或"既没有无客体的主体也没有无主体的客体"等命题都是千真万确的,但也都是索然无味的。

八十六

对于事物本身我们没有什么好说的,因为当我们要说事物本身时,我们就丢开了认识和衡量的立足点。一个性质对我们来说存在,就是因为它是由我们加以度量的。如果我们拿走量尺,还有什么性质可言呢?

事物究竟是什么,这只能由它们旁边的判断主体来确定。就事物本身而言的特性与我们没有什么关系。只有当它们影响我们时,我们才关心它们。

现在的问题是,这样一种判断如何就是本原的?植物也是一种进行量度的存在。

人们关于事物的意见的普遍一致,证明人们的感觉器官是完全同源的。

八十七

对于植物来说,事物如此那般;对于我们来说,事物如此这般。如果比较两种知觉力量,我们会认为我们对于世界的看法更正确,也就是更密切地符合真理。现在人已经缓慢地进化了,而知识仍然在进化中,人的世界图画因此变得比过去任何时候都更真实和更完全了。当然,这只能是一个越来越清晰的映照过程。但是,镜子本身并不是什么外在于事物本质的全然不同的东西。相反,它是慢慢发展起来的事物本质成分。我们看到人们努力使镜子变得越来越合用。科学展开了一个自然过程。这样,事物越来越清晰地映照它们自己,慢慢地从一片拟人声中脱身出来。在植物眼里,整个世界就是一株植物;在我们眼里,它是人。

八十八

哲学的进步:开始认为人是所有事物的作者,然后是逐渐通过类比于具体的人类性质理解事物,最后我们到达了感觉。最大的问题:感觉是有关一切物质的原始事实吗?吸引和排斥?

八十九

历史知识冲动:它的目的是理解人类的发展过程,并把任何非凡的东西从这一过程中清除出去。这种冲动解除了文化冲动的最伟大的力量。它仅仅是一种纵情享乐,并没有使当代文化有所提高。

九十

哲学与占星术有些相似:它们都试图把世界的命运和人的命运联系起来,把人的最高进化当作世界的最高进化①。全部科学都从这种哲学冲动中得到了滋养。人类首先罢黜宗教,然后罢黜科学。

---

① 叔本华曾以占星术为例说明人的"可怜的主观性"。尼采则通过将哲学类比于占星术而强调它的拟人性。见《哲学家:艺术与知识之争思想录》,以及《人性的,太人性的》第1卷。

九十一

甚至康德的知识理论也被人立即用于他自己的自我美化:世界的实在性系于人。然而实际上,这一理论只是说,虽然可以认为同时存在着一件艺术作品和一个思索它的懵懵懂懂的人,但是作品却当然只有在这个愚公自己也是一个艺术家和赋予作品以形式时对他来说才是一种理智现象。他可以大言不惭地声称:"艺术作品在我的大脑之外没有实在。"

心智的形式是从物质中非常缓慢地发展起来的。这些形式之严格符合真理是有道理的。因为有什么地方能够产生出一个可以发明某些新东西的组织吗?①

九十二

在我看来,最重要的能力是知觉形状的能力,即进行映照的能力。空间和时间不过是按照某些节奏量度的事物。②

九十三

不要遁入某种形而上学,而要为一种正在发展的文化积极献身。因此,我强烈反对梦幻唯心主义。

---

① 这段话的意思似乎是:智力形式必定严格符合事物本质,因为智力本身就是一种自然现象,不具有创作歪曲的力量。如果智力比它现在更有创造性,它的形式可能就会与事物的本质不符。这一思想与尼采在大约同一个时期考虑的其他思想(如《哲学家:艺术与知识之争思想录》)针锋相对。显然,对于尼采自己来说,这些笔记的一个作用就是让他在其中整理自己的思想。对于一个问题"试验"几个答案和对一件事作出各种不同的解释。

② 即根据某些可以用作一个标准的间隔进行量度(见《哲学家:艺术和知识之争思想录》)。这里的观点似乎是,只有当我们按照一定标准去量度时间和空间时,我们才具有关于时间和空间的知识(见《哲学家:艺术和知识之争思想录》)。

九十四

一切知识都来源于分离、界定和限制。关于整体的绝对知识是不存在的。

九十五

快乐和不快乐是普遍存在的感觉吗?我认为不是。

但是艺术力量表现在哪里?无疑是表现为结晶。形状的形成。然而,这里非假设一个知觉者不可吗?

九十六

音乐作为语言的一种补充:在语言中无法表达的许多刺激和完整刺激状态可以在音乐中表达出来。①

九十七

自然中不存在什么形式,因为那里既没有什么内部,也没有什么外部。

一切艺术都有赖于眼睛的映照。

九十八

人类感性知识的目的只能是美:它美化世界。我们干吗还要捞点别的知识?我们为什么总想超越我们的感觉?对知识贪得无

---

① 尼采的早期作品充满了关于语言的起源和它与音乐关系的思索。尼采最初采取的是一种可以称之为叔本华—瓦格纳的立场,推崇音乐语言比单纯的词和概念的语言形而上地更根本,认为音乐可以直接表达原始实在和传送真正的知识。

厌的结果是荒凉和丑陋。让我们满足于世界的美学观点。

九十九

人们希望认识物自体，但却只能认识他所认识的这个世界。认识只有作为按照某个标准（感觉）反映和量度自己的过程才是可能的。

我们认识世界是什么：要求绝对的无条件的知识，就是要求没有认识的认识。①

一〇〇

所谓的无意识推理可以追溯到保存一切的记忆，这种记忆提供给我们一种类似的经验，使我们预先就对某个行动的结果有所了解。它与其说是对于结果的预期，不如说是由一个记忆下来的形象产生的"相似原因，相似结果"的感觉。

一〇一

无意识推理使我想到，它肯定是一个从形象到形象的过程，而最后获得的形象就成了活动的刺激和动机。无意识思维必须独立于概念发生，所以它只能发生在直觉中。

这就是沉思的哲学家和艺术家进行推理的方式。他们所做的正是每一个人在他们的心理冲动下所做的，只是转移到了一个非个人的世界。

这种图像思维从来就不是严格逻辑的，但或多或少也还是逻

---

① 参见尼采后来对于"知识本身"要求的嘲笑。尼采认为这是对于事物的不要深度的透视！如《善恶之彼岸》和《道德的谱系》，Ⅲ。

辑的。因此，哲学家试图用概念思维取代这种图像思维。本能似乎也是最终成为刺激和动机的一种图像思维。

一〇二

我们没有细想就把康德的"自在之物"与佛陀的"事物的真谛"混为一谈。一方面，现实只是一种幻想，另一方面，现实是真理的完全充分的显现。① 非存在的幻想与存在的显现混为一谈，各种各样的迷信都在这片空地找到了立足之处。

一〇三

语言之网上的哲学家。①

一〇四

我希望描述和强调一个渴求知识的哲学家——人类的哲学家——的惊人发展。

绝大多数人的全部身心都为其冲动所控制，所以他们几乎注意不到发生了什么。我希望告诉他们发生了什么和让他们留心它。

这位哲学家在此与全体科学探索者是一回事，因为所有科学都建立在哲学家的一般基础上。全部知识冲动的惊人一致必须得到证明：片断化的学者。

---

① 这两种观点的不同之处在于，一种观点认为世界是事物真正本质的充分表达或显现，因而我们可以对这种真谛有所认识（佛教的观点），另一种观点认为，世界没有保证我们拥有任何关于事物的真正本质的知识，因而我们不能不说显现世界是一个幻想。后一种观点被认为是康德的观点——但这段讨论告诉我们的关于尼采的东西比关于康德的东西更要有价值。

① 这话肯定会使熟悉当代哲学的读者想起"日常语言学派"的某些名言。但是，尼采与这一运动的差别是巨大的。

一〇五

无限是首要的事实。现在需要说明的只是有限从何而来。但是,有限的观点是全然感觉性的,也就是欺骗性的。

谁敢谈论大地的命定?

在无限的时空中没有目标存在:存在于那里的东西总是以不管什么形式存在于那里。我们就是绞尽脑汁,也设想不出什么样的形而上学世界在那里会是真的。

人类必须能够自己站着而不倚靠任何东西:艺术家的艰巨任务。

一〇六

时间本身是无意义的。只有对于一个能够感觉的生物来说,时间才是存在的。空间也是如此。

一切形状都与主体有关。它是通过映照对于表面的把握。我们必须抽去所有性质。

我们无法像事物所是的那样思想事物,因为我们根本就不能思想它们。

一切还是一切,所有性质都证明了一个不可界定的绝对的事态。

一〇七

达尔文主义(顺便说一下,我认为它是正确的)的可怕后果①:

---

① 结果之所以是"可怕的",是因为尼采认为达尔文主义蕴含着一种普遍战争和弱肉强食的道德原则(见《不合时宜的沉思》第1部分)。人们常常误解了尼采和达尔文及达尔文主义的关系。把这段话与尼采晚期著作中如《快乐的科学》;《偶像的黄昏》,Ⅸ,的对达尔文的几乎完全批判性的谈论作一比较,可以使我们对于问题的复杂性有所了解。

所有我们赞美的东西都与那些我们认为是永恒的性质,如道德性质、艺术性质和宗教性质等分不开。

如果我们试图使用本能术语说明目的,我们将一无所获,因为这些本能本身也是经历了无限漫长时间过程的产物。

意志并没有像叔本华所说的那样使自己充分客观化①。当我们接触到最完美的形式时,这就变得很明显了。

就是这个意志也是自然的高度复杂的最后产物。它以神经的存在为前提条件。

甚至引力不是简单现象,而是太阳系、以太等的一系列运动的结果。

机械冲力也是复杂事物。

原初物质宇宙以太。

一〇八

一切认识都是以某种并非从来就有的非常具体的方式进行的映照。自然既无所谓形状,也无所谓大小。只有在认识者的眼中,事物才有大有小。自然的无限性:无边无际。只有对我们来说才有有限存在。时间是无限可分的。

一〇九

知识的客观价值:它没有改进任何东西。它没有最后的普遍的目标。它漫无目的地进行创造。但是另一方面,真诚又有价值。

---

① 叔本华把可见的表象世界看作是意志的形而上世界或"实在"世界的"客观化"。而这些表象本身又按其客观化深层意志的"充分"程度分门别类和依次排列。有必要指出,这是在尼采发表这些笔记本中对叔本华的任何批评前几年写下的。

它改进事物,它的目标是衰落,它勇于献身。我们的艺术是对绝望知识的反思。

——〇

知识为人类展开了一条美妙的穷途末路。

———

人之按照他实际进化的那种方式,而不是某些其他方式进化而来,说到底当然还是他自己的成就:如此沉浸于幻想(梦)和依赖于外观(视觉)乃是他的本性使然。他的真理冲动最终又回到了他的本然,令人惊异吗?

——二

当我们听说某人即使危及生命也决不撒谎时,我们一下子觉得自己很伟大,更不用说一个政治家因为真诚而丢掉一个帝国了。

——三

通过发生在责任领域的一种自由转移,我们的习性变成了美德。我们在我们的习性概念中加进了神圣不可侵犯性。换句话说,我们的习性之所以变成美德,是因为我们认为它们的神圣性比我们的一己幸福更为重要。因此,它来源于个人的一种牺牲,或至少是这样一种牺牲的随时可能性。当个人开始认为他自己微不足道时,道德王国和艺术王国——我们的形而上世界——就产生了。如果道德事物并不对应于事物的本质,责任就是再单纯不过的了。

一一四

我不追问认识的目的：作为在某些情况下的思想和行动方式的一种延伸或固定化，它是偶然开始的，没有任何合理性目的。

一一五

人并不是生来就为认识而存在的：真诚（和隐喻）产生了对真理的爱好。因此，智力冲动是由一种美学综合化道德现象产生的。

一一六

类似的东西唤起类似的东西，并把自己与它相比较。这就是认识的实质：彼此相似事物的迅速划分。只有相似才能知觉相似：一个心理学过程。某些新东西的知觉也和记忆相同。人们并不认为它叠高了思想。

一一七

我们必须在世界的哪怕是最小的断片中揭示出世界的价值。观察人，然后你就会知道如何看待世界。

一一八

在某些情况下，作为社会存在的一种手段，真诚的产生是必要的。

由于经常的实践，这一冲动得到了强化，并通过转移开始非法传播。它变成了一种独立的性情。从为特定情况而设定的实践中发展出了一种性质。我们现在就有了知识冲动。

综合是通过概念的介入发生的。这种性质从一个虚假的判断开始:"真就意味着永远真。"由此产生了不生活在谎言中的愿望:清除一切幻想。

然而,人刚出此网,又入彼彀。

一一九

善良的人现在希望同时又是真诚的人,并相信所有事物——不仅社会事物而且世界万物——的真理。因此,他也相信深入事物根底的可能性。因为世界为什么要欺骗他呢?

这样,他把他自己的性情转移到世界,相信世界必定也以诚待他。

一二〇

我认为谈论人类的无意识的目标是错误的。与一个蚁冢不同,人类并不是一个整体。我们也许可以说一个城市或一个民族的无意识目标,但是谈论地球上的所有蚁冢的无意识目标又有什么意义呢?

一二一

人类通过不可能做到的事情为自己树碑立传。这些不可能做到的东西构成了它的美德。绝对命令以及"孩子们,你们要彼此相爱"的要求就是这种不可能性要求的例子。

同样,纯粹逻辑是支撑科学的不可能做到的东西。

哲学家是伟人中最少见的,因为知识并不是人的固有才能,而只是偶然获得的。但是因为这个原因,哲学家也是伟人中最高的一类。

一二二

通过追求知识目标,我们的自然科学领导没落大潮。

我们的历史教育终将置一切文化于死地。它为了反对宗教而展开了战斗,没想到却葬送了文化。

这是对于可怕的宗教压力的一种过分的反应——现在已钻进了极端。缺乏任何约束。

一二三

否定性道德同时也是最壮观的道德,因为它极其壮观地是不可能的。当人的全部意识说"不",他的全部感官和神经却说"好",而他的每根纤维、每个细胞都反抗他的否定时,这该是多么富有戏剧性?

当我谈到知识推动衰亡的可怕可能性时,我想做的最后一件事是,向目前这一代表示敬意:因为它完全不带有这种趋势。然而,只要看一下15世纪以来的科学进步,我们肯定就会看到这样一种力量和这样一种可能性。

一二四

把一个感觉到的刺激和一个看到的运动结合起来,就产生了因果关系,首先是作为一个经验原则,一个特定的感觉和一个特定的视觉形象这两件事总是一同出现。说其中一个是另一个的原因乃是从意志和行动借来的一个隐喻:一种类比推理。

意志和行动之间的因果联系是我们意识到的唯一的因果联系。我们把它推广到所有事物和用它理解总是一同发现的两项之间的关系。意向或意愿产生名词;行动产生动词。

动物有意志——这是它的本质。

性质和行动：我们说我们的某一性质使我们行动，事实却是我们从行动推出性质。每当我们看到一种特定行动，我们就假定有关性质存在。

因此，先有行动，性质是我们后加上去的。

最早产生的是表达行动的词，表达性质的词是从表达行动的词派生出来的。当把这种行动和性质的关系推广到一切事物，因果联系就产生了。

先有"看"，后有"视力"。"观看者"被认为是"看"的原因。我们觉得在感官和它的功能之间存在着一种固定不变的关系。因果关系是（感官和感觉功能之间的）这种联系移置到所有事物的结果。

把眼中感觉到的刺激归因于感觉本身，把感觉兴奋归因于感官，这是一种根本现象。实际所给予的只是一个刺激，把这一刺激感觉为眼的活动并称之为"看"乃是一种因果关系推理。当一个刺激被感觉为一个行动，当被动的东西被感觉为主动的东西，最初的因果感觉就形成了。这也就是说，感觉一开始就感觉到了因果关系。刺激和行动的内心联结被移置到一切事物。看就是眼作用于一个刺激。我们用我们的感觉功能语言理解世界，因为我们自己不断经验到这种变换而假定因果关系无处不在。

一二五

时间和空间都只是我们用来理解事物的知识的隐喻[①]。刺激

[①] 这种思想在《真理和谎言之非道德论》中得到了最好的说明。确实，最好是能把这段笔记及随后的一些笔记与尼采后来讨论同一主题但却更为完整的论述结合起来阅读。

和行动互相联结：究竟如何互相联结我们不得而知；从来就没有一个因果联系是我们所理解的，但是我们直接经验到了它们。每一个痛苦都引起一个行动，每一个行动都引起一个痛苦，这种所有感觉中最为平常的感觉就已经是一个隐喻了。不假定时间和空间、相继和共存，实际上就不可能知觉到聚合。时间的共存感产生了空间感。

作为各种因果联系的速度问题的一个答案，时间感是与原因和结果的感觉一同给予的。

空间感只能隐喻性地从时间感中引申出来，或者正好相反？

两种因果联系并列存在。

一二六

控制复多只有一个方法，那就是建造集合，如把许许多多的行动方式统称为"大胆的"。我们通过把它们纳入"大胆的"这一类别而理解了它们。一切解释和认识实际上都只不过是分类。通过一个大胆的跳跃，成千上万的事物被置于一个题目之下，我们把它们当作仿佛是一个单个性质——如泰勒斯所说的水——的众多的数不清的活动。我们在此就有了一种转移：一个抽象概念把无数的行动汇聚到一起，并被当作它们的原因。那把许许多多事物汇聚到一起的抽象概念究竟是什么？"水"性，"湿"性。整个世界都是湿的，所以，湿就是整个世界。转喻。一种虚假推理。一个属性与全部属性（定义）混为一谈。

一二七

爱奥尼亚人很少使用逻辑思维。逻辑思维进展得非常缓慢。然而，他们把虚假推理形象地和诗意地理解为转喻却是更为正确的。

一切形象比喻(即语言的精华)①都是逻辑虚弱推理。这是理性开始的道路。

一二八

我们看到哲学最初是以与语言产生的方式相同的方式即非逻辑方式进行的。

现在多了真理感和真诚感。一开始这与逻辑问题并无关系，只是表明，任何有意识的欺骗都在禁止之列，而包含在语言和哲学中的那些欺骗本来是无意识的，并且很难变成有意识的。但是，人们在这种共同的情感下提出的不同哲学(或宗教体系)的共存引起了一场特殊的战斗。互相敌对的宗教的同时存在促使它们每一个都通过宣称其他不真来倡导自己。同时存在的哲学体系也是如此。

这使一些人走向了怀疑主义。"真理深藏难觅"，他们感叹说。

苏格拉底使真诚具有了逻辑。他注意到了正确分类的无穷无尽的困难。

一二九

我们的感官知觉的基础不是无意识推理，而是转喻。关键是要在一个事物和另一个事物之间找出相似之处，把彼此相似的东西等同起来。记忆有赖于并不停地进行着这种活动。一件事物与另一件事物的混同是一种根本现象。它以形状的知觉为前提条件②。

---

① 在1874年的修辞学讲演中，尼采坚持认为修辞与语言本身的本质不可分割："语言是修辞，因为它希望传达信念，而不是传达知识。"《尼采全集》第5卷。

② 因为要想把知觉到的东西混同起来，我们必须具有某些形状观念。否则事物就会彼此不分因而也就谈不上把它们混同起来。

眼中的形象为我们的认识设定了标准，正如韵律为我们的听觉立下了标准一样。仅仅使用眼睛，我们永远也不会到达时间的概念；仅仅使用耳朵，我们永远也不会到达空间的概念。因果关系感觉对应于触觉。

我们看到的视觉形象从来都是在我们的眼中，我们听到的声音从来都是在我们的耳中。从这些形象和声音到假定一个外在世界的存在是一个大进步。举例来说，植物就没有外在世界的感觉。触觉和视觉使我们具有了两种同时存在的感觉，由于它们总是一同出现，我们很容易就认为它们之间存在着一种联结（这是一个隐喻——因为一切共同出现的事物并不相联）。

抽象概念是最重要的结果。它是在记忆中保存下来并得到强化的持久印象。它可以与许许多多显现相容，因而对每一个具体显现来说又是非常粗略和不恰当的。

一三〇

人欺骗自己和别人：要存在（无论是个人存在还是在社会中存在）就必须颠顶无知。虚空中的观念骗局、梦、传统概念（不顾自然支配着老德意志画家的传统概念）在每个时代都是不同的。转喻，刺激，不完全的知识。眼睛让我们看到形状。我们死抓住外观不放，对美的东西的爱好。逻辑缺点，隐喻。宗教，哲学，仿制。

一三一

所有文化都进行仿制。仿制长了就成了本能。一切比较（原始思维）都是仿制。那些严格模仿只是近似的第一样本即最伟大和最有威力样本的类型就是这样产生的。仿制带来了一种第二自然的教诲。无意识模仿表现得最明显的是生殖，通过生殖养育出了一个第二自然。

一三二

我的感觉通过越来越多地摹写自然而仿制自然。

仿制首先要求接受一个形象,然后连续不断地把接受到的形象翻译为千百个有效的隐喻、类似物。

一三三

我们为什么热衷于仿制?通过隐喻占有陌生印象。隐喻把刺激和回忆形象联在一起(类比推理)。结果是相似性的发现和激活。被重复的刺激在回忆形象中再次发生。

感受到的刺激现在在许多隐喻中重复,从而把来自各个不同领域的各种形象联系起来。每一个知觉都在各种不同的领域里多方面地仿制刺激。

先是感受到一个刺激,然后是将其传达到有关神经并在那里进行翻译、重复等。

一种感觉印象可以翻译成另一种感觉印象:许多人在听到某种特定声音时都会看到某种形象或嗅到某种气味,这是一种非常普遍的现象。

一三四

就认识不希望有任何移置而只想盯住没有隐喻和联系网的印象而言,仿制是认识的反面。为了认识的目的,印象被凝固化了。人们利用概念掳获印象,然后把它杀死、剥制、干化和作为概念保存起来。

然而,没有隐喻,就没有真正的表达和真正的认识。但人们却执迷不悟,错误地信仰感觉印象的真理。他们把那些习以为常的隐喻当作真理,以它们为标准衡量那些不常见的隐喻。实际上二者的区别仅仅在于,一个是熟悉和常见的,一个是不熟悉和少见的。

认识不过是使用最称心的隐喻,是一种不再被认为是仿制的仿制。因此,很自然,它无法深入真理的王国①。

真理冲动感以这样一种观察为前提。各种不同的隐喻世界千差万别和互相冲突,例如梦境、谎言等与对事物的日常观点互相冲突。第一种隐喻世界比较少见,后一种隐喻世界却司空见惯。惯例反对例外,常见反对陌生:因此日常实在就比梦的世界更受人们尊重。

然而现在,少见不惯的东西却更迷人:谎言成了一种刺激。

一三五

一切自然规律都只是 X、Y 和 Z 之间的关系。我们把一个自然规律定义为某个 X—Y—Z 关系,其中每一项又是我们只有在与其他 X—Y—Z 的关系中才能认识的。

严格地说来,知识只能是一种同义反复的无物之言。我们的全部有用知识都有赖于把并不相同而只是相似的事物认作相同的。换言之,这样的知识从根本上说是不合逻辑的。

只有通过这种方式,我们才得到了概念。在得到概念之后,我

---

① 这一段对于我们了解尼采的几个基本的(和常常是未说明的)认识论假定有莫大的帮助:(1)没有直接认识,知识总是涉及主体和客体的不同领域之间的一种转移,因而总是间接的和中介化的。(2)真理理想要求主体当下和直接地把握客体。(3)因此,关于事物的真理是认识不到的,因为那样就会要求一种经过中介的直接性,这是自相矛盾的。(4)我们能够得到的唯一"真理"是,根据定义为真的空洞的同义反复。(见《哲学家:艺术与知识之争思想录》)。尼采自己很少清楚地表明这一推论路线,但他关于知识和真理的大部分宏论都是以这些推论为基础的。

们就装得好像概念——例如"人"这个概念——是某种事实存在，而不是我们通过一个忽视一切个别特征的过程创作出来的东西。我们预料自然会按照这样一种概念活动。但是，无论是自然还是概念在此都是拟人化的。我们通过省略个别性的东西得到概念，由此就开始了我们的知识过程：进行分类，确定等级。然而，所有这些都与事物的根本无关：它是一个远离事物本质的知识过程。我们根据许多个别特性但不是所有特性确定一个事物。这些特性的共同之处促使我们把许多东西汇聚在一个单一的概念之下。

我们造出存在作为性质的担负者，抽象概念作为这些性质的原因。一个完整的东西，比如说一棵树，它对我们显现为多重关系和性质，它是双重拟人化的：首先，这个确定分明的"树"并不存在，根据视觉和形状规定事物是完全任意的；其次，关系也都不是真正的绝对的关系，同样带有拟人色彩。

一三六

哲学家追求的不是真理，而是世界的人格化。他力求通过自我意识理解世界。他力求达到同化。拟人化地解释事物总是使他感到快乐。占星学家认为世界服务于个人，哲学家把世界看作一个人。

一三七

定义的本质：铅笔是一个细长的物体。A 是 B。在这个例子中，是细长的那个东西也是彩色的。只有性质才支持关系。一个具体物体是无限众多的关系的等同物。关系永远不会是事物的本质，而只能是这种本质的结果。综合判断根据事物的结果描述事物，把本质与结果等同起来，是一个换喻。

因此，换喻是综合判断的核心。这也就是说，它是一个虚假的等同,或者说,综合推理是不合逻辑的推理。使用它们就意味着我们接受了认结果为原因的流行形而上学。

"铅笔"概念与铅笔"事物"混为一谈。因此,综合判断中的"是"是虚假的,其中存在着一种转移。两个永远不会彼此等同的世界被拉在一起并列。

我们完全生活和思想在非逻辑行为的结果中——在无知和伪知识中。

一三八

个体存在是变化赖以为继的桥梁。一切性质本来都只是孤立的活动,由于经常在相同的情况下重复,最终变成了习性。个体以其全部存在参与了每一个活动,它的一种具体的调节就是一种习性。直到最小的细胞的一切个人的东西都是个人性的——也就是与个人的全部经验和经历有关。因此就有了繁殖的可能性。

一三九

某些概念系列在孤立状态能够变得如此强烈,以至于它们把其他冲动的力量占为己有。知识冲动就是一个这样的例子。

一种从头到尾都是这样作成和确定的自然现在又传播自己并变成了一种遗传,越来越强烈,直到它的普遍能量被它的片面吸收,最后被毁掉。

一四〇

艺术家并不凝视"观念"①：数目比例使他快乐。

---

① 所谓艺术家凝视永恒的"观念"是叔本华艺术哲学的一个主要观点。

一切快乐都来源于合乎比例,不合乎比例产生不快。

根据数构造的观念。

体现良好数目比的知觉是美的。

科学家计算自然规律中的数,艺术家则凝视它们。前者符合规律,后者则是美。

艺术家所凝视的是十足的"外观",根本就没有"观念"！环绕美的数的美妙外观。

一四一

艺术品之于自然有如数学圆之于自然圆。

一四二

献给不朽的阿瑟·叔本华。关于叔本华的前言:地狱的入口。我已经把许多败类献祭于你——其他败类对此不无怨言。

一四三

我在本书中没有考虑当代的学者,显得好像对他们漠不关心。但是,谁要静心思考严肃的问题,他就必须避免看到煞风景的东西。我现在不得不谈到他们,是为了告诉他们,我对他们并不是无动于衷的,虽然我希望我能够如此。

一四四

我希望能够对那些值得郑重其事和越快越好地引荐进入哲学的人有所帮助。这一打算也许成功也许落空。我清楚地意识到,本书也许会被超越,而我所希望的只是人们为了这哲学而跟随并超越我。

有充分理由劝告上面说的那些人,阅读柏拉图而不是接受一群学院职业哲学家的指导。

最重要的是,他们要丢掉任何形式的愚昧,变得单纯而自然。①

落入笨蛋之手的危险。

一四五

当代语言学家已经证明他们自己不配与我和我的著作为伍。几乎用不着说明,即使在这种情况下,学还是不学一点东西也还是全在他们自己。然而,不管怎么说,我还是觉得一点也不愿意迁就他们。

现在自称的所谓"语言学"(我有意使用中性)②这次也许仍然忽视我的著作。本书具有一种阳刚之气,对于阉人歌手毫无价值。更为可能的是,他们全都一点摸不着头脑。

一四六

我没有为那些只想从中获得一种学术满足者简化事物,因为说到底,我根本就不是为他们写作的。

一四七

七贤人的时代不太关心箴言出自何人,但却非常重视人们是否接受某条箴言。

---

① "自然"状态不是人的一种过去存在过而现在丧失了的状态,而是需要努力才能取得的一个目标,这种观念在尼采的后期著作中变得非常重要。"我也说"返回自然,"虽然这实在是一种上升而不是下降。"《偶像的黄昏》,IX。

② 即不用任何阳性或阴性冠词。一般说"die Philologie",而尼采只说"Philologie"。这段笔记是尼采对他的职业圈反对《悲剧的诞生》的反应。

一四八

用一种完全非个人的冷静的方式写作。

去掉所有"我"和"我们"。同时用连词限制句子的数目,尽量不用学术术语。

一切都应尽可能具体地予以说明,包括"意志"在内的所有学术术语都必须予以删除。①

一四九

我愿意像一位看穿了全部可怜闹剧的冷面天神一样处理知识价值问题。没有愤怒,但也没有热情。

一五〇

幻想是感觉生物的生命所必需的。

幻想是文化进步所必需的。

贪得无厌的知识冲动要求的是什么?

无论如何,它敌视文化。

哲学试图控制这种冲动。哲学是文化的工具。早期哲学家。

一五一

全部自然科学都不过是理解人和拟人事物的一种努力;更确切地说,是不断通过最漫长和最迂缓的道路回到人的一种努力。人向整个宇宙展开自己,为的是最后能说:"你终归是你。"

---

① 我们在此看到,尼采是多么刻意追求发展他自己的文体风格。这里描述的文体理想与瓦格纳—叔本华分子的散文风格是对立的。

一五二

就其本身而言,哲学思维与科学思维一样可靠,只不过前者思考的是伟大的事物和问题。然而,伟大是一个部分美学、部分道德的可变概念。哲学思维是对知识冲动的控制,这正是它对于文化的意义。

一五三

文化是一个整体。只有哲学家似乎置身在文化之外。他对最遥远的后代说话——名声。希腊人的哲学化是值得注意的。

美妙的谎言。但是,甚至更令人惊异的是,人普遍产生了真理感。他心中的形象无疑比身边的自然更强大有力,就像18世纪的画家,尽管自然无处不在,却仍然按照古老的虔信传统把人的肢体画得奇形怪状。

柏拉图希望的是一个辩证法支配下的国家。他否认美的谎言文化。

一五四

谎言世界中的真理感。

在哲学最高峰再次遇到了谎言世界。

这些最高谎言的目标是控制无限制的知识冲动。

谎言世界怎么会有真理感存在?

源于道德。真理和逻辑感。

文化和真理。

每一丁点知识都给人以极大的满足,但不是因为它们是真理,而是因为它们使人相信自己发现了真理。这是一种什么样的满足?

一五五

道德本能:母爱——渐渐变成博爱。性爱也是这样。转移普遍存在。

一五六

人曾不相信自然的率真,想的全都是自然的变形、伪装和假象;他曾在石块中看见了上帝,在马身上看见了神秘,在树上看见了宁法。现在,当这样一个人把真诚当作自己的法则时,他同时相信自然对他的真诚。

一五七

自然把人置于纯粹的幻想中,使人适得其所。他看到形式感受到刺激但不是真理。他把神一样的人幻想和想象为自然。

人通过两种性质的无意配置而偶然地成了一个认识存在。他早晚有一天会不再存在,而当他消失之后,就像是什么也没发生过。

一五八

人是万物的尺度也是科学的基本思想。说穿了,任何自然规律其实都只是一堆拟人关系。尤其是数:把所有规律分解为复多及其数学公式表达是一个隐喻,正如一个听不见声音的人根据克拉德尼的声图判断音乐和声音一样。

一五九

谁想要传达真理,就说明谁相信有关真理。他可以通过两种方式传达真理：或者通过其结果，使其他人由于对于基础的价值的回溯推理而信服；或者通过证明它源于完全确定和已经公认的真理并与逻辑相关。相关就是把特殊例子恰当地归属于一般原则——也就是单纯的分类。

一六〇

抽象概念是使原因和结果置换的转喻。一切概念都是转喻，而认识就是概念认识。当我们开始把"真理"孤立为一个抽象时，它就变成了一种力量。

一六一

但是，求真冲动转移到自然就带来了自然对我们必然为真的信念。知识冲动有赖于这种转移。

（田立年　译）

科学和智慧的冲突

一

模仿古代。

语言学使这种模仿成为可能,但却使语言学家个人只能望古人兴叹。绝育性的知识。

因此,语言学不是变成完全历史性的就是成为历史了(席勒)。

即使是关于古代的历史知识也是通过再现和模仿得到的。

歌德式的希腊化(转移到公正之人身上的希腊人的艺术"中庸")。

古希腊为解释我们的整个文化及其发展提供了一套经典例证。它是理解我们自己和控制因而克服我们的时代的一个手段。

我们的文化的悲观主义基础。

只想说明一个事实:苏格拉底与我难解难分,我几乎每时每刻都在与他战斗。

二

科学和智慧的冲突。

科学(注意:尚未变成一种风习和一种本能的科学)的产生是由于:

（1）人们不认为神是善的。认识到某些东西守恒的巨大好处。

（2）利己主义促使个人从事某种事业，例如航海，利用科学追求他们的个人利益。

（3）作为贵族有闲阶级的勾当。好奇心。

（4）个人希望在莫衷一是的纷纭众说中找到一个深根。

这种科学冲动与一般求知冲动有何区别？只不过是利己主义的程度较低或范围更大。在第一种情况下，自我消失在事物中；在第二种情况下，自私超出了一己个人的界线。

智慧表现在：

(1) 不按逻辑进行概括和一心奔向最终目标。

(2) 这些结果之影响生活。

(3) 个人赋予其灵魂以绝对重要性："第一不可或缺者。"

苏格拉底主义首先是一种智慧，因为它严肃地对待灵魂，其次是一种科学，因为它害怕和仇恨不顾逻辑的概括，第三是某种独特的东西，因为它要求有意识和逻辑上正确的行为。这给科学和伦理生活带来了困难。

科学和智慧的冲突。古希腊哲学家的例子。

三

（1）这些早期希腊人眼中的世界是一副什么样子？

（2）他们是如何对待那些非哲学家的？

（3）他们是什么样的人至关重要：我之所以考察他们的教导，是为了揭示他们是什么样的人。

（4）他们的著作反映了科学和智慧的冲突。

（5）讽刺性的补足句："全都是假的。"人如何抱着一缕光线不放？

也可以用一种讽刺和悲伤的方式讲述这个故事。总之,我希望避免使用平淡和一本正经的腔调。

在一个真理就要临近的时刻,苏格拉底把一切都搞乱了:这是特别具有讽刺意义的。

给一切事物都涂上一层神话色彩带来了无限的动荡不定性。人们渴望更稳定的东西。

神话的光芒所到之处,希腊人的生活就被照亮了,否则他们就生活在黑暗之中。哲学家现在丢掉了神话,他们该如何忍受这种黑暗？

希望自立者要终极知识哲学。其他人则要缓慢增长的科学。

或者不如说,需要的是相信自己拥有这种终极知识。早期希腊人对自己所拥有知识的那种确信不疑永远不会再有了。然而,他们当时却没有遇到怀疑的困难和危险。他们对自己具有一种顽强的信念,这种信念使他们胜过了他们的邻人和前人。拥有真理的喜悦是空前绝后的,而粗暴、狂妄和专制也是登峰造极的。每个希腊人就其私人愿望而言都是一个暴君,而一般来说任何能够成为一个暴君的人都成了一个暴君——从梭伦的诗来看,他也许是一个例外。

其实自立也只是表面上的:每个人说到底还是与他的前人不可分的。幽灵连着幽灵。如此严肃地对待一切是很奇怪的。

整个古代哲学都是理性的迷宫幽径,梦和神话故事是它的关键。

亚里士多德的美学判断。反对恩培多克勒。关于悲剧。狄摩西尼。修昔底德。造型艺术。音乐。

四

希腊的音乐和哲学是并肩发展起来的。它们都是希腊性的证明,因而是可以互相比较的。当然,我们只是在音乐溶入抒情诗后才了解到它的。

恩培多克勒——悲剧。神圣的独唱歌。

赫拉克利特——阿尔基洛科斯①。色诺芬是快活的。

德谟克利特——阿那克里翁。②

毕达哥拉斯——品达。③

阿那克萨戈拉——西摩尼德斯。④

关于人的一切比较都是错误的和无意义的。

与希腊生活相比,哲学是下界的幽灵。它们反映希腊生活,然而却是隔着一层烟云。

我们必须在这种人消失之处驻足,直到某个诗人把他们再创造出来。我们在此必须不失景仰之心。

对于我们来说,这种人弥足珍贵,我们不能和他们失之交臂。即使我们把每一块碎片都翻检上一万遍,我们又能得到些什么呢?

五

希腊文化的开发至为重要,因为我们整个西方世界都从这里接受了最初的推动力。然而更晚近也更衰落的希腊文化却注定要

---

① 公元前8或7世纪的希腊抒情诗人,常被称为抑扬格诗的发明者。在《悲剧的诞生》第5部分,尼采把他当作第一个希腊抒情诗人。

② 公元前6世纪的希腊抒情诗人,先后在萨摩斯和雅典做过宫廷诗人。

③ 最杰出的希腊抒情诗人(约前522—前443),以写颂歌著称。

④ 希腊抒情诗人(约前556—前469),是希帕尔科斯身边的文学圈子的一员。西摩尼德斯广有诗名,影响很大,卓越的智慧受人称颂。

拥有最伟大的历史力量,而更古老的希腊文化就因此总是得不到公正的评价。我们必须时刻记住较晚的类型,以免把它们与更古老的类型混为一谈。

希腊人没有发现的许多可能性,现在仍然没有被发现。希腊人发现了的那些可能性,后来又被掩埋了①。

六

下述哲学家证明了希腊文化所包含的危险:

逃避思想的神话——与此对立的是冷静的抽象概念和严密的科学。德谟克利特。

贪图生活安逸——与此对立的是节制;毕达哥拉斯、恩培多克勒和阿那克西曼德的严格苦行主义。

战争和斗争中的残忍——与此对立的是恩培多克勒的祭品改革②。

谎言和欺诈——与此对立的是对真理的不计后果的热爱。

从众和过分交际——与此对立的是赫拉克利特的骄傲和孤独。

在这些哲学家身上,我们看到了一个文化的自我修复的生命力。

这个时代是如何死亡的?非自然地③。那么,腐败的种子从何而来?

最优秀分子的逃离世界是一场大灾难。从苏格拉底开始,个

---

① 这则笔记比较清楚地解释了尼采的全部前柏拉图哲学研究的急迫性。
② 在几处残篇中,恩培多克勒谈到了献祭改革,特别谴责了肉食和血祭。
③ 按照广泛流传于19世纪早期的一种观点,希腊历史和文化是"自然发展"的范例。

人全都一窝蜂地转而过分看重自己。

在雅典那里还要加上黑死病。

然后是波斯战争毁掉了他们。危险是深重的,胜利是压倒性的。

伟大的音乐抒情诗和哲学的死亡。

苏格拉底为瑟斯提斯报了仇:民族的丑八怪瑟斯提斯对潘泰斯莉亚之死言词不恭,伟大的阿基里斯一怒之下将他杀死。民族的丑八怪苏格拉底则杀死了伟大神话在希腊的权威。

七

早期希腊哲学是政治家的哲学。我们今天的政治家是多么可怜!这也是把前苏格拉底哲学同后苏格拉底哲学区别开来的最好标志。

后苏格拉底哲学的那种"可恶透顶的幸福要求"是前苏格拉底哲学所没有的。他们的灵魂的状态那时还没有成为一切关注的中心,因为人们不感到危险时是不会想到它的。阿波罗的"认识你自己"后来被误解了。

而且,这些早期希腊人很少饶舌和谩骂;他们也不会写起来没完。

衰弱了的希腊文化越来越罗马化、粗糙化和装饰化,并且作为一种文化装饰而被衰弱了的基督教引为同道,在未开化民族中大举传播。把希腊的东西与教士的东西结合起来的妙计终于得逞了。①

我希望把叔本华、瓦格纳和早期希腊精神结合起来:这将使

---

① 这种思想的进一步发展见《我们语言学家》。

我们瞥见一种伟大的文化。

早期哲学与后苏格拉底哲学的比较:

(1) 早期哲学是艺术的姊妹。她对于宇宙之谜的解答经常受到艺术的启发。音乐和造型艺术的精神。

(2) 早期哲学不是生活的其他部分的否定,而是从它们中间生长起来的奇妙的花朵,说出了它们的秘密。(理论和实践)

(3) 早期哲学既不是极端个人主义的,也不是幸福论的:它没有可恶透顶的幸福要求。

(4) 就是在他们的生活中,这些早期哲学家也比后来的哲学家更有智慧,而不是单纯的冷静、谨慎和正确。他们以一种丰富和复杂得多的方式描述生活,不像苏格拉底分子,只是简化事物和使它们庸俗化。

酒神颂歌的三部分历史:

(1) 阿里翁①的酒神颂歌。早期悲剧由此而来。

(2) 国家的竞赛酒神颂歌,与驯化了的悲剧平行。

(3) 狂欢性的模仿酒神颂歌。

对于希腊人来说,情况往往是这样:更早的形式同时也是更高级的形式,例如酒神颂歌和悲剧。对于所有风格的鉴赏态度是希腊人的危险之所在。苏格拉底开始了对生活的艺术鉴赏。苏格拉底,更新的酒神颂歌,更新的悲剧,修辞学者的发明。

修辞学者,晚期希腊时代的特产!他们发明了"形式本身"(和描述它的哲学家)。

柏拉图为什么激烈反对修辞学?他嫉妒它的影响。

---

① 公元前7世纪的一个带有传奇色彩的诗人。一般认为他发明了酒神颂歌。

早期希腊文化通过其哲学家的一代代传承显示了它的力量。苏格拉底结束了这种显示，他想要自立为王和抛开一切传统。

我的总任务：表明生活、哲学和艺术之间如何能有一种更深刻的和意气相投的关系，以使哲学不再是可有可无的，而哲学家的生活也不再是虚妄不实的。

古代哲学家在随心所欲地生活的同时，又能够不因此而成为傻瓜和玩味者，这是非常了不起的。个人的自由大得惊人。

"实践生活"和"沉思生活"的虚假对立是某种亚洲式的东西。希腊人对这个问题理解得更好一些。

八

这些早期哲学家可以说是一些觉得希腊气氛和风俗是一种限制和障碍的人，因而也可以说是一些自我解放的人（赫拉克利特反对荷马和赫西俄德；毕达哥拉斯反对世俗化；他们全都是，特别是德谟克利特反对神话）。与希腊的艺术家相比——的确，甚至与希腊的政治家相比，这些哲学家在本性中缺少某些东西。

我认为他们是希腊的一次改革的先声，但却不是苏格拉底的先声。相反，他们的改革从未发生，毕达哥拉斯仍然还是一个宗派中人。改革的精神由于一个单一的事件——悲剧的发展——而停滞不前了。恩培多克勒是不成功的改革者，在他失败之后，剩下的就只有苏格拉底了。因此，亚里士多德对恩培多克勒的敌意就很好理解了。

恩培多克勒——共和国——改变生活——民众改革——在伟大的希腊节庆的帮助下进行。

悲剧同样也是手段。品达？

他们没有找到他们的哲学家和改革家。比较被苏格拉底改变了的柏拉图。对柏拉图的非苏格拉底描述：悲剧——关于爱的深刻见解——没有狂热自制。当他们被拦腰打断时，希腊人显然正处在一个发现一种比以前任何类型的人都高级的人的关头。希腊的悲剧时代：这就是问题之所在①。

（1）希腊人的危险和堕落图。
（2）相反的悲剧趋势图。神话的新解释。
（3）走向改革者的第一步。获得一种世界观的努力。
（4）苏格拉底是关键人物。柏拉图是被改变的。

九

米姆奈尔摩斯②作品中的激情：对旧事物的恨。

品达的深深的忧郁：只有当光线从上面落下时，人类的生活才被照亮了。

悲剧中的可悲因素是试图在苦难的基础上理解世界。

泰勒斯——非神话性。

阿那克西曼德——用道德术语罪和罚解释自然灭绝和发生。

赫拉克利特——世界的规律性和正义。

巴门尼德——这个世界后面的其他世界；作为问题的这个世界。

阿那克萨戈拉——宇宙的创造者。

恩培多克勒——盲目的爱和盲目的恨；这个世界上最合理事物中的深刻的非理性。

德谟克利特——世界根本就没有什么理性和本能冲动；它全

---

① 在《快乐的科学》中，尼采对于改革之未能发生提出了一种非常不同和更为肯定性的解释，认为这反映了希腊文明的成熟和健康：它能接纳任何新信仰。

② 公元前7世纪的希腊挽歌诗人，常写生命的宝贵和旧时代的恐怖。

由碰撞而成。一切神和神话都是多余的。

苏格拉底——对我来说，除了我自己以外没有什么是重要的。对于自己的焦虑变成了哲学的中心。

柏拉图试图理解一切和成为救赎者。

应该用我描述赫拉克利特的方式①描述这些人：与历史的东西纠缠在一起。

渐进是这个世界的主人。希腊人进步神速，但他们衰落起来也快得惊人。在希腊精神的最高峰过去之后，希腊在一夜之间就衰落了。仅仅一次挫折就足以使伟大的生活方式不能为继了：它像悲剧一样戛然而止。像苏格拉底那样强大的怪物，只要有一个，就会造成不可弥补的损坏。苏格拉底完成了希腊的自我毁灭。我认为，他是一个雕刻匠的儿子这件事是有象征意义的。

如果有朝一日造型艺术也能开口说话，我们就会认为它们无足轻重，而在苏格拉底这个雕刻匠之子的眼中，它们已经开始无足轻重了。

十

人在中世纪里变得更为聪明了。按照两个标准进行评价，良心的诡辩和经文的阐释都是造成这种变化的原因。这样一种在某种教阶组织和神学的压力下，磨砺心灵的方法是古代所没有的。相反，面对巨大的思想自由，希腊人变得轻信而浅薄，愿意相信什么就相信什么，不愿意相信什么就不相信什么。由于这个原因，他们对于高度磨炼的敏锐还有现代所喜爱的种种巧智没有好感。希腊人不是很聪明，所以苏格拉底的反讽才会在他们中间轰动一时。

---

① 似乎显然是指尼采3年前在《论真理感》中对赫拉克利特所作的描述。

就此而言,我常常觉得柏拉图有些笨拙。

恩培多克勒和赫拉克利特使希腊人踏上了正确估价人类存在的非理性和痛苦的大道,但是由于苏格拉底,他们从未到达这一目标。对人的一种无偏见的看法是念念不忘"善""公正"这些吓人抽象概念的一切苏格拉底分子所无法理解的。我们应该阅读叔本华的著作,并在读完之后问问自己,为什么古人没有这种深刻而清晰的洞见?他们注定要缺少它吗?我不这样认为。事实上,只是由于苏格拉底,他们才丢掉了他们的朴素的客观性。他们的神话和悲剧远比柏拉图和亚里士多德的伦理学来得智慧,而与他们的早期诗人和政治家相比,他们的"斯多葛派和伊壁鸠鲁派"苍白无力。

苏格拉底的影响:

(1)他摧毁了伦理判断的朴素的客观性。

(2)消灭科学。

(3)没有艺术感。

(4)把个人从其历史联系中揪出。

(5)并促进了辩证的啰嗦和饶舌。

十一

我不再相信什么"希腊的自然发展"。他们天分太高,无法像石头或笨伯那样一步一步地渐进。波斯战争是民族的不幸;胜利冲昏了人们的头脑,坏的冲动纷纷出笼。个人和城邦都被统治全希腊的专制渴望迷住了。雅典人的统治使精神领域的许多力量都沉默下去了:只要想一下雅典在多长的时间里一直在哲学上无所作为就行了。品达要是生在雅典就不会写出他的那些诗。西曼尼德斯证明了这一点。恩培多克勒和赫拉克利特作为雅典人也是不可能的。几乎所有伟大的音乐家都是从其他城邦来的。雅典人的悲剧不是我们所能想象到的最高形式：这些悲剧中的英雄在品达式的世界中未免太不完美。总之，战斗恰恰必须在雅典和斯巴达之间展开，这是多么可怕！要想从根本上调停这场战斗是不可能的。雅典人的精神统治阻止了这种改革。我们确实应该想一下，在这种统治存在之前的情况是怎样的。它并不是不可避免的，波斯战争才第一次使其成为必要，也就是说，直到物质的和政治的强力表明了这种精神统治的必然性之后才成为必然的。例如，米利都更有天分。阿格立真坦也是如此。

希腊人就像为所欲为的暴君一样无法无天，漫无节制。"他伤风败俗，污辱妇女，杀人放火"。他们自己也感到害怕的专制的自由精神也同样是无拘无束的。对国王的仇恨：民主思想方式的标志。我认为，如果恩培多克勒是位僭主的话，改革就有可能了。

柏拉图的哲学家为王的要求表达了一种一度言之有理的思想。他在实现概念的时间过去之后想到了概念。佩里安德？①

十二

没有僭主庇西特拉图，②也就不会有雅典的悲剧：虽然梭伦反对悲剧，但是对悲剧的爱好却在他之前已经被唤起了。庇西斯特拉想从这些伟大的悲怆中得到些什么？

梭伦对悲剧的反感：恢复对丧仪的限制，关于挽歌的禁令。他提到了米利都妇女的"悲狂"。

---

① 科林斯的僭主（前 625—前 585），尼采也许认为他是实现柏拉图的城邦梦想的人选。
② 雅典的政治家和梭伦的朋友，前 561—前 560 年为僭主，在被推翻后又于前 541 年重新成为僭主。他是艺术和文化的保护者。

根据传闻,使梭伦不悦的是作戏:雅典的无艺术性由此可见。

克里斯提尼①、佩里安德和庇西特拉图:作为大众娱乐的悲剧的推动者,狂悲之爱好的推动者。梭伦希望节制。

波斯战争带来了集中化趋势:斯巴达和雅典抓住了它们。然而,在城邦文化鼎盛的公元前776到前560年,这种趋势却是不存在的。我认为,如果没有波斯战争,他们就会想到通过精神改革达到统一了。毕达哥拉斯?

节庆和祭仪的结合是这个时期的大事,改革本来有可能由此开始。有了全希腊的悲剧的思想,一种无比丰富的力量就会发展起来。为什么尽管科林斯、西息温和雅典已经发展了悲剧艺术,这种改革却最终未能发生?

痛失最高的生活类型是人类所能承受的最大的损失。希腊人当时就经受了这种损失。在他们的理想和基督教理想之间存在着一种紧密的平行关系(用叔本华的话说:"那些优秀和高贵的人很快就明白了命运的这一教导,使自己灵活地适应它和利用它。他们认识到,在这个世界上确实能够找到命令但不是幸福,最终像彼特拉克一样说:'学习之外无幸福'。这种认识甚至会发展到这样一种程度,以致他们漫不经心地希望和努力,可以说仅仅是为了看上去为希望和努力才希望和努力,因为在他们的内心深处,他们指望的其实只是命令,这种指望使他们全身立刻散发出一种沉思和高贵的天才气氛。"与苏格拉底分子及其幸福追求比较)。

修昔底德笔下的雅典人和米利都人之间的可怕谈话!由于这种思想方式,由于怕这怕那,希腊文化的衰亡是不可避免的。例如,雅典人如是说:"谈到神的庇佑,我们没有什么好担心的,因为

---

① 西息温的僭主(约前600—前570)。

无论是我们对神的信念,还是我们对自己的信念,我们的愿望和行为都是完全符合人性的。"

路德:"愤怒和热情是我最好的劳作。不管我是打算构思和写作,还是打算祈祷和布道,我都必须怒火中烧。在愤怒时,我的血液流得更快,头脑变得更敏锐,一切倦怠的思想和诱惑都跑得无影无踪。"①

十三

对于那些以自我改进或认识为生活目标的人来说,无可置疑的是,一切都是恰到好处的。但是这只在一种有限的意义上才是真实的:只要看一下一个不得不从事最累人体力劳动的知识追求者或一个病魔缠身、备受折磨的自我进步追求者就可以明白这一点。我们可以说,看起来好像命中注定的东西,实际上只是个人创造的东西:他安排自己的生活,孜孜不倦地学习,像蜜蜂采蜜一样吸取知识。然而,一个民族面临的命运是一个全体的命运,这个全体不能像个人一样反思其存在和给其以目标。因此,民族的预定的观念乃是一个过分精细的心灵的虚构。没有什么比证明预定的缺乏更容易的了。例如,一个如日中天的时代突然被一场吞没一切的大雾拉下了帷幕。这里也和自然中一样,充满了种种不合理之处。就是在最不利的条件下,每个民族也还是可能多少做出一些令人想起他们的某些才能的东西。但是,一个民族要想做出它的最高成就,某些事变就不能发生。希腊人没有做出他们的最高成就。

如果没有波斯战争后的政治狂热,就是雅典人本来也会发展

---

① 根据 C.考达图斯记录的路德的"闲谈"。

得更高一些的。我们可以回想一下埃斯库罗斯,他出生在波斯战争以前的时期,对于他那个时代的雅典人不满意。

有利于伟大人物形成和发展的许多条件,在波斯战争后都被希腊城邦的不利形势抵消了。因此,天才的产生确实有赖于一个民族的命运。天才的性情常有,但所有必要的有利条件的同时存在千载难逢。

按照我的看法,希腊的这场改革会成为一片前所未有的出产天才的奇妙土壤。那将是何等壮丽。我们当时失去了一些有价值的东西。

希腊人的较高的伦理性可以从他们的简单性和整体性中看出来。由于让我们看到了一种单纯化的人,他们使我们像看到动物时一样欣喜。

哲学家力图理解他们的同胞仅仅是过日子的东西。通过解释他们自己的存在和理解它的危险,哲学家同时也就为他们的人民解释了他们的存在。

哲学家希望用新的世界描述代替现有的世界描述。

泰勒斯的城市联盟①:他看到了城邦的厄运,知道神话是城邦的基础。如果他摧毁了神话,那么他可能也就摧毁了城邦。泰勒斯是政治家,反对城邦的斗争。

赫拉克利特对波斯人的态度:他对希腊文化的危险和野蛮化的危险一清二楚。

阿那克西曼德是殖民地的创立者。

巴门尼德是立法者。

恩培多克勒:伺机社会改革的民主主义者。

---

① 根据希罗多德的叙述,泰勒斯曾建议建立一个城市联盟,见《历史》,Ⅰ。

语词是哲学家的诱惑者。他们在语言的网中挣扎。

个人在希腊拥有极大的权力：创立城市和确定法律。

科学探索自然过程，但它永远不会命令人。对于科学来说，既没有什么趣味、爱、快乐和痛苦，也无所谓上升和衰竭。人必须以某种方式解释因而评价他所过活和经验的东西。作为价值标准和尺度，宗教获得了它的权力。一个事件从神话的观点看就会呈现出不同的面貌。我们必须这样评论宗教解释：它们按照人类的理想衡量生活。

埃斯库罗斯无意义地生活和战斗。他来得太晚了。这正是希腊历史的悲剧之所在：伟大的人物像狄摩西尼来得太晚，无法拯救民族。

埃斯库罗斯守卫着希腊的一个精神高峰，这个高峰和他一同死去了。

现在所有人都赞赏乌龟主义，希腊人却跑得飞快。我们在历史中寻找的不是幸福的时代，而是为天才的产生提供了有利土壤的时代。波斯战争前的时代就是这样的时代。我们永远也不会完全了解这一时期。

（1）一个一个地分别考察这些哲学家。

（2）作为希腊文化的见证（他们的哲学是希腊性的尘世影子）。

（3）作为反对希腊文化危险的斗士。

（4）作为希腊历史上的不成功的改革者。

（5）作为苏格拉底、宗派和沉思生活的反对者，试图达到一种直到现在仍未获得的生活形式。

有些人戏剧性地度过一生，有些人史诗性地度过一生，还有人非艺术地和稀里糊涂地度过一生。只是由于波斯战争，希腊历史才有了一位"机器之神"。①

阿那克萨戈拉的奴斯也是一个机器假神。

达到一种大众文化。

最早的希腊精神和希腊精力的浪费！由此可以看出，人们必须学会更为审慎地生活。在希腊，精神的僭主几乎无一例外都死于非命，并且后继乏人，而像基督教那样的其他时代则抓住某一个伟大思想不放，直到穷尽它的所有可能性，以此来证明它们的力量。但是，对于希腊人来说，任何理想要获得这种支配地位都是非常困难的：那里的一切都互相为敌。直到现在为止确立起来的唯一的文化类型是城市文化。我们今天仍然生活在这种文化中。

城市文化。

世界文化。

大众文化：在希腊人那里它是多么虚弱，实际上只是雅典城市文化的一种退化形式。

十四

每个人早晚都要来到这样一个时刻，那时他将不胜惊奇地自顾自问："人究竟是如何活下来的？然而他确实活下来了！"在这样的时刻，他开始认识到，人具有一种创造力，这种创造力与他所赞叹的植物的创造力是相似的。植物具有顽强的生命力，百折不回，直到为自己争得一缕阳光和一片热土，在贫瘠的土地上创造出一个小小的乐园。在一个人对自己的生平的描述中，总是可以看到他因植物在继续生长的同时却又平添一分无所畏惧勇气而惊异的时刻。有些人的生平，例如那些思想家的生平，是高难的。有关这

---

① 原为一种使神在戏剧中出场的舞台装置。

类生平的任何描述都是应该仔细倾听的,从中可以对于生活的各种可能性有所了解。倾听这些可能性本身就会带来巨大的快乐和力量,因为它们照亮了后来者的生活。就像最伟大的环球航海者的航程一样,这些生平充满了智慧、冒险、绝望和希望。事实上,思想家的生平也可以说是一种环球航海者的生平:他们是生活中的最遥远和最危险的地区的环航者。这种生平的惊人之处在于,两种指向相反方向的敌对冲动在这种生平中可以说是被拉在一个轭下共同前进。渴望知识的冲动必定一次又一次地把住地扔在身后而进入陌生的世界冒险,而渴望生活的冲动必定一次又一次地摸回到一块相对安全的地方落脚。詹姆斯·库克①曾有三个月的时间用铅锤摸索着穿过一系列暗礁,有时危险之大几令他返回寻找避难地,哪怕是他不久前还认为是最危险的地区。两种冲动越有力,生活和知识之间的斗争就越激烈,它们也就越难留在同一个轭下共处。因此,随着生活变得越来越充实和繁荣,而知识变得越来越无厌足和更加贪婪地驱使人四处冒险,斗争就日益加剧,统一也越来越不可能了。

所以,回想起生活在波斯战争前几个世纪和波斯战争期间——也就是最强大和最美好的希腊时代——的那些一律不可思议的哲学家我从不厌倦,因为这种不可思议性吸引着我们,使我们急于知道他们是如何发现生活的那些可能性的;还因为这些思想家所发现的生活可能性都是美的生活可能性。在我看来,后来的希腊人忘掉了其中最美妙者,而直到今天又有谁能声称重新发现了它们?比较其他时代和民族的思想家与从泰勒斯到德谟克利特的这一批人物,或者确切地说,比较苏格拉底及所有希腊宗派后来

---

① 詹姆斯·库克(James Cook,1728—1779),英国航海家及探险家。

的领袖与那些古代希腊人,这就是我们在本书中想要做的,也希望其他人将来会做得更好。然而,我相信不管是谁看到这些希腊人,最后都会惊呼:"美哉斯人!"我在他们中间看不到教士嘴脸,半死不活者,形容枯槁的荒漠隐士,透过玫瑰色眼镜看世界的狂热者,神学骗子,郁郁寡欢、面无血色的学者(虽然所有这些种子都已存在,只需一阵阴风吹送就会开出白花)。我也看不到他们中有谁认为"灵魂的拯救"或"什么是幸福"是如此重要,以致他们因此把人和世界丢在了脑后。要是谁能重新发现"生活的这些可能性"该有多好!诗人和历史学家应该担负起这一任务,因为对我们来说,这些人是无价之宝,我们不能让他们溜掉。相反,不重新创造出他们的形象,并且一百次地把它们绘在墙上,我们就不该罢休,而当这样做了之后,我们肯定就欲罢不能了。因为我们这个时代,尽管发明泛滥,却仍然没有希腊人曾经作出过的那种发现;否则又该如何解释他们的神奇和我们的丑陋呢?如果当一种新的丰富的生活可能发现时,我们看见自然的无比欣喜的反应不是美还有什么是美呢?如果自然的自我不满和对于是否还真正理解引诱我们生活的艺术的怀疑不是丑还有什么是丑呢?

希腊哲学似乎是从一个古怪的观念开始的,主张水是万物的源泉和母体。人们可能会问自己:"郑重其事地思考这种荒诞的命题真的有什么意义吗?"是的,理由有三点:第一,因为它断言了有关事物起源的某些事情;第二,因为它是不借助形象和神话故事作出这种断言的;第三,因为这一命题包含了"一切是一"的思想,尽管只是处于一种萌芽状态。第一个理由还没有使泰勒斯脱离宗教和迷信;第二个理由则使他从中独立出来,并表明他是自然的第一个科学探索者;第三个理由使他可以被认为是第一个希腊哲学家。在泰勒斯那里,科学家第一次战胜了神话家,后来智慧之人又战胜了科学家。

泰勒斯如何能够弃绝神话？泰勒斯是政治家！这里一定是发生了什么事情。如果城邦是希腊意志的焦点，如果神话是城邦的基础，那么抛弃神话就意味着抛弃旧的城邦概念。现在我们知道泰勒斯曾提议建立一个城市联盟，只是未能实现：他中止了城邦的旧的神话概念。同时，他对于在神话的这种孤立性概念继续保持城市分立的情况下希腊所面临的巨大危险有一种预感。事实上，如果泰勒斯实现了他的城市联盟，希腊就会避免波斯战争，从而避免了雅典人的胜利和支配。所有早期哲学家都竭力改变城邦概念和建立一种泛希腊的思想方式。赫拉克利特甚至似乎拆掉了分开野蛮人和希腊人的障碍，以便创造更大的自由和扩展狭隘的观点。水和海洋对希腊人的意义。

泰勒斯：什么把他推向科学和智慧？最主要的是反对神话和建立在神话基础上的城邦的斗争：保存希腊性和避免波斯战争的唯一手段。所有哲学家都共有一种泛希腊的目标。

阿那克西曼德：反对神话，因为它是人民的迷魂汤，使他们变得浅薄，从而使希腊陷入危险。

赫拉克利特：反对神话，因为它分裂希腊人和使他们与野蛮人敌对。他设想了一种超希腊的世界秩序。

巴门尼德：对于作为一个骗局的世界的理论蔑视。反对整个神话世界观的幻想和无常的性质。他希望使人们不受政治激情的控制。立法者。

阿那克萨戈拉：世界是非理性的，然而有度和美。人就应该这样。他发现早期希腊人就是如此：埃斯库罗斯等。他的哲学是早期雅典的反映：为无需法律的人立法。

恩培多克勒：泛希腊改革家；一种科学的毕达哥拉斯式的生

活方式。新神话学。对于爱和恨这两种冲动的非理性的洞见。爱、民主、公有财产。与悲剧比较。

德谟克利特：世界是非理性的。它也不是有度的或美的，而只是必然的。任何神话因素的彻底清除。世界是可理解的。他喜欢城邦(而不是伊壁鸠鲁学园)。那是希腊生活的一种可能性。

苏格拉底：希腊人的悲剧速度。早期哲学家无声无息地消失了。生活的鉴赏：早期哲学家总像伊卡洛斯[①]一样思想。

希腊人从来就没有被超过：因为只有首先正确评价他们，才能谈得上超过他们。我们的评价对他们来说怎么能公正？我们只是错误地评价他们。

(田立年　译)

[①] 希腊神话中发明家代达罗斯的儿子，因插上蜡制的翅膀飞近太阳而死。——译注

人类的"改善者"[①]

一

对哲学家而言，我理解他应当是站在善恶的彼岸，作超越性的思想。我的这种观点是基于如此的思考：即道德仅是对一定现象的阐释，这其间存在诸多的误释。道德判断和宗教判断一样，属于一个无确定性的领域，实在的概念或幻想的概念很难作出区分，以致在此阶段上"真理"仅仅是指我们今日称为"想象"的东西。因此，根本不存在所谓道德事实。道德判断与宗教判断在这里存在一个共同的特点，即相信并不存在的实在。正是如此，道德的判断从未被人们认真地对待过，它始终在人们看来是包含着悖理的。但道德的判断作为征候学却有着它重要的价值：它（至少对有识之士来说）显示了文化和人的内心世界的珍贵实在，尽管这一实在中人们也许对自己不太"理解"。道德只是记号，只是征候学，一个人必须业已知道自己为何行动，才能从道德中获得益处。

二

举一个例子来说明。人们都想"改善"人，在任何的时代都有

[①] 选自《偶像的黄昏》。

这种情况。道德首先就是在这个意义上表达的。然而,在同一个词眼下其实隐藏着人们很不相同的倾向。对野蛮人的驯化被称为"改善",对一定人种的培育也被称为"改善"。一些动物学上的术语被用来表达这种情况——典型的是教士们所做的这种"改善",他们表现的是那样的无知,把人当作是在驯化一头野兽并称作对它是在进行"改善",这听来近乎一个玩笑。凡是了解驯兽场情况的人,都会怀疑动物在那里得到了"改善"。动物被改善得失去了本性,它们由于恐惧而情绪沮丧,疼痛、创伤、饥饿使它们变成了病兽。——教士所"改善"的驯化之人的情形与此毫无二致。在中世纪早期,教会事实上首先是一所驯兽场,教士们到处捕猎所谓的"金发野兽"的最美丽的标本,——例如高贵的日耳曼人。可是,在这之后,这样一个被"改善"了的、被带入修道院的日耳曼人看上去如何?像一幅人的漫画,像一个怪胎。他成了蹲在笼子里的"罪犯",他被关在许多十分可怕的观念之间……他虚弱地躺在那里,有病,对自己怀着恶意;充满对生命冲动的仇恨,充满对一切仍然强壮幸福的事物的猜忌。简言之,一个"基督徒"……用生理学的语言说,在与野兽斗争时,使它生病可以是削弱它的唯一手段。教会懂得这一点,它败坏人,它削弱人,——但它自命"改善"了人……

三

道德的改善还有另一种情形,即一定种族或类型的培育。这方面最重大的例子是印度道德,作为《摩奴法典》而具有宗教效力。其使命是同时培育四种种姓,即僧侣、武士、农商和仆役(首陀罗)。在这里,人当然不是被置身于驯兽场之中,而且进行这种培育工作的一定是具有理智的人,构想出这种培育的计划。在这里与《摩奴法典》相比,《新约》就显得十分的可怜了,它的气味也使人难忍!一个人从基督教的病房和牢狱的气氛转而步入这个更为健康、高贵、广阔的世界,不禁要深吸一口气。但是,《摩奴法典》所设计的这种制度也是可怕的,——这一回不是为了对付野兽,而是为了对付与高贵的人相对立的杂种的人、贱民,但使他们生病是让他们变得软弱无害的唯一办法,因为人数上他们是"多数"。也许没有比印度道德的这种防护的条规在情感上更使我们难以接受了。例如第三谕令"关于不洁的蔬菜"大蒜和洋葱,规定这是贱民食用的唯一的食物,神圣的经文中与此有关的是,禁止给贱民谷物或含有种子的水果,以及水和火。该谕令还规定贱民所必需的水不能从河流、泉源、水池中吸取,而只能取之于沼泽入口处或牲口踩出的坑穴。同时,他们被禁止洗衣物和洗澡,恩赐给他们的水只可用于解渴。最后,禁止首陀罗妇女帮助贱民产妇,也禁止贱民妇女生产时互相帮助……——同时为了防止可怕的瘟疫和丑恶的性病的流行,还规定所谓的"刀法",即规定男孩行割礼,女孩切除小阴唇。——摩奴自己说:"贱民是通奸、乱伦和犯罪的产物(——这是培育概念的必然结论)。他们仅以尸布为衣,以破罐为食具,以锈铁为饰物,仅以恶精灵为膜拜对象;他们必须不得安宁地到处漂泊。他们不准从左往右写字,不准用右手写字;使用右手和从左往右仅是为有德者和有种姓者保留的权利。"

四

我们在其中看到这些规定是富有教益的。这些规定充满了纯粹、完全本原的雅利安人性,——我们懂得了"纯粹血统"概念意味的是什么。另一方面,也明白了在这些民族中存在的对于"人性"或对贱民的仇恨所达到的那种永恒化的程度,它变成了宗教,变成了天才……从这个观念来看,《福音书》是头等文件;《以诺书》更是如此①。——基督教是源于犹太教的,当然也仅是这片土壤上的作物,它体现了对于培育、种族、特权的反动:——它是卓越的反雅利安宗教:基督教鼓吹一切雅利安价值的重估,贱民价值的胜利,穷人和卑贱者的福音,是一切被践踏者、不幸者、失败者、被淘汰者对于"种族"的总暴动,——是作为爱的宗教的不朽的贱民复仇……

五

培育的道德和驯化的道德在贯彻自身的方法上可以堪称完美。这其中所确立的一个最高命题就是,为了创造道德,人们必须有追求其自身绝对意志。人类"改善者"的心理学,是我探究得最长久的问题,并为所形成的可能的结论的沉重而感到不安。所谓 pia fraus②,一个小小的、本质上很朴素的事实,在这个问题上给了我第一个启发:pia fraus 是一切从事"改善"人类的哲学家、牧师们留给我们的遗产。他们都从不怀疑他们说谎的权利,无论是摩奴、柏拉图、孔子,还是犹太导师和基督教的导师。但他们的种种说法使我们可以得出如此的结论,即迄今用来使人类变得道德的一切手段归根到底都是不道德的。

(璐　夫　译)

---

① 《福音书》,《圣经·新约》的第一部分,包括《马太福音》《马可福音》《路迦福音》《约翰福音》四卷。《以诺书》:《旧约外传》的一种,借以诺之口讲述世界末日的异象和比喻。

② 拉丁文,尽职的欺骗。

德国人缺少什么[①]

一

如今德国人在精神方面很匮乏，但他们还沾沾自喜，自以为是……

我了解德国人，我可以向他们说一些真理。新德国[②]曾获得大量的遗传并习得的才干，以致它可以挥霍积聚的力量财富而长达一个时代。但这里并没有依靠它而占据统治地位的高级文化，更没有由此可以讲究的文化趣味，可以品赏的高贵的本能之"美"；却有较之任何欧洲国家所具备的更男子气的德行。这包括许多美好的勇气和自尊，交往和彼此承担义务时的许多信义，许多勤奋和毅力，——以及一种遗传的节制，这种节制与其说需要障碍不如说需要刺激。我补充一句：这里的人们仍然服从，不使人感到屈辱的服从……因为没有人蔑视他的对手……

人们看到，我这样说对德国人是公正的，我是出于自己的良心在讨论这个问题。但我所要提出的是如此的异议。获取权力其实是要付出昂贵的代价的：权力可以使人愚蠢……德国人——一度

[①] 选自《偶像的黄昏》。
[②] 指德意志帝国。

被称为思想家民族,如今他们究竟还思索吗?——德国人现在厌倦精神、猜疑精神,对于真正精神事物的任何严肃态度已被政治吞噬——"德国,德国高于一切"①,我担心,这已是德国哲学的末日……在国外有人问我:"德国有哲学家吗?德国有诗人吗?"我感到脸红,但以我即使在失望时也具有的勇气回答:"有的,俾斯麦!"——但今天的人们真实的情况并非如此,我们并没有必要掩饰这种情况。

二

多少人讨论过德国精神的问题!但将近有一千年的发展,这个民族却纵容自己而变得愚蠢了,欧洲两大麻醉剂——酒精和基督教——没有一个地方像在这里这样罪恶地被滥用。最近竟然又添加了第三样,这就是德国音乐,我们这种被噎且又噎人的德国音乐,正在扼杀民族精神所具有的一切精致勇敢的敏捷性,——在德国智力中有多少令人沮丧的笨重、拖沓、潮湿、睡衣,有多少啤酒!献身于最高精神目标的青年男子竟然缺乏精神性的第一本能,精神的自我保存本能——并且大饮其啤酒,这是多么的可怕!……博学青年的酗酒也许并没有给他们的博学打上问号,因为甚至一个大学者也可能没有精神,但是在别的一切方面都打上了问号。——其实我们在那里看不到啤酒给精神所造成的慢性的堕落!在一个如今已经众所周知的事例中,我曾提及这样的堕落的案例,我们德国一位自由思想家聪明的大卫·施特劳斯,他变成了酒座福音和"新信仰"的作者……他在诗中向"褐色的美人"竟然发的如此的誓愿——愿为他的"褐色

---

① 第二帝国时期德国国歌中的一句歌词。

的美人"献身……

三

我说过德国精神变得粗鄙、浅薄了。但这样够了吗？——透彻地说，精神在德国已变得是面目全非的东西，在精神事物中，那种德国的严肃、德国的深刻、德国的热情正在每况愈下。不但知性，而且激情也在发生变化。——我在各地接触的德国大学的学者中盛行的风气，可以说其精神充满的是自满、冷漠、缺乏创新性！倘若有人举出德国在科学上所获得的成就反对我，那实在是一大误解——并且还证明他不曾读过我的一个字。十七年来，我不知疲倦地揭露我们当代科学追求的非精神化的影响。禀赋更完满、更丰富、更深刻的天性找不到相应的教育和教育者，其首要原因就是，科学的巨大范围今日强加于每一个人的严酷的奴隶状态。我们的文化之苦于虚无，更甚于苦于自负的一孔之见者和片断人性的过剩；我们的大学已变成人的精神本能退化的地道工场。而整个欧洲业也已具有一个观念——伟大的政治不欺骗任何人……德国愈益被视为欧洲的一个浅薄的国家——我到处在寻找一个德国人，这个德国人我可以按照我的方式严肃一下，——更急切地寻找一个德国人，与他一起我可以快活一下！但，偶像的黄昏！如今谁能领悟一位隐士所发出的呼喊，这位隐士正以一种怎样的严肃态度在这里休养，他等待着！快活是什么，其实，快活是我们身上所最不可理解的……

四

我们不但要看到德国文化的衰落，还要分析其衰落的原因。任何人在作花费的时候，总以它的现状为基础，民族也是如此。一个人把自己的理解、认真、意志、自我超越的能量（他就是这种能量），过于花费在权力、大政治、经济、世界贸易、议会、军事利益上，那么，他在其他方面就必有缺陷。文化和国家——在这一点上我们不要欺骗自己——两者其实是矛盾的："文化国家"纯属现代观念。两者互相分离，往往是靠牺牲对方而使自己得到生长。一切伟大的文化时代都是非政治的，甚至是反政治的。——歌德的心灵为拿破仑现象打开，却对"解放战争"关闭……正当德国作为巨大力量兴起之时，法国获得了一种不同的重要性是靠了文化力量。在今天，精神的许多新的严肃、许多新的热情已经迁往巴黎；例如，悲观主义问题，瓦格纳问题，几乎所有的心理学问题和艺术问题，在那里比在德国得到更加精微透彻的研究，——而德国人却无能于这种研究。——在欧洲文化史上，"帝国"的兴起首先意味着一件事：重心的转移。无论何处，人们都已经知道：在主要的事情（这始终是文化）上，德国人不再值得一提。人们问道：你们可要为欧洲提供哪怕一个够格的思想家，就像你们的歌德、你们的黑格尔、你们的亨利希·海涅、你们的叔本华那样？——这实在令人惊讶不已，不再有一个德国哲学家了。

五

整个德国高等教育已丢失了所主要的东西，其目的以及达到目的的手段，人们忘记了教育、文化本身（而不是"帝国"）就是目的，忘记了达到这个目的所需要的教育家（而不是文科中学教师和大学学者）……亟须自我教育的教育家，有卓越、高贵的灵魂，每时每刻以身教言教来体现文化的真谛或品质，——而不是今日文科中学和大学作为"高级保姆"提供给青年的那种博学庸人。除了极少数例外，由于缺少教育家，教育的这个第一前提：德国文化的衰落由此而来。——我的可尊敬的朋友、巴塞尔的雅可布·布克哈特①是极少数例外之一,巴塞尔在人性方面的优越首先归功于他。——德国"高等学校"事实上所做的是一种残忍的训练,以求花费尽可能少的时间使无数青年男子适宜于并彻底适宜于为国家效劳。"高等教育"和"无数",两者从一开始就是彼此矛盾的。一切伟大事物、一切美丽事物从来不是公共财产:Pulch—rum estpaucorum hominu-m②。一切高等教育仅仅属于例外者,一个人必须是特许的,才有权享有如此高级的特权。——什么造成了德国文化的衰落?"高等教育"不再是一种特权——"普及的"、通俗化的教育之民主主义……不要忘记,军事特权死板地强求高等学校过高的入学率,而这就意味着高等学校的衰落。——在今日德国,我们的"高等学校",包括其教师、课程、教育目标,全都安排好了一种最暧昧的中庸,任何人都不再能够自由地给他的孩子以一种高贵的教育。到处盛行着一种无礼的匆忙,倘若二十三岁的青年人还没有"做好准备",还不知道"主要问题"——从事什么职业?——的答案,便好像会耽误什么似的。——请允许我说,一种更高类型的人不喜欢职业,正是因为他懂得召唤自己……他拥有时间,他支配时间,他完全不去考虑"做好准备"的问题,——在高级文化的意义上,一个人三十岁时还是一个孩子,一个起跑者。——我们的拥挤的文科中学,我们的被造就得极其愚钝的众多文科中学教师,这是一个令人深思的现象。有人还要试图维护这种状态,也许有其原因,如海德堡的教授们最近之所为,但绝对是没有理由的。

---

① Jokob Burckhardt(1818—1897),瑞士文化史学家,尼采的好友。
② 拉丁文,美属于少数人。

六

我的本性是趋向于肯定的,所作出的反对和批判仅是间接的、不情愿。为了不失我的本性,我要提出三项任务,即我们必须学习看,必须学习想,必须学习说和写:三者的目的在于创设一种高贵的文化。

学习看,就是学习使眼睛习惯于宁静、忍耐、让事物靠近自己;学习从各个角度观察把握个别事例,不急于作判断。对一个刺激不立刻作出反应,而是具备一种阻碍、隔离的本能,这是走向精神性的第一个预备教育。学习看,按照我的理解,接近于非哲学学术语称之为坚强意志的东西,其本质的东西恰好不是"愿意",而是能够作出决定。一切非精神性、一切鄙俗性都基于无能抵抗一种刺激——他势必作出反应,他顺从每个冲动。在许多场合,这样一种"势必"已经是病态、衰落、枯竭的征兆,——几乎被非哲学的粗略用语名之为"罪恶"的一切,都纯属这种生理上无能不作出反应。——学会看有一种收益:作为学习者,一个人将会变得迟缓、猜疑、抵触。最后,他将带着一种敌意的平静听任每种陌生、新奇的事物靠近他,——他将对它们袖手旁观。洞开一切大门,猥亵地沉溺于每件琐屑的事情,随时投身、冲入他人怀抱和他物之中,简言之,著名的现代"客观性",是一种恶劣的趣味,是典型的卑贱。

七

学会想:在我们的学校里不再有这个概念。甚至在大学里,在真正的哲学学者之中,人们已不习惯于理论的或思维的逻辑实践活动。人们阅读德国书籍,不再依稀记起思考需要一种技术,一种教程,一种获得技巧的意志,——不再依稀记起思考是一种舞蹈,要学会思考就像要学会跳舞一样……在德国人中,谁还体验得到精神的轻捷的足带给全身肌肉的那种微妙的战栗! ——神态的僵硬呆板,动作的笨拙,已经成为德国人的特征,以致在国外人们完全把这看作德国人的天性。德国人没有触摸 nuance① 的手指……德国人虽产生了像康德那样的思想家,但这作为历史并不能表明其当代人具有这样的优雅。——因为现在的教育已没有这种能力创造出如此各种形式的舞蹈,用足、概念、文字跳舞的才能;是否还要我来说,一个人也必须能够用笔跳舞,一个人必须学习写? 而在这方面,对于德国读者来说,我恐怕却是一个谜……

(璐　夫　译)

---

① 法文,细微差别。

作为反自然的道德[①]

一

激情是人在特定条件时所做出的反应,当时这种激情也许具有致命性,人们以释放愚昧的重负来企图把对手打倒——后来过了很久,人们的激情开始与精神联姻,使自己得以"升华"。从前,人们由于对激情的无知而主张向激情宣战,并宣誓要将其灭绝,——一切古老的道德圣人都主张"要扼杀激情的",这方面的最著名的公式见之于《新约》的山顶垂训,顺便说说,在那里,全然不是从高处看事物的。例如,那里在应用于性的问题时说:"如果你的眼睛恶意逗弄你,就挖掉它。"幸亏没有一个基督徒照这样去做。灭绝激情和欲望,声称是为了预防人们做愚蠢的事以及由于这种愚蠢而带来不快的后果,但在我们今天看来,这本身就是在做一种极端愚蠢的事。我们不再赞美那样的牙医,他用拔掉牙齿的办法来治牙痛……另一方面,很显然,在基督赖以生长的基础之上,"激情的升华"这个观念完全不可能形成。众所周知,最早的教会反对"才智之士"以维护"精神的贫困":怎么可以期望它打一场反对激情的理智之战?——当时的人们所可能做的只会用不折不扣切除的方法来克服激情:所

[①] 选自《偶像的黄昏》。

谓的策略或"治疗"就是阉割。它从来不问:"怎样使欲望升华、美化、圣化?"——它在任何时代都把重点放在根除(感性、骄傲、支配欲、占有欲、复仇欲)上——但是,从根上摧残激情就意味着从根上摧残生命:教会的实践是要与人的生命为敌……

二

用同样的手段即切除、根除,也被一些人用来与人的欲望作斗争,人们的意志是那样的软弱无力,不能自立掌控;于是他们就需要修炼,用譬喻来说(未必是譬喻),需要某种自我否定的力量,在自己和激情之间设一条鸿沟。过激手段仅为衰退者所必需;意志的乏弱,确切地说,不敢对一种刺激去作反应,本身是意志衰退的另一种形式。对感性怀着激烈的、殊死的敌意,始终是值得我们所怀疑的,藉此可以推测这位好走极端的人的总体状态。——此外,当这类天性不再坚强得足以经受激烈的治疗、驱走身上的"魔鬼"之时,这种敌意和仇恨才登峰造极。不妨回顾一下教士、哲学家以及艺术家的全部历史:反对感官的最恶毒的话并非出自阳痿者之口,亦非出自禁欲者之口,而是出自无能禁欲者、必须禁欲者之口……

三

爱是感性升华的表现,它是对基督精神的反叛,同时,也是对人生命价值作出肯定。这是可以深深地领悟的有价值的东西,这样我们的行动和推论就一反从前之行动和推论。教会在一切时代都想消灭它的敌人;我们这些非道德主义者和反基督徒者却以为,我们的利益就在于有教会存在……使得我们的主张可以得到升华,——这样做是很明智的,也是很审慎和宽容的行为。几乎每个政党都明白,为了保存自己,反对党应当有相当力量;这一点适用于大政治。特别是一个新的创造物,譬如说新的国家,需要敌人甚于需要朋友:在对立中它才感到自己是必要的,在对立中它才成为必要的……我们对待"内心的敌人"并无不同,在这里我们也使敌意升华,在这里人们也领悟其价值。一个人只有充满矛盾才会多产;只有灵魂不疲沓、不贪图安逸,才能永葆青春……没有什么比从前那种但求"灵魂宁静"的愿望、那种基督徒式的愿望与我们更加格格不入的了;没有什么比道德的母牛和良心安宁的肥腻福气更不叫我们眼红的了。谁放弃战斗,他就是放弃了伟大的生活……在许多场合,"灵魂宁静"可以是一种误解,——是不会诚实地给自己命名的别的东西。不绕弯子、不带偏见地说,有这样一些情形,譬如说,"灵魂宁静"可以是一种丰盈的动物向道德(或宗教)领域的温柔发泄。也可以是疲惫的开始,是傍晚、形形色色的傍晚投下的第一道阴影。也可以是空气湿润、南风和煦的标记。也可以是不自觉地为消化良好而心怀感谢(有时美其名曰"博爱")。也可以是一个病愈者的沉静,他重新品味万物,心情期待……也可以是跟随在我们占支配地位的激情的一次强烈满足之后出现的状态,一次罕有的饱足的舒适感。也可以是我们的意志、我们的嗜欲、我们的罪恶的衰老。也可以是一个懒惰由于虚荣心的引诱而去披了一件道德的装饰。也可以是一个人在长期紧张和折磨之后变得模糊不清,却突然出现的一种明确状态,哪怕是可怕的明确状态。也可以是行动、创造劳作、意愿之成熟和熟练的表现,是平静的呼吸,是已经达到的"意志的自由"……偶像的黄昏。谁知道呢?或许它也只是一种"灵魂的宁静"……

四

但原则是重要的。道德要表达一种自然主义的态度,也就是应当认识到健康的道德,应充分地肯定生命本能的支配价值。——生命的任何要求都用"应该"和"不应该"的一定规范来贯彻,生命道路上的任何障碍和敌对事物都藉此来清除。相反,反自然的道德,也就是几乎每一种迄今为止被倡导、推崇、鼓吹的道德,都是反对生命本能的,它们是对生命本能的隐蔽的或公开的、肆无忌惮的谴责。而且,它们声称"上帝洞察人心",它们否定生命的最深最高的欲望,把上帝当作至高无上的,是反生命的价值的……于是道德家们成为了给上帝逗乐的圣人……"上帝的疆域"在哪里开始,生命便在哪里结束……

五

假如一个人领悟了对于生命的这样一种反对(这种反对在基督教道德中已经变得近乎神圣不可侵犯了)的亵渎之处,那么,他因此也就幸运地领悟了一些别的东西,即领悟了这样一种反对的无用、虚假、荒谬、骗人之处。活着的人对于生命的谴责归根到底反映出生命的力量所在,至于是否有道理这是可以从另外的角度来说明的。一个人必须在生命之外有一个立足点,用不同的方式,如同已经活过的一个人、许多人、一切人那样去了解生命,方能真正触及生命的价值问题。有足够的理由表明,这个问题是我们不可企及的问题。当我们谈论价值,我们是在生命的鼓舞之下、在生命的光学之下谈论的;生命本身迫使我们建立价值;当我们建立价值,生命本身通过我们评价……由此可知,把上帝当作生命的对立概念和对生命的谴责的那种道德上的反自然,也还是生命的一个价值判断——什么生命?什么种类的生命?道德,如它迄今被理解的,如它最近仍被叔本华规定为"生命意志的否定"的,是把自己做成一个绝对命令的颓废的本能本身,它说:"毁灭!"——它是受谴责者的判断……

六

最后,我们再作一番思考,比如说规定人应当是如此这般的论断,把人当作那种可怜虫似的伪君子,他在墙上画了幅自画像,说道:"瞧,这个人。"其实说这种话的人是很天真的。现实向我们显示了人具有的令人愉快的丰富类型,但道德家却持一孔之见说:"不!人应该是别种样子的。"……他甚至知道人应该是怎样的,这个……然而,即使道德家只是向着某一个人说:"你应当是如此这般的!"他也依然把自己弄得很可笑。个人是发展的一个片断,承前启后,对于一切既往和将来的事物是一个法则,一个必然性。对他说"改变你自己"就意味着要求一切事物都改变。甚至是朝后改变……然而确实有一些彻底的道德家,他们要人变成另一种样子,即变得有道德,他们要人仿效他们的榜样,即成为伪君子,为此他们否定这个世界!这是一种渺小的疯狂!是一种极端的无礼!……道德倘若不是从生命的利益出发,而是从本身出发进行谴责,它便是一种特别的谬误,对之我们根本就不同情,我们认定这是一种蜕化的特性,已酿成无穷的祸害!……我们另一种人,我们非道德主义者,相反为一切种类的理解、领悟、准许敞开了我们的心灵。我们不轻易否定,我们引以为荣的是做肯定者。我们愈来愈欣赏那种经济学,它需要并且善于利用被教士的神圣愚昧和病态理性所抛弃的一切,欣赏那种生命法则之中的经济学,它从伪君子、教士、有德者等丑类身上获取其利益,——什么利益?——但我们本身,我们非道德主义者,就是这里的答案……

(璐 夫 译)

"善与恶""好与坏"[①]

一

我们应当归功于这些英国心理学家的还有初探道德发生史的尝试,可惜他们并没有就此提出任何疑点。我承认,他们本身就是个疑点,他们甚至在写书之前就把一些基本观点提出来了——他们本身就很有意思!这些英国心理学家们到底想要做什么?人们发现他们总是在有意或无意地做着同一件事:就是把我们内心世界中的龌龊部分暴露出来,从中寻找积极的、先进的、于人类发展有决定作用的因素,而这是些人类智慧的尊严最不愿意看到的部位,他们就是在这些习惯势力中,在健忘中,在盲目和偶然的思想网络和思想机制中,在任何一种纯粹被动的、机械的、反射性的、微不足道的和本质上是愚蠢的部位找寻积极的因素。到底是什么东西使得这些心理学家总是朝着这一个方向努力?是否是一种隐秘的、恶毒的、低级的、连他们自己都不愿意承认的贬低人类的本能?是否是一种悲观主义的猜忌,一种对失意的、干瘪的、逐渐变得刻毒而幼稚的理想主义的怀疑?是否是对于基督教(和柏拉图)的一种渺小的、隐秘的、从未跨过意识门槛的愤怒和积怨?抑或是对于

[①] 选自《论道德的谱系》。

稀奇的事物、对于令人头疼的反论、对于存在本身的可疑点和荒唐处的一种贪婪的嗜好？当然，也可能是一种混合，其中含有少许卑劣、少许忧郁、少许反基督教、少许快感、少许对调味品的需求？……可是有人告诉我说，这不过是些冷血的、乏味的老青蛙，它们在人的周围爬行跳跃，好像是在它们自己的天地中：在一个泥塘中一样。我很不愿意听到这些，而且我不相信这些。假如允许人在不知情的情况下表达一个愿望的话，那么我真心地希望这些人能够是另外一副样子，希望这些灵魂的研究者们和显微观察者们能够是基本上勇敢的、高尚的、自豪的动物，能够知道如何控制他们的情感，并且训练他们自己为真理牺牲所有的欲望——为任何一种真理，哪怕是朴素的、辛辣的、丑陋的、令人不快的、非基督教的、非道德的真理，因为这种真理确实存在着。

二

那么就向那些想支配这些道德史学家的好人们致敬吧！可惜的是，历史精神本身肯定会背弃这些道德史学家，恰恰是历史上的全体好人自己弃他们于艰难境地！他们全体都遵循已经陈旧的哲学家习俗，基本上不用历史的方法思维，这点是没有疑问的。他们撰写的道德谱系从一开始着手调查"好"的观念和判断的起源时就立刻暴露了其拙劣。他们宣称："最初，不自私的行为受到这些行为的对象们，也就是这些行为的得益者们的赞许，并且被称之为好；后来这种赞许的起源被遗忘了，不自私的行为于是习惯地被当作好的来称赞，因此也就干脆被当作好的来感受——似乎它们自身就是什么好的一样。"我们立刻发现，在这第一段引言中已经包含了英国心理学家的特异性的全部典型特征。我们已经看到了"有益""遗忘""习惯"，最后还有错误，所有这些都被当成了受人尊敬的依据,迄今为止比较高贵的人们甚至引以为自豪,就像引一种人类的艺术特权为自豪一样。这种自豪应当受到羞辱,这种尊敬应当被贬值:目的达到了吗? ……我现在才看清了,这种理论是在错误的地方寻找和确定"好"的概念的起源:"好"的判断不是来源于那些得益于"善行"的人!其实它是起源于那些"好人"自己,也就是说那些高贵的、有力的、上层的、高尚的人们判定他们自己和他们的行为是好的,意即他们感觉并且确定他们自己和他们的行为是上等的,用以对立于所有低下的、卑贱的、平庸的和粗俗的。从这种保持距离的狂热中他们才取得了创造价值,并且给价值命名的权利:这和功利有什么关系!功利的观点对于维持最高等级秩序的热情、突出等级的价值判断的热情表达恰恰是如此陌生和极不适宜:此刻方才出现了那种卑微的热情的对立感觉,这种热情以每一种工于心计的精明、以每一种功利的算计为前提,——而且不止一次的,不是特殊情况,而是永久的。高尚和维持距离的狂热,就是我们说过的上等的、统治艺术的那种持久的、主导的整体和基本感觉,与一种低下的艺术、一个"下人"的关系——这就是"好"和"坏"对立的起源。(主人有赐名的权利,这意味着人们可以把语言的来源理解为统治者威权的表达:他们说,"这是什么,那是什么";他们用声音给每一物、每一事打下烙印,并且通过这种方法将其立即据为己有。)从这个起源出发——"好"这个词从一开始就根本没有必要和"不自私"的行为相关联:那是道德谱系学家们的偏见。事实上,只是在贵族的价值判断衰落的时候,"自私"和"不自私"的这种全面对立才越来越被强加于人的良知,——用我的话说,群体本能终于用言辞(而且用多数的言辞)得到了表述。此后还要经过很长的一段时间,这种本能才会在群众中变成主人,使对道德价值的评定形成,并且陷入上述那种对立(这就是目前欧洲的状况：如今占据着统治地位的是成见，成见正被看作是和"道德""不自私""公平"相等同的概念，而且已经具有一种"固定观念"和脑病特有的威力）。

三

可是第二：那种关于"好"的价值判断的起源的假说，除了在历史上是完全站不住脚的以外，在心理分析方面也是荒诞不经的。不自私的行为的功利被说成是该行为受到称赞的根源，而这个根源却被遗忘了——怎么可能遗忘呢？也许这种行为的功利曾在某时失效？情况恰恰相反，事实上这种功利在所有的时代都司空见惯，而且不断地得到重新强调；因此，功利不是从意识中消失了，不是被遗忘了，而是必然地越来越清晰地显现在意识中。这样一来，那种反对派理论倒是更为清晰合理了（那理论并不因此而更正确——）。例如赫伯特·斯宾塞就表述了这派理论：他认为"好"的概念就其本质来说与"有益""实用"相通，因此在"好"和"坏"的判断中，人类总结并确认的正是他们关于有益——实用和有害——不实用的那些未被遗忘和遗忘不掉的经验。根据这种理论，"好"即是那种迄今一直被证明是有益的；因此，好被看成"最高等级的有价值的"效用，被看成"自身有价值的"效用。正像我所说的，这种解释方法也是错误的，但是它本身至少是清晰合理的，而且从心理的角度上看，也是站得住脚的。

四

有个问题为我指出了通向正确道路的方向，这个问题的提出，本来是因为在词源学中出现了各种不同的表述"好"的词言文字：在这里我发现所有这些名称都把我们引回到同一个概念转化——

基本概念的等级含义往往是"高尚""高贵",由此又必然转化出含有"精神高尚""高贵"意思的"好",含有"精神崇高""精神特权"意思的"好";这一转化又总是伴随以另外那种转化,"普通的""粗俗的""低贱的"终于被转化成"坏"的概念,这后一种转化的最有力的例证就是德文字"坏"本身;"坏"("schlecht")字和"简朴"("schlicht")通用——请比较"直截了当"("schlechtweg",直译:"坏的方式"),"简直不堪"("schlechterdings",直译:"坏的事物")——因此"坏"这个字起初就是这样不屑一顾地径直把简朴的、普通的人置于高尚的对立面。大约到了三十年战争时期,也就是说到了很晚的时候,上述内容才转变为现在通用的意思。——这就为我的道德谱系的研究展示了一条重要的线索,它之所以这么晚才被找到,是因为在现代世界上,民主的偏见对所有追根溯源的工作施加了障碍性的影响,甚至连那个看来是最客观的自然科学和生理学领域也不例外,当然我在此只能是点出问题而已。那么这种偏见,一旦它燃起仇恨的烈焰,能给道德和历史造成什么样的特殊危害?这已由臭名昭著的布克尔事件表明了。起源于英国的现代精神的平民主义,在它的故乡的土地上再次爆发,激烈得有如一座喷发的火山,伴随着迄今为止所有的火山都发出的那种令人扫兴的、噪音过大的、粗野的、不容争辩的声音。

五

说到我们的问题,我们完全有理由称其为一种安静的问题,它只是有选择地针对少数几个听众。同样有趣的是我们发现,那些标志着"好"的词汇和词根至今仍然含有某种不同一般的东西,使高尚者据此感到他们才是上等人。他们固然经常根据他们对权力的考虑称呼自己(称为"强有力的人""主人""领主"),或者根据这种考虑的最明显的标志称呼自己,例如称为"有钱人""占有者"(这个意思取自阿瑞阿语,在伊朗语和斯拉夫语中也有类似的表达),不过这些高尚者也根据一种典型的特性称呼他们自己,这就是我们所要探讨的问题。例如他们称自己是"真实的":最先这样做的是希腊贵族,其代言人是诗人蒂奥哥尼斯。用来表达这个意思的词 esthlos 的词根意味着一个人只要是存在的、现实的、真切的,他就是真正的人;而后,经过一个主观的转变,真正就变成了真实:在概念转化的这个阶段,真实成了贵族的口头禅,而且彻底地包含在"贵族的"词义里,以示和被蒂奥哥尼斯认之为并描述为不诚实的下等人相区别——一直到贵族没落以后,该词才最终被保留下来用于标志精神贵族,与此同时该词也变熟、变甜了。在 kakos 和 deilois 这两个词中(agathos 的反义词:庶民)都强调了懦弱:这也许是一个提示,循此方向我们必须去寻找意思清楚得多的 agathos 的词源。拉丁文中的坏(malus)字可以用来指深肤色,特别是黑头发的人为粗俗的人,即在雅利安人以前居住在意大利土地上的居民,他们和成为统治者的黄头发雅利安征服者种族最明显的区别就是颜色;至少克尔特语为我提供了正好类似的情况——fin(例如 Fin-Qal 这个名词),就是用来标志贵族的,最后被用来标志好、高贵、纯洁、本原是黄头发,以此和肤色暗、头发黑的土著居民相对照。顺便说一下,凯尔特人纯粹是黄头发人种。有人(譬如维尔科夫)错把德国人种分布图上的那些暗色头发人种聚居地段同什么凯尔特人的后裔和血缘联系在一起。其实,在这些地段居住着的是雅利安以前的德国居民(在整个欧洲情况几乎相同,从根本上说,被征服的种族最终再一次占了上风,在肤色上,在缺乏头脑上,甚至在智识本能和社会本能上,有谁赞成我们如下的观点,难道不是时髦的民主,难道不是更为时髦的无政府主义,尤其是现在所有的欧洲社会主义者对于"公社"这种最原始的社会形式的共同偏爱，难道它们的主旨不像是一种惊人的尾声，象征着征服者和主人种族的雅利安人，甚至在生理上都处于劣势了吗？……）拉丁文字 bonus 我斗胆译为斗士；假如我可以将 bonrs 引溯到一个更为古老的词 duonus（请比较 bellum 和 duellum，以及 duenlum，在我看来，这中间好像保存了那个 duonus），那么 donus 就可以译成与人纷争的人、挑起争端的人（duo），斗士：我们看到，在古罗马是什么使一个人形成他的"善良"。我们德国人的"好"本身难道不是标志"神圣者""神圣种族"的人吗？而且这难道不是和哥特人的人民（起初是贵族）的名称相一致吗？在此不宜阐述这些猜测的原因。

六

　　政治优越观念总是引起一种精神优越观念，这一规则暂时尚未有例外（虽然有产生例外的机会），当最高等级是教士等级的时候，这一规则表现为教士们喜欢采用一种向人们提醒教士职能的称呼来作为他们的共同标志。譬如在这里我们第一次碰上了像"纯洁"和"不纯洁"这样的对立的等级观念，同样也是在这里后来产生了不再具有等级意义的"好"和"坏"的观念。但是人们应该当心，不要立刻把"纯洁"与"不纯洁"这种观念看得过重、太广，甚至看成象征性的：古人类的所有观念都应当从一开始就被理解为一堆我们几乎不能想象地粗糙的、笨拙的、浅薄的、狭窄的、直截了当的，特别是不具有代表性的东西，"纯洁的人"的最初的意思不过是洗澡的人，拒绝吃某种感染腹疾的食品的人，不和肮脏的下层妇女睡觉的人，厌恶流血的人——只此而已，岂有它哉！此外，当然，从以教士为主的贵族的全部行为可以看清楚，为什么恰恰是在这种早期阶段，价值的对立能够以一种危险的方式内向化、尖锐化。事实上,由于这种价值的对立在人与人之间最终扯开了一道鸿沟,就连精神自由的阿基利斯也难以毫不畏惧地逾越这道鸿沟。早在一开始就有某种有害的因素孕含在这种贵族气派中,孕含在这统治者的、疏远商贸的、部分是深思熟虑、部分是感情爆发的习惯中,其结果是各个时期的教士们都很快地、不可避免地感染上那种肠道疾病和神经衰弱,可是他们为自己找到了什么方法来医治他们这些疾病?——难道人们不能说这种医疗方法的最终结果已经显示比它要治愈的疾病本身还要危险百倍吗?人类自身仍然在受着那些教士们的医疗方式的后果的煎熬!让我们试想某种饮食方式(禁忌肉类),试想斋戒、节制性欲、"向沙漠"逃遁(维尔·米切尔式的孤立,当然不包括由此产生的强饲法和营养过度,那里包含了医治禁欲主义理想的所有歇斯底里发作的最有效的方法);再试想,教士们的全部敌视感官的和懒惰而诡诈的形而上学,他们依据苦行僧的和使用玻璃扣而且观念固执的婆罗门的方式实行的自我催眠术,以及对其根治术——虚无的、最后的、非常可以理解的普遍厌倦(或者对上帝的厌倦——渴望和上帝结成一种神秘联盟是佛教徒所渴望的虚无、涅槃——仅此而已!)。在教士们那儿一切都变得格外危险,不仅仅是医疗方式和治疗技术,而且还包括傲慢、报复、敏锐、放荡、爱情、权力追求、贞操、疾病——平心而论,无论如何还应当加上一句:只有在这块土地上,在这块对人类和教士的生存来说基本上是危险的土地上,人才能够发展成为一种有趣的动物,只有在这里,人的精神才更高深,同时也变得凶恶了——正是这两个原因使得人迄今为止优越于其他的动物。

七

读者已经可以猜测出,教士的价值方式可以多么轻易地脱离骑士——贵族的价值方式，而向其反面发展了。在每一次这种脱离发生时都有一个契机，都是发生在教士阶层和斗士阶层相互嫉妒、无法和解的时候。骑士——贵族的价值判断的前提是一个强有力的体魄，是一种焕发的、丰富的、奔放的健康，以及维持这种体魄和健康的条件：战斗、冒险、狩猎、跳舞、比赛等所有强壮的、自由的、愉快的行动。贵族化教士的价值方式，正像我们所看到的，具有其他的前提：战斗对他们来说是糟糕透了！正如我们所知，教士是最凶恶的敌人——为什么这么说？因为他们最无能。从无能中生长出来的仇恨既暴烈又可怕，既最富才智又最为阴毒。世界历史上最大的仇恨者总是教士，最富有才智的仇恨者也总是教士——在教士的报复智慧面前，其他所有的智慧都黯然失色。没有这种无能者提供的才智，人类历史将会过于乏味——让我们举个最重大的事例，在地球上，所有反对"高贵者""有力者""主人""权力拥有者"的行动都不能和犹太人在这方面的所为同日而语：犹太人，那个教士化的人民，深知只需彻底地重新评定他们的敌人和压迫者的价值，也就是说，以一种最富有才智的行动而使自己得到补偿。这正适合于教士化的人民，这个有着最深沉的教士化报复心理的人民。正是犹太人敢于坚持不懈地扭转贵族的价值观念（好＝高贵＝有力＝美丽＝幸福＝上帝宠儿），而且咬紧了充满深不可测的仇恨（无能的仇恨）的牙关声称："只有苦难者才是好人，只有贫穷者、无能者、卑贱者才是好人，只有忍受折磨者、遭受贫困者、病患者、丑陋者才是唯一善良的、唯一虔诚的，只有他们才能享受天国的幸福，——相反，你们这些永久凶恶的人、残酷的人、贪婪的人、不知足的人、不信神的人，你们也将遭受永久的不幸、诅咒，并且被判入地狱！"……我们知道，是谁继承了这种犹太人对价值的重新评价。一想起这可怕的、祸及全体大众的首创，这一由犹太人提出的所有战争挑战中最根本的挑战,我就记起我在另一场合(《善恶的彼岸》第118页)说过的话——即犹太人开始了道德上的奴隶起义:那起义已经有了两千年的历史,我们今天对此模糊不清,只是因为那起义取得了完全的成功……

八

——可是你们没有听懂?你们没有看到某种东西需要两千年的时间才能取得成功?……这没有什么奇怪的:所有长期性的发展都很难观察、很难判断。可这是个大事件:从那报复的树干中,从那犹太的仇恨中,从那地球上从未有过的最深刻、最极端的、能创造理想、转变价值的仇恨中生长出某种同样无与伦比的东西,一种新的爱,各种爱中最深刻、最极端的一种:——从其他哪根树干中能够长出这种爱?……但是也不要误以为这种爱是对那种报复渴望的否定,是作为犹太仇恨的对立面而萌发的!不是的!事实恰好相反!这种爱正是从那树干中长出来的,是它的树冠,是凯旋的、在最纯洁的亮度和阳光下逐渐逐渐地伸展开来的树冠。即使在光线和高度的王国里,这树冠也似乎以同样的渴求寻求着那仇恨的目的、胜利、战利品、诱惑,这种渴求使那种仇恨的根在所有的深渊中越扎越深,在所有的罪恶中越变越贪。拿撒勒斯的这位耶稣,爱的人格化福音,这位把祝福和胜利带给贫苦人、病患者、罪人的"救世主",——他难道不正是最阴险可怕、最难以抗拒的诱惑吗?这诱惑和迂回不正是导向那些犹太的价值和理想的再造吗?难道以色列不正是通过这位"救世主"的迂回,这位以色列表面上的仇敌和解救者来达到其精心策划的报复行动的最后目标的吗?这难道不算是报复的一种真正重大的策略所使用的秘密非法的艺术吗?这不是一种有远见的、隐蔽的、缓慢的和严密策划的报复吗？以色列本身不正是这样被迫当着整个世界像唾弃死敌一样唾弃其报复的真正工具,并且让它钉在十字架上,从而使"整个世界",即所有以色列的敌人,都不假思索地吞下这诱饵吗？难道还有人能从精神的所有诡计中再想出一种更加危险的诱饵吗？什么东西的诱惑人、陶醉人、麻痹人、使人堕落的力量能和"神圣的十字架"这个象征、和"钉在十字架上的上帝"那恐怖的自相矛盾、和上帝为了人类幸福而把自己钉在十字架上这种无法想象的最后的残酷行动的神秘色彩相提并论？至少可以肯定,以色列以这种情景,用其对迄今为止所有价值的报复和重新评定,不断地战胜了一切其他的理想,战胜一切更高贵的理想。——

九

——"可是您还谈论什么更高贵的理想！让我们顺应现实吧！人民获得了胜利——或者说是'奴隶'获得了胜利,或者说是'暴民',或者说是'百姓',随便您怎么去称呼它,反正这胜利是由于犹太人而获得的,而发起的！任何其他的人民都未曾有过这样一种世界历史使命。'主人'被打败了,平民的道德取得了胜利。这种胜利同时又可以被看成是一种败血症(它已经在各个种族中融通蔓延),我不否认,无疑地,人类中毒了。'拯救'人类于'主人'的统治的事业正获全胜。一切都明显地犹太化了,或者基督化了,或者暴民化了。(不管用什么词吧！)这种毒症在人类全身的蔓延看来是不可阻止的了,其蔓延的速度从现在起倒是可能不断地放慢,变得更细致、更微弱、更审慎——人们还有时间……如今教会还能有什么了不起的任务,甚至还有什么存在的理由？也许人们可以不需要教会？请回答吧。看上去教会是在阻止和控制而不是促进毒症的蔓延？这正可能是它的有用之处。可以肯定地说,教会简直就是粗鲁村野的东西,是和细腻的智慧,和一种本来很时髦的趣味相对立的,它难道不应当至少自我完善一点儿吗?……它如今得罪的人要比它诱惑的人多了……假如没有教会,我们之中有谁会成为自由思想家?是教会而不是它的毒素在和我们作对……撇开教会,我们还是热爱毒素的……"——这是一位"自由思想家"对我的讲话的反应——他是一个诚实的家伙,反正他明显地表现出他是一个民主主义者,他一直在倾听我讲话,而且不容我沉默,可是我在这个问题上却有充分的理由沉默。

十

奴隶在道德上进行反抗伊始,怨恨本身变得富有创造性并且娩出价值:这种怨恨发自一些人,他们不能通过采取行动做出直接的反应,而只能以一种想象中的报复得到补偿。所有高贵的道德都产生于一种凯旋式的自我肯定,而奴隶道德则起始于对"外界",对"他人",对"非我"的否定:这种否定就是奴隶道德的创造性行动。这种从反方向寻求确定价值的行动——值得注意的是,这是向外界而不是向自身方向寻求价值——这就是一种怨恨:奴隶道德的形成总是先需要一个对立的外部环境,从物理学的角度讲,它需要外界刺激才能出场,这种行动从本质上说是对外界的反应。高贵的价值评定方式则相反,这些价值是自发地产生和发展的,它只是为了更心安理得、更兴高采烈地肯定自己才去寻找其对立面。它们的消极的概念,如"低贱""平庸""坏"都是在与它们的积极的概念相比较后产生的模糊的对照,而它们的积极的概念则是彻底地渗透于生命和热情的基本概念:"我们是高贵者,是好人;我们是美的,是幸福的。"如果说贵族的价值方式有过失,强暴现实,那么这种情况就发生于他们不够了解的领域,他们不是去了解实情,而是矜持地进行自卫:有时他们会错误地判断一个他们所蔑视的领域,比如平民的领域,地位低下的人民的领域。另一方面,人们也要考虑到,不管怎么说,蔑视的情绪、倨傲的情绪、自负的情绪的产生,人们对蔑视情景的伪造,这都远远无法和无能者以受压抑的仇恨向他的对手(当然是虚构的)进行报复的那种虚伪相比。事实上,在这种蔑视中有过多的疏忽和轻浮,过多的不顾事实和不耐烦,夹杂着本来就过多的与生俱来的愉快心情,使这种蔑视能够把它的对象转变成真正的丑角和怪物。请注意,希腊贵族为了和地位低下的人民拉开距离,在所有有关的词句中加上几乎是仁慈的声调,怜悯、关怀、容忍这类的词一直不断地相互搅拌,并且包裹上糖衣,直至最后几乎所有和平民有关的词句就只剩下了诸如"不幸""可怜"这类的表达(参见 deilos, deilaios, poneros, mochtheros,最后两个词的本意认为平民是工作奴隶和负重的牲畜)——而另一方面,"坏""低贱""不幸"这类词又没完没了地用一个单音,用一种"不幸"占优势的音色,轰击着希腊人的耳朵;这是古老的、更高贵的贵族价值方式的传家宝,即使在蔑视时也不会须臾背弃。"出身高贵者"的确感到他们自己是"幸福者",他们不是先和他们的敌人比较,然后才来人为地造就他们的幸福,或者使人相信,或者骗人相信他们的幸福(所有充满仇恨的人们都惯于此道)。他们浑身是力,因此也必然充满积极性,同样,他们知道,不能把行动从幸福中分离出去,他们把积极行动看成幸福的必要组成部分。所有这些都和无能者以及受压抑者阶层的"幸福"形成鲜明的对立,他们这些人感染了有毒和仇恨的情感,这些情感很快就被消极地表现为麻醉、晕眩、安宁、自由、"安息日"、修养性情和伸展四肢等。高贵的人生活中充满自信和坦率("血统高贵"强调"真诚",或许还有"天真"),而怀恨的人既不真诚也不天真,甚至对自己都不诚实和直率,他的心灵是斜的,他的精神喜欢隐蔽的角落、秘密的路径和后门;任何隐晦的事都能引起他的兴趣,成为他的世界、他的保障、他的安慰,他擅长于沉默、记忆、等待,擅长于暂时地卑躬屈膝、低声下气。这种仇恨者的种族最终必然会比任何一个高贵的种族更加聪明,而且它对聪明尊崇的程度也大不相同:它把聪明当做其生存的首要条件,而高贵者只是把聪明当作奢侈和精致的一种高雅的变味品来享受:——即使在这方面,聪明比起无意识的调节本能那样一种完美的功能性保障,也早已不那么重要了,甚至比起一种特定的不聪明来,比起某种更加勇敢的蛮干,哪怕蛮干会招灾树敌,比起那为所有时代的高尚灵魂都要重新认识的激怒、热爱、敬畏、感激和报复等狂热的情感爆发来,聪明早已不再重要了。当一个高贵的人感受到怨恨的时候,这怨恨会爆发,并且消耗在一种瞬间的反应中,因此也就不会起毒化作用;此外,在许多场合下,高贵者丝毫不感到怨恨,而所有的软弱者和无能者却会毫无例外地感到怨恨。具有坚强完美的天性的人的标志是根本不会长期地把自己的敌人、不幸和失误看得很严重,因为他们有丰富的塑造力、修复力、治愈力,还有一种忘却力(现代世界上有个很好的例子,他就是米拉保,他记不住任何别人对他的侮辱和诋毁,他不能原谅别人,只是因为他把一切全忘记了)。这种人猛然一甩就抖落了许多寄生虫,而这些寄生虫却深入其他人的皮下;也只有在这种情况下,地球上才可能出现所谓的"爱自己的敌人"。一个高贵者已经向他的敌人表示了多少尊重!而这种尊重本身就是通向爱的桥梁……是的,他以己度自己的敌人,以自己的高标准要求敌人!是的,除了这种丝毫不值得蔑视,而且非常值得尊敬的敌人,他不能容忍其他种的敌人!试想,一个充满仇恨的人构想出来的"敌人"将是什么样的——这正是他的行动,他的创造:他构想了"丑恶的敌人",构想了"恶人",并且把它作为基本概念,然后又从此出发产生了余念,设想了一个对立面,即"好人"——也就是他自己。

十一

正好相反,精神高贵者预先自发地创造了"好"的基本概念,也就是说从自身获得了这一概念,而后才由此引申出一种关于"坏"的概念!这种起源于高贵的"坏"和那种产生于不知餍足的仇恨的大锅中的"恶"——这看上去同样是"好"物概念的反义词的——"坏"和——"恶"是多么不相同啊!前者是附产品,是一种附加成分,一种补充色调,而后者却是本源、是起点,在奴隶的道德观念中是原始的创造活动。可是在这里同样被称为"好"的概念并不相同,最好还是过问一下,依照仇恨的道德究竟谁是"恶人"。最确切的答案是:这里的所谓"恶人"恰恰是另一种道德中的"好人"、高贵者、强有力者、统治者,他们只不过是被仇恨的有毒眼睛改变了颜色、改变了含义、改变了形态。在这里我们至少要否定一点:谁要是把那种"好人"只认作敌人,那么他除了邪恶的敌人就什么也不认识。同样是这种人,他们被如此严格地束缚在习俗、敬仰、礼节、感戴之中,甚至被束缚在相互监视、彼此嫉妒之中,他们在相互态度的另一方面却显示出如此善于思考,善于自我克制,如此温柔、忠诚、自豪、友好;一旦来到外界,接触到各种陌生事物,他们比脱笼的野兽好不了多少,他们摆脱了所有社会的禁锢,享受着自由,他们在野蛮状态中弥补着在和睦的团体生活中形成的长期禁锢和封闭所带来的紧张心理,他们返回到了野兽良心的无辜中,变成幸灾乐祸的猛兽,他们在进行了屠杀、纵火、强暴、殴打等一系列可憎的暴行之后,也许会大摇大摆、心安理得地离去,仿佛只是完成了一场学生式的恶作剧,他们也许还相信,在很长一段时间内,诗人们又有值得歌咏和颂扬的素材了。所有这些高贵种族的内心都是野兽,他们无异于非常漂亮的、伺机追求战利品和胜利的金发猛兽;隐藏着的内心时不时地会爆发出来,野兽必然要重新挣脱,必然要回到野蛮状态中去——罗马的贵族、阿拉伯的贵族、日耳曼的和日本的贵族,荷马史诗中的英雄和斯堪的纳维亚的海盗,他们都同样具有这种需要。高贵的种族不论走到哪里,都留下了形成"野蛮人"的概念的痕迹,就连他们的最高等的文化中也显露出他们对于此种行为的一种意识,甚至是一种自豪(例如佩利克勒斯在那篇著名的葬礼演说辞中对他的雅典人民说:"我们的果敢打开了进入所有土地和海域的通道,在四处都不分好坏地树立起永恒的纪念碑。")高贵种族的这种表现得如此疯狂、荒谬、突兀的"果敢",这种不可捉摸,这种甚至对他们自己的行动都难以把握(佩利克勒斯特别强调了雅典人的 rathumia),他们的这种满不在乎,以及对安全、肉体、生命、舒适的蔑视,对所有破坏行为,对所有胜利的淫欲和残酷的淫欲的那种令人恐惧的兴致和发自内心的爱好——所有这一切都为他们的受害者勾画出"野蛮人""邪恶的敌人"的形象,或许是"哥特人"或者是"汪达尔人"的形象。日耳曼人在初掌政权时激发的(现在又再次激发的)深刻和冷酷的不信任,还总是那种无法消除的恐惧的尾声,许多世纪以来,欧洲怀着这种恐惧目睹了金发的日耳曼猛兽的震怒(虽然所有的古日耳曼人和我们德意志人之间几乎不存在概念上的联系,更不用说血源上的联系了)。我有一次注意到赫西奥特的困难处境,当时他正思考文化时代的序列问题,并试图用金、银、铁来标志它们。他善于巧妙地处理光辉的,但也是如此可怕、如此残暴的荷马时代遗留下来的矛盾,使用的方法无非是把一个时代一分为二,然后依序排列——首先是特洛伊和底比斯的那个英雄和半神的时代,这是贵胄们仍旧保留在记忆中的那个时代,在那个时代有他们自己的祖先;接下去是金属的时代,也就是那些被践踏者、被剥夺者、被残害者、被拖走和被贩卖者的后代所看到的那个世界:据说这是矿石的时代,坚硬、冷酷、残忍、没有情感和良心;一切都被捣毁并沾满血污。假定,现在被当作"真理"的东西果如其然,假定一切文化的意义就在于把"人"从野兽驯化成一种温顺的、有教养的动物、一种家畜,那么我们就必须毫不犹豫地把所有那些反对的和仇恨的本能,那些借以最终羞辱并打倒了贵胄及其理想的本能看作是真正的文化工具,当然无论如何不能说,那些具有这种本能的人本身同时也体现了文化。其实,相反的结论的正确性不仅是可能的,不!这在如今已是有目共睹的了!这些具有贬低欲和报复欲本能的人,这些所有欧洲的和非欧洲的奴隶的后代,特别是所有前亚利安居民的后代,他们体现的是人类的退化!这些"文化工具"是人类的耻辱,其实是一种怀疑,一种对"文化"的反驳!人们完全有理由惧怕并防范所有高贵种族内心的金发猛兽,如果有人能够领悟到,不恐惧则永远无法摆脱失败者、贬低者、萎靡者、中毒者的嫉妒的眼光,难道他还会千百次地选择恐惧吗?这不正是我们的灾难吗?如今是什么构成了我们对"人"的反感?人使我们受苦,这是没有疑问的了,当然不是因为我们惧怕他,其实他已经没有什么值得惧怕的了。虫"人"已经登台,而且是蜂拥而至。"驯服的人"、不可救药的中庸者、令人不快的人已经知道把自己看成是精英,是历史的意义,是"上等人"。是的,他们的这种感觉并不是完全没有理由的,因为他们感到自己和大批失败者、病患者、疲惫者、萎靡者之间尚有距离,在这段距离之后,当今的欧洲正在开始发臭,因此他们觉得自己至少还是比较适度的,至少还是有生活能力的,至少还是肯定生活的……

十二

　　此刻,我不宜压抑我的感叹和我最后的期望。什么东西是我完全无法忍受的?是我独自一人无法结束的?是令我窒息、使我忍受煎熬的?是恶劣的空气!恶劣的空气!是某种失败的东西在接近我,使我被迫去嗅一种失败者的内脏……除此之外,人还有什么不能忍受的?苦难、贫困、恶劣天气、久病不愈、艰辛、孤寂?人基本上是能够对付其余这些困难的;人生来就是一种地下的、战斗的存在;人总是会不断地接触到光亮,不断地经历他的胜利的黄金时刻——然后就停留在那儿,好像生来就是这样的坚不可摧,这样急切准备迎接新的、更艰难、更遥远的战斗,就像一张弓,任何困难都只能使它绷得更紧。不过我时常得到恩赐——假设在善恶的彼岸当真存在着上界的恩赐者——使我能看一眼,而且也只能看一眼某种完美的、圆满的、幸福的、有力的、凯旋的、多少还能引起恐惧的东西!看一眼为人作辩护的人,看一眼人的那残存的、正在消失的机运,以便能够保持对人的信任!……因为事实是欧洲人正在变得渺小和平均,因为看到这种情况就使人厌倦……我们如今已不再能够看到任何会变得更伟大的东西。我们担心的是,人还在继续走下坡路,还在变得更仔细、更温和、更狡黠、更舒适、更平庸、更冷漠、更基督化——毫无疑问,人总是在变得"更好"——这正是欧洲的劫难——在我们停止惧怕人的同时,我们也失去了对他的热爱、尊敬、期望,失去了对人的追求,看到人就会感到格外厌倦——这不是虚无主义又是什么?我们对人感到厌倦了……

十三

　　言归正传,关于"好人"观念的另外一个起源,也就是仇恨者想象出来的那种好人,这个问题很需要有一个解。羊羔怨恨猛兽毫不奇怪,只是不能因为猛兽捕食羊羔而责怪猛兽。如果羊羔们私下里议论说:"这些猛兽如此之恶,难道和猛兽截然不同甚至相反的羊羔不能算是好的吗?"那么这样的一种理想的建立并没有什么可以指责的,尽管猛兽会投过讥讽的一瞥,它们也许会自言自语地说:"我们并不怨恨这些好羊羔,事实上我们很爱它们,没有什么东西比嫩羊羔的味道更好了。"要求强者不表现为强者,要求他不表现征服欲、战胜欲、统治欲,要求他不树敌,不寻找对抗,不渴望凯旋,这就像要求弱者表现为强者一样荒唐。一定量的力相当于同等量的欲念、意志、作为,更确切些说,力不是别的,正是这种欲念、意志,作为本身,只有在语言的迷惑下(理性语言对事物的表述是僵死的,是彻底的谬误),这种力才会显示为其他,因为语言把所有的作为都理解和错解为受制于一个作为着的"主体"。正像常人把闪电和闪电的光分开,把后者看作一个主体的行动、作为,并且称其为闪电一样,常人的道德也把强力和它的表现形式分离开来,似乎在强者的背后还有一个中立的基础,强力的表现与否和这个中立的基础毫无关系。可事实上并没有这样的基础;在作为、行动、过程背后并没有一个"存在";"行动者"只是被想象附加给行动的——行动就是一切。常人让闪电发光,那实际上等于给行动加倍,使之变成行动——行动:也就是把同样一件事一会儿称为原因,一会儿又称为结果。自然科学家也不强似常人,他们说:"力在运动中,力是始因。"我们的全部科学,虽然是极为冷静的,排除了情绪干扰的,但是却仍然受着语言的迷惑,而且始终没能摆脱那些强加上去的替换外壳,即所谓"主体"。例如,原子就是这样一个替换外壳,同样,康德的"物自体"也是这样一个替换外壳。毫不奇怪,那些被压抑的、在暗中闪耀的报复和仇恨的情感利用了这样一种信念,甚至是空前热烈地信奉这样的信念:即强者可以自由地选择成为弱者,猛兽可以自由地选择变成羔羊。这样一来,他们就为自己赢得了把成为猛兽的归类为猛兽的权利……与此同时,那些被压迫者、被践踏者、被战胜者,他们出于无能者渴求复仇的狡猾在窃窃私语:"我们要和那些恶人有所区别,让我们做好人!所有不去侵占、不伤害任何人和不进攻、不求报的人,所有把报复权上交给上帝的人,所有像我们这样隐蔽自己、避开一切罪恶,甚至很少有求于生活的人,像我们这样忍耐、谦恭、正义的人都是好人。"如果冷静而不带偏见地倾听,这段话的真实含义其实不过是:"我们这些弱者的确弱;但是只要我们不去做我们不能胜任的事,这就是好。"但是这种就连昆虫都具有的最低等的智力(昆虫在危险时刻也会佯死,以免行动"过多"),这个冷酷的现实却由于无能的伪造和自欺而被包裹在退缩、平静、等待的道德外衣中,就好像弱者的弱原是他的本质,他的作为,他的全部的、唯一的、必然的、不可替代的真实存在,是一种自发的举动,是某种自愿的选择,是一种行动,一种功绩。这类人相信,一个中立的、随意选择的"主体"必然产生于一种自我保护、自我肯定的本能,这种本能惯于把所有的谎言都神圣化。上述主体,或者说得通俗一点,就是灵魂,或许是迄今为止地球上最好的信仰了,因为它使绝大多数会死亡的人,使各种各样的弱者和受压抑者能够进行高超的自我欺骗,使他们能够把软弱解释为自由,把软弱的这种或那种表现解释为功绩。

十四

有谁想上下求索一番,看看理想是怎么制造出来的?谁有这份胆量?……好,让我们开始吧!这儿有一条缝,可以经常窥见这些阴暗的作坊。请稍候片刻,我的冒失大胆先生,您的眼睛必须先习惯于这变幻无常的光线,……好了,现在请告诉我,那里发生了些什么事?说出来您都看到了些什么,您这个最危险的好奇家伙——现在我是倾听者——

——"我什么也没看见,但是我听到的却更多。在那儿从每个角落里都发出一种审慎、狡猾、轻微的耳语。我觉得他们在说谎,每个声响都像沾了蜜糖般的柔软,他们说无疑软弱应当被当作功绩来称赞——您说对了,他们正是这样。"——

——还有什么?

——"不报复的无能应被称为'善良',卑贱的怯懦应改为'谦卑',向仇恨的对象屈服应改为'顺从'(根据他们对一个人顺从,这个人盼咐他们屈服,他们称这个人为上帝)。弱者的无害,他特有的怯懦,他倚门而立的态度,他无可奈何的等待,在这儿都被冠上好的名称,被称为'忍耐',甚至还意味着美德;无能报复被称为不愿报复,甚至还可能称为宽恕("因为他们不知道他们干的是什么,只有我们才知道他们干的是什么!")。他们还在议论'爱自己的敌人'——而且边说边淌汗。"

——接着说!

——"我敢断定他们非常悲惨,所有这些耳语者和躲在角落里的伪造者,虽然他们挤做一团取暖,可是他们告诉我说,他们的悲惨是被上帝选中的标志,就像人们鞭打自己最宠爱的狗一样;或许这种悲惨还是一种准备、一种考验、一种训练;或许它竟是以黄金作为巨额利息最终获得补偿的东西,不,不是用黄金,而是用幸福补偿。他们把这种幸福称之为'极乐'。"

——说下去!

——"现在他们向我解释说,尽管他们必须去舔强者和主人的唾沫（不是出于恐惧，绝对不是！而是因为上帝吩咐他们尊敬所有的上级），但他们不仅比这个地球上的那些强者、主人更好，而且他们的'境况也会更好'，至以有朝一日会更好。可是，够了！够了！空气污浊！空气污浊！我觉得这些制造理想的作坊散发着一股弥天大谎的气味。"

——不，请稍等一下！您还没讲到这些黑色艺术家的绝招呢！他们能把任何一种黑色的物体造成白色的、牛奶般的、纯洁的东西。您难道没有注意到他们魔术的高超？难道没有注意到他们那最大胆、最细致、最聪明、最有欺骗性的手腕？请注意一下！这些满怀报复和仇恨心理的寄生虫，他们从报复和仇恨中究竟造出了些什么？您到底有没有听到那些词句？如果只听他们的言谈，您是否会知道，这些人纯属忌恨者？

——"我懂了，我再把耳朵竖起来（对！对！对！把呼吸也屏住）。现在我才听到他们已经一再重复过的话：'我们这些好人——我们是正义者。'他们把他们所追求的东西不叫做报复，而称之为'正义的凯旋'；他们仇恨的并不是他们的敌人，不是！他们仇恨'非正义'，仇恨'无视上帝'；他们信仰和期望的不是复仇，不是陶醉于甜蜜的复仇（荷马曾经说过，这种陶醉比蜜糖还甜），而是'上帝的胜利'，是正义的上帝战胜不信上帝的人；这个地球上还值得他们爱的不是那些满怀仇恨的弟兄们，而是他们称之为'充满爱心的弟兄们'，也就是他们所说的地球上所有的好人和正义的人。"

——他们把那种在悲惨生活中给了他们安慰的、关于所谓的未来极乐世界的幻觉叫做什么？

——"什么？我听得准确吗？他们把它叫做'终审日'，他们的王国，即'上帝的王国'到来之日——在这一天到来之前，他们暂且生活在'信仰''爱'和'期望'之中。"

——够了！够了！

十五

信仰什么？爱什么？期望什么？无疑，这些软弱者也希望有朝一日他们能成为强者，有朝一日他们的"王国"也能来临，他们就把这个王国称为"上帝的王国"——他们事事处处都如此谦卑！可是为了获得在这个王国生活的经历，人必须活很长时间的，必须越过死亡，是的，必须获得永生才能够永久地在"上帝的王国"里使自己那"在信仰、爱期望中"度过的尘世生活得到补偿。可是补偿什么？用什么来补偿？……我觉得但丁在这里犯了一个大错误，他凭着一种能唤起恐惧感的机灵在通往他的地狱的大门上写下了"我也是被永恒的爱创造的"，——不管怎么说，在通往基督教的天堂和"永恒的极乐"的大门上应当更有理由写上"我也是被永恒的仇恨创造的"，让真理站在通往谎言的大门上！那个天堂的极乐又是什么呢？……我们大概可以猜出答案来了，但是最好还是请一位在这类事情上享誉很高的权威：托马斯·阿奎那，伟大的教师和圣人，来为我们证实一下吧，他用羊羔般温柔的口吻说道："享福总比受罚能给人以更大的快乐。同样，在天国里，人们会因为亲眼看见恶人受罚而感到快乐。"如果读者愿意听，这儿有一位成功的神父用更强烈的语气表述了同样的思想，他试图劝阻他的基督徒们不要公开地为所欲为——为什么？他非常激烈地写道："上帝的拯救将给我们以一种完全不同的欢乐，我们拥有的不是身强力壮的人，而是殉道者，如果我们想要血，我们就有基督的血……但是想想看，在他凯旋之日等待我们的是什么吧！"接下去他继续描绘那迷人的幻景："是的，还有奇迹会发生——在那最后的永恒的终审日。异教徒从来就不相信会有那一天到来，他们讥讽地说，这整个旧世界连同它的历代居民就将毁于一场大火的那一天决不会到来。可是那一日的奇迹将会是多么宏大，多么广阔！那种景象将会使我惊讶，我将会怎样地大笑、欢乐、狂喜啊！我将会看到那些国王们，那些据称是伟大的国王们，和丘比特一道，和那些在黑暗的深渊中呻吟着的、接到升天通知的人们一道在天堂受到欢迎！我还将看到那些亵渎了耶稣的名字的地方行政官们在火焰中熔化，那火焰比他们出于对基督徒的仇恨而点燃的火焰还要炽热。我还将看到那些先知、那些哲学家们，他们曾教导他们的学生说，上帝对任何事都不关心，人并没有灵魂，如果有，那些灵魂也决不会回到他们原来的躯体中。面对着聚在一起的学生们，那些哲学家将会羞愧脸红！此外我还将看到诗人们在审判员席前颤抖，这不是拉达曼陀斯的坐席，不是米诺斯的坐席，而是基督的坐席，是他们从未抬眼看过的基督！而后我还将听到悲剧演员的声音，在他们自己的悲剧中他们的声音更加动人；还有表演家，他们的肢体在火中格外地轻柔。我还会看到四轮马车夫被火轮烧得通红！接下去可以看见体育运动员，他们不是在他们的运动场上，而是被推进火堆——除非我到那时也不想看这一场景，可是依着我的愿望我却要看个够，因为他们曾经把愤怒和怨恨出在上帝的身上；我会说，这就是他干的，那个木匠或者妓女的儿子（特图里安在这里模仿犹太人的谩骂，我们马上就可以看到，他在犹太法典中用的称呼是耶稣的母亲），那个不遵守安息日的人，那个有魔鬼帮助的撒马利亚人。他就是犹大出卖给你们的那个人，挨了一顿芦秆和拳头，污了一身唾沫，被迫喝了胆汁和醋的那个人。他就是那个被信徒们秘密偷走的人，所以人们说他已经升天了，除非是园丁把他挪走了，以免来访的人群践踏他的菜地！这是何等样的景象！何等样的狂喜！哪个罗马执政官、会计官、教士能给予你这样的赠礼？可是所有这一切却属于我们,对于精神想象力的信仰勾画了这幅图景。但是那些耳闻不见、目睹不到、心感不觉的事物究竟是些什么?我相信,这是比在马戏场、剧院、圆形剧场,或者任何体育场里所能感受到的更大的快乐。"——原文如此。

十六

让我们来总结一下。"好与坏"和"善与恶"这两种对立的价值观在这个地球上进行了一场旷日持久的恶战,虽然第二种价值观长期以来一直稳占上风,但是只要战争仍在持续,胜负的问题就悬而未决;甚至可以说,在此期间战争又升级了,因而它也就变得更深刻、更具有斗智的性质了,结果是目前也许还找不到更确切的标志来标记那超越这种对立的"更高级的自然力",即更智慧的自然力,那种对立的另一真实的战场。这场战斗的象征在所有人类历史上垂训千古,这就是"罗马人对以色列人,以色列人对罗马人"。迄今为止,还没有比这更重大的战斗、更严峻的课题、更仇视的对立,罗马人把以色列人看成某种违反自然的反常怪物;罗马人认为,犹太人"对整个人类充满了仇恨"。如果人们有权把人类的得救和未来同贵族的价值观,即罗马的价值观的无条件统治联系起来,那么罗马人的这种看法就是对的。可是反过来犹太人又是怎样看待罗马人的呢?有千百种迹象表明他们的观念,而我们只需再读一遍圣约翰的《启示录》,那文字史上最偏执狂热的发泄、那对良知的报复。请不要低估基督徒坚韧不拔的本能,他以此为这本仇恨之书贴上了爱的信徒的名字,附加了他狂热地偏爱的那些福音信条——但是不管有多少文字上的诈骗,这里面潜藏着一个事实:罗马人曾经是强壮的、高贵的民族,世界上还没有哪个民族能像罗马人那样,甚至梦想像罗马人那样强壮和高贵;罗马人的所有遗迹、每一个刻痕都是迷人的、庄重的,只要人们能够猜出其中的意思。反之,犹太人却是杰出的、充满怨恨的教士民族,他们具有一种不可比拟的民俗道德天才,我们只需拿中国人和德国人这有相似天赋的民族和犹太人相比,就可以感受到谁是第一流的天才,谁是第五流的,目前他们之中谁取胜了,是罗马人还是犹太人?可是这里还有什么疑问?想想看,在罗马本土人们把谁当作至高无上的价值的化身,向之鞠躬礼拜——而且不仅在罗马,在差不多整整半个地球上,哪儿的人们变得驯服了,或者将要变得驯服了,那儿的人们就向三个犹太男人和一个犹太女人鞠躬(向拿撒勒斯的耶稣,向渔夫彼得,向地毯匠保罗,向玛丽亚,那个起初被称为耶稣的人的母亲)。这真是奇怪,罗马无疑是战败了。的确,在文艺复兴时期,古典的理想、高贵的价值观念曾经历了光辉夺目的复苏。罗马就像一个假死苏醒的人一样在那座新建的犹太式罗马城的重压下面蠢动起来,那新罗马俨然是一座世界性的犹太教堂,它被称为"教会"。但是,很快地犹太教又一次获胜,这要归功于发生在德国和英国的运动,它被称为宗教改革,而实质上是平民的怨恨运动。伴随这场运动而来的是:教会的重振和古罗马再次被置于古老的墓穴安宁之中。法国革命使犹太教再次取得了对古典理想的更具决定意义的、更深刻的胜利,因为从此,欧洲最后的政治高贵,那盛行于十七——十八世纪的法国精神,在民众怨恨本能的压力下崩溃了,地球上还从未听见过这样热烈的喝彩,这样喧嚣的欢呼!可是在这一过程中出现了一个极为惊人的、根本无法预料的现象:古典理想本身现形了,在人类的眼前和意识中再一次展现出前所未有的光辉;它比以往更强大、更简单、更显著,它大声疾呼反对怨恨者古老的谎言口号:"多数人享有特权。"它反对底层意志、降尊意志、平均意志和使人倒行退化的意志;它喊出可怕的但是令人振奋的反对口号:"少数人享有特权!"拿破仑的出现就像最后一个路标才指示出另外的出路一样。拿破仑,这个最孤独的人,这个姗姗来迟的人,他具体地体现了高贵理想自身的问题——或许我们应当思考,问题究竟何在:拿破仑这个非人和超人的综合体……

十七

到此为止了吗？那些重大的理想对抗就这样被永久地搁置起来了吗？还是只不过推迟了,长时间地推迟了？……是否有朝一日那古老的、憋闷已久的火势必会复燃成可怕得多的烈焰？不仅如此,这难道不正是有人全心全力渴望的吗？甚至有人要求,以致努力促使这一天的到来。如果此时此刻有谁像我的读者一样刚刚开始思考,开始拓展思维,他还很难迅速地得出结论,而我则有足够的理由做出结论,因为还是在很早以前我就很清楚我想要什么,我提出那句危险的口号是为了什么,那句口号写在我上一本书的扉页上:"善恶的彼岸。"至少我没有写上"好坏的彼岸"。

注意：

我想利用这篇论文为我提供的时机,公开并正式地表达一个愿望,到目前为止,我只是偶尔地同学者们提到过这个愿望,这就是：如果哪个哲学系想要通过提供一系列的学术奖金来促进道德史的研究,那么我目前的这本书也许会对这项计划起有力的推动作用。鉴于这种可能性我想提出下列问题,以供参考。这些问题不论是对于语言学家、历史学家,还是对于以哲学为职业的学者来说,都是非常值得关注的。

"语言科学,特别是对语源学的研究,给道德观念的历史发展带来什么样的启示?"——此外,显然还有必要争取生理学家和医学家来帮助解决这一问题(即迄今为止的价值判断的价值这个问题)。在这里,也仅仅是在这种情况下,应当委托专业哲学家来充当代言人和协调人,因为他们成功地把哲学、生理学和医学之间的那种本来是非常冷淡、非常多疑的关系,变成了友好的、富有成果的交往。事实上,所有那些历史研究和人种学研究所熟知的品行戒律,所有那些"你应当……"条款,都要求首先进行生理的阐释和说明,然后才能进行心理的分析,所有类似的问题都要首先经过医学知识的评判。问题的症结在于:各种品行戒律或"道德"价值到底是什么?如果不从各种不同的角度去观察它们,就无法精细地分解"价值目标"。比如某种东西对于某一种生物的长久生存来说可能有明显的价值(对于这种生物提高适应特定气候的能力,或对于它维持最多的数量来说),但是对于造就一种更强壮的生物来说,它就不会具有同样的价值了。大多数的利益和极少数的利益是相互对立的价值观点,认定前者是更高的价值,这属于英国生理学家的天真……现在所有的科学都在为哲学家未来的使命进行准备工作,而哲学家的使命就是:他们必须解决价值的难题,必须确定各种价值的档次。

(周 红 译)

"负罪""良心谴责"及其他[①]

一

豢养一种动物,允许它承诺,这岂不正是大自然在人的问题上的两难处境吗?这不正是关于人的真正难题所在吗?至于这个难题已经在很大程度上获得了解决,这在那些善于充分估价健忘的反作用力的人看来,想必是更让人吃惊的事。健忘并不像人们通常所想象的那样,仅仅是一种惯性,它其实是一种活跃的,从最严格的意义上讲是积极主动的障碍力。由于这种障碍力的存在,那些只是为我们所经历、所知晓、所接受的东西,在其被消化的过程中(亦可称之为"摄入灵魂"的过程),很少可能进入意识,就像我们用肉体吸收营养(即所谓的"摄入肉体")的那一整套千篇一律的过程一样。意识的门窗暂时地关闭起来了,以免受到那些本来应由我们的低级服务器官对付的噪音和争斗的骚扰,从而使意识能够获得片刻的宁静、些许的空白,使意识还能够有地方留给新的东西,特别是留给更为高尚的工作和工作人员,留给支配、预测和规划(因为我们机体的结构是寡头式的)——这就是我们刚才说到的积极健忘的功用,它像个门房,像个灵魂秩序的保姆,像个安宁和

[①] 选自《论道德的谱系》。

规矩的保姆,显而易见,假如没有健忘,那么,幸福、快乐、期望、骄傲、现实存在,所有这些在很大程度上也不复存在。如果有一个人,他的这一障碍机关受损或失灵,那么这个人就像(而且不只是像……)一个消化不良的人。他将什么也不能够"成就"。恰恰是在这个必须要健忘的动物身上,遗忘表现为一种力量,一种体魄强健的形式。这个动物为自己培养了一种反作用力、一种记忆,他借助这种力量,在特定的情况下——在事关承诺的情况下,公开地表现出健忘。因此,他绝不仅仅是被动地无法摆脱已建立的印象,不是无法消除曾经许下的、无法实现的诺言,而是积极主动地不欲摆脱已建立的印象,是持续不断地渴求曾经一度渴求的东西,是名副其实的意志记忆。所以,在最初的"我要""我将要做"和意志的真实发泄、意志的行为之间,无疑可以夹进一个充满新鲜事物、陌生环境,甚至意志行为的世界,而无需扯断意志的长链。但这一切的前提条件是什么?为了能够支配未来,人就得事先学会区别必然和偶然,学会思考因果,学会观察现状和远景,并且弄清什么是目的,什么是达到这一目的所需要的手段,学会准确地预测,甚至估计、估算——为了能够像许诺者一样最终实现关于自己的未来的预言,人本身就得先变得可估算、有规律、有必然性!

二

这就是责任的起源的漫长历史。我们已经看到,那项培养一种可以许诺的动物的任务,包含了较近期的、作为先决条件和准备工作的任务,即先在一定程度上把人变成必然的、单调的、平等的、有规律的,因而也是可估算的。我称之为"道德习俗"①的非凡劳

---

① 参见《曙光》。

动,人在人类自身发展的漫长历程中所从事的真正的劳动,人的全部史前劳动都因而有了意义,得到了正名,不管这些劳动中包含了多少冷酷、残暴、愚蠢、荒谬,但是借助于道德习俗和社会紧箍咒的力量,人确实会被变得可以估算。如果我们站在这一非凡过程的终点,处于树木终于结出果实,社团及其道德习俗终于暴露了目的的时候,我们就会发现,这棵树木最成熟的果实是自主的个体,这个个体只对他自己来说是平等的,他又一次摆脱了一切道德习俗的约束,成了自治的、超道德习俗的个体(因为"自治"和"道德习俗"相悖);总而言之,我们发现的是一个具有自己独立的长期意志的人,一个可以许诺的人,他有一种骄傲的、在每一条肌肉中震颤着的意识,他终于赢得了这意识、这生动活泼的意识,这关于力量和自由的真实意识,总之,这是一种人的成就感。这个获得了自由的人,这个真的能够许诺的人,这个自由意志的人,这个行使主权的人,他怎能不意识到自己比所有那些不能许诺、不能为自己辩护的人都要优越?试想,他激发了多少信任?多少恐惧?多少尊敬?——他"理应"被人信任、惧怕和尊敬。再试想,这个能够统治自己的人,他怎能不势所必然地也去统治周围的环境、自然,以及所有意志薄弱、不可信任的人?"自由"人,具有长久不懈的意志的人,也有他的价值标准:他从自己的角度出发去尊敬或蔑视别人,他必然会尊敬和他同等的、强壮的、可信赖的人(即可以许诺的人),也就是说任何一个能够像自主的人那样对诺言抱审慎持重态度的人;他不轻信,他的信任就标志着杰出;他的话是算数可信的,因为他知道他自己有足够的力量应付不测,甚至"抵抗命运";同样,他也必然要随时准备用脚踢那些随意许诺的削肩的轻浮鬼,随时准备鞭打那些说话不算数的骗子。他骄傲地意识到,负责任是非同寻常的特权,是少有的自由,是驾驭自己的权力。这种意识已经深入到他的心底,变成了他的本能,一种支配性的本能。他会把这种本能叫做什么呢?他是否有必要为它找个名称?当然,这个独立自主的人肯定地会把这种本能称之为他的良心……

三

他的良心?……显然,"良心"这个概念(我们现在看到的是它的最高的、近乎惊人的形式)已经经历了一个漫长的历史和形式转换过程。如前所述,能够为自己称道,能够骄傲地肯定自己——这是一种成熟的果实,但也是近期的果实——这果实要酸涩地在树上挂悬多久啊!可是还有更长的时间根本看不到这种果实的影子!——没有人能够许诺它的出现,尽管树木已经具备了一切适应这种果实生长的条件!"人这种动物的记忆是怎么出现的?这半是愚钝、半是轻率的片刻理解力,这积极主动的健忘到底是怎么被打上记忆的烙印,一直保留到今天的?……"可以想见,这个古老的难题无法只靠温文尔雅的回答和手段得到解决;也许在人的整个史前时期根本不存在比人的记忆术更为阴森可怖的东西了。"人烙刻了某种东西,使之停留在记忆里:只有不断引起疼痛的东西才不会被忘记。"——这是人类心理学的一个最古老(可惜也是最持久)的原理。有人还想说,在这个世上,只要哪里还有庄重、严厉、机密,只要哪里的人和民众还生活在暗淡的阴影中,曾经一度被普遍地许诺、担保、赞誉的那种恐怖的残余就会继续起作用:过去,那最漫长、最深沉、最严酷的过去,每当我们变得严厉起来的时候,它就会对我们大喝一声,从我们心底喷涌而出;每当人们认为有必要留下记忆的时候,就会发生流血、酷刑和牺牲;那最恐怖的牺牲和祭品(诸如牺牲头生子),那最可怕的截肢(例如阉割),那些所有宗教礼仪中最残酷的仪式(所有的宗教归根结底都是残酷的体系），——所有这一切都起源于那个本能，它揭示了疼痛是维持记忆力的最强有力的手段。从某种意义上讲，这里还应当算上全部禁欲主义行为：有些思想需要延续不断，无所不在，难以忘却，需要被"固定"下来，通过这些"固定思想"，以及禁欲程序和生活方式，给整个神经和思想系统催眠，目的是为了把这些思想从和其他思想的竞争中解脱出来，使其变成"难以忘却"的。人类的"记忆力"越差，他们的习俗就越是可怕。严酷的惩罚条例特别为我们提供了一个标准，可以用来衡量他们花费了多少努力以克服健忘，并且在现代为眼下这些情感和欲念的奴隶们保留一些适用于社会共同生活的原始要求。我们这些德国人当然不会把我们自己看成是一个特别残酷和铁石心肠的民族，更不会看成是一个特别放荡不羁和得过且过的民族；可是只要看看我们古老的惩罚条例就不难发现，造就一个"思想家的民族"需要进行何等的努力（我们要说，在欧洲人民中至今还可以找到最多的信任、严厉、乏味和求实精神，这些特性使得我们能够培养出各式各样的欧洲官人）。为了控制他们的暴民本能和野蛮粗俗，这些德国人用了可怖的方法维持记忆。想想古老的德国刑罚，比如石刑（据说是用石磨盘砸罪人的头）、车磔（这是惩罚术王国中德国天才的原始发明和专长！）、钉木刺、"四马分尸"、油煎或酒煮（十四世纪和十五世纪还在用此刑）、广泛使用的剥皮（"刀切皮"）、胸前割肉，还有给罪犯涂上蜂蜜，放在太阳下暴晒，让蚊蝇叮咬。借助着这些刑罚，人们终于记住了五六个"我不要"，人们就此许下诺言，以便能够享受社团生活的好处——确实！借助于这种记忆，人们终于达到了"理性"！——啊！理性、严厉、控制感情，所有这些意味着深思熟虑的暗淡的东西，所有这些人类的特权和珍品，它们的代价有多高啊！在这些"好东西"背后有多少血和恐怖啊！

四

可是另外那种"暗淡的东西",那种对于负罪的意识,那一整套"良心谴责",又都是怎么问世的呢?还是回到我们的道德谱系家们这儿来吧。让我再重复一遍(也许我还未曾提到过),他们毫无用处,他们只有自己那五拃长的、纯粹是"现代化"的经历;他们不了解过去,也没有愿望了解过去,特别是他们缺乏一种历史本能,一种在这儿恰恰是必要的"第二预感能力";——然而他们竟要写作道德的历史:这种尝试势必以产生和事实不符的结果而告终。以往的这些道德谱系家们恐怕连在梦里都未曾想到过,"负罪"这个主要的道德概念来源于"欠债"这个非常物质化的概念;惩罚作为一种回报,它的发展和有关意志自由的任何命题都毫无关系。当然,历史总是需要首先发展到了人性的高级阶段,"人"这种动物才开始把那些非常原始的罪行区分为"故意的""疏忽的""意外的""应负刑事责任的",并且开始在对立的立场上进行量刑。那个现在变得如此般廉价,显得如此般自然、如此般必要的观念,那个解释了公正感的由来的观念,那个被迫承认"罪犯应当受到惩罚,因为他本来有其他的选择余地"的观念,它的的确确很晚才出现,是人的精练的辨别形式和决断形式;如果有谁把它挪到人类发展之初,他就是粗暴地曲解了古人类的心理。在整个人类历史的一段极为漫长的时期里是不存在刑罚的,因为人们能够使肇事者对自己的行为负责。当时奉行的原则也并不只是惩罚有罪的人,而是像今天的父母惩罚他们的孩子那样,出于对肇事者造成的损失的气忿——但是这种气忿是有限度的,也是可以缓和的,因为人们会想到任何损失都可以找到相应的补偿,甚至使肇事者感到疼痛也可以作为一种补偿。这种古老的、根深蒂固的、也许现在已无法根除的观念,这种用疼痛抵偿损失的观念是怎么产生的？我已经猜到了：它产生于债权人和债务人之间的契约关系中。这种契约关系和"权利主体"的观念一样古老，而后者还涉及买卖、交换、贸易、交通的基本形成。

五

上述这些事实，使人一提起这些契约关系就会理所当然地对由这些关系造成和认可的古人类产生各种怀疑和抵触情绪；正是在这里需要许诺，正是在这里需要让许诺者记住诺言，正是在这里人会起疑心，也正是这里发现了冷酷、残忍、疼痛。为了让人相信他关于还债的诺言，为了显示他许诺的真诚，同时也为了牢记还债是自己的义务，债务人通过契约授权债权人在债务人还不清债务时享有他尚且"拥有的"、尚能支配的其他东西。便如他的身体，或者他的妻子，或者他的自由，甚至他的生命；在某些宗教意识浓厚的环境中，债务人甚至要转让他的后世幸福、他的灵魂得救的机会，乃至于他在坟墓中的安宁，例如在埃及，债权人让债务人的尸体在坟墓中也得不到安宁，而埃及人恰恰是讲究这种安宁。具体地说就是债权人可以对债务人的尸体随意进行凌辱和鞭笞，例如可以从尸体上割下和债务数量相等的肉等。在早期，哪里有这种观念，哪里就有精确的、法定的、对每一肢体、对身体的每一部位的细致可怕的估价。所以当罗马的十二条法规声称，在这种情况下债权人割肉多少并不重要："若论割多割少，无异于诈骗一样"（Siplus minusve secuerent, ne fraud esto），我就认为这已经是进步了，已经是更自由、更大度、更罗马式的法律观念的明证了。让我们来弄清上述整个补偿方式的逻辑，这种方式实在是够怪诞的了。等量补偿实现了，但不是直接地用实利（不是用同等量的钱、地，或其他财物）来赔偿债权人的损失，而是以债权人得到某种快感来作为回报或者相应补偿。这种快感来自能够放肆地向没有权力的人行使权力,这种淫欲是"为了从作恶中得到满足而作恶",这种满足寓之于强暴:债权人的社会地位越低下,他就越是追求这种满足,而且这种满足很容易被他当作最贵重的点心,当作上等人才能尝到的滋味。通过"惩罚"债务人,债权人分享了一种主人的权利:他终于也有一次能体验那高级的感受,他终于能够把一个人当"下人"来蔑视和踩躏;如果惩罚的权利和惩罚的施行已经转移到"上级"手里,他至少可以观看这个债务人被蔑视和被踩躏。因此补偿包含了人对他人实施残酷折磨的权利。

六

在这个义务与权利的领域里开始出现了一批道德概念,如"负罪""良心""义务""义务的神圣"等,它们的萌发就像地球上所有伟大事物的萌发一样,基本上是长期用血浇灌的。难道我们不能补充说,那个世界从来就没有失去血腥和残忍的气味?就连老康德也不例外,他那"绝对命令"就散发着残酷的气味。同样是在这个领域里,"罪孽和痛苦"第一次发生了阴森可怕的观念上的联系,而且这种联系或许已经变得无法切断了,让我们再问一遍:痛苦在什么情况下可以补偿"损失"?只要制造痛苦能够最大限度地产生快感,只要造成的损失,以及由于损失而产生的不快能用相对应的巨大满足来抵偿:制造痛苦本来是一种庆贺,就像刚才所说的那样,债权人越是不满意他的社会地位,他就越是重视这种庆贺。上述这些纯属推测,因为对这种隐秘的东西追根究底是很困难,也是很难堪的,而且如果有谁在这时突然抛出"报复"的概念,他就只能蒙蔽和混淆视线,而不是把问题简化("报复"本身也正是要引导向同一个问题,即:"制造痛苦怎么会产生满足感?")。我认为,驯服的家畜（比如说现代人，比如说我们）极力表现其谨慎，甚至于伪善，直到能够与构成古代人巨大欢快的残酷（这残酷简直就是他们所有快乐的配料）程度相抵。可是另一方面，古代人对残酷表现出来的需求又是那么天真无邪，而且他们的这种"无所谓的恶毒"，或者用斯宾诺莎的话说就是"恶毒的共感"，已经原则上被当成了人的正常的特性，从而也就成了为良心所真心诚意接受的东西！明眼人或许能发现，时至今日还有许多这种人类最古老、最原始的欢快的残余。在《善恶的彼岸》中，甚至更早些时候，在《曙光》中我就小心地指出了：残酷在被不断地升华和"神化"，这种残酷贯穿了整个上等文化的历史，它甚至还在很大意义上创造了上等文化的历史。无论如何，人们在举行王侯婚礼和大规模公众庆典时，开始不考虑对某人实行处决、鞭笞或火刑，这并不是很久以前的事。当时没有哪个高贵的家族不备专人，以供人随意发泄狠毒和进行残酷的戏弄（让我们回想一下公爵夫人宫廷中的董·魁克多这类人。如今我们在读他的书时，舌头上还满是苦涩，甚至是痛苦，我们因此对这种痛苦的制造者感到非常陌生、非常不能理解——他们竟然心安理得地把董·魁克多的书当作最逗乐的书来读，他们简直要笑话死他了）。看别人受苦使人快乐，给别人制造痛苦使人更加快乐——这是一句严酷的话，但这也是一个古老的、强有力的、人性的、而又太人性的主题，尽管也许就连猴子也会承认这一主题，因为有人说猴子早已先于人类设想出，而且"表演"了许多稀奇古怪的残酷手法。没有残酷就没有庆贺——人类最古老、最悠久的历史如是教诲我们——而且就连惩罚中也带着那么多的喜庆！

七

不过，我阐述这些思想的意图绝不是要帮助我们的悲观主义者们向他们那走了调的、嘎嘎作响的、厌倦生命的磨盘上加水；相反，应当明确地指出，在人类还未曾对他们的残酷行为感到耻辱的时候，地球上的生活比有悲观主义者存在的今天还是要欢乐。随着人们对人的耻辱感的增长，人类头顶上的天空也就越来越阴暗。悲观主义者疲惫的目光、对于生命之谜的怀疑、厌倦人生者的冷冰冰的否定——这些都不是人类最狠毒的时代的特征。它们刚刚开始出现，它们是沼地植物，有了沼地才有它们，它们属于沼地——我指的是病态的娇柔化和道德化趋势，由于有了这种趋势，"人"这种动物终于学会了对他的所有的本能感到耻辱。在变成"天使"的途中（我不想在此用一个更冷酷的字眼），人调理了他那败坏的胃和长了舌苔的舌，这使他不仅厌恶动物的快乐和无邪，而且对生命本身也感到腻味，有时他甚至对自己也捂鼻子，并且很不和谐地同教皇殷诺森三世一道开列可厌事物的目录："不洁的产物，在母亲体内让人恶心的哺育，人赖以生长的物质实体的败坏，唾沫、小便、人粪等分泌物发出的恶臭。"如今，痛苦总是自然而然地被用作反对存在的第一条论据，总是对存在提出最重大的疑问，这使我们回忆起人们做相反的价值判断的时代。那时人们不想回避痛苦，相反，他们在痛苦中看到一种奇异的魅力，一种真正的生命的诱饵。或许那个时候疼痛不像今天这样厉害——我这样说为了安慰娇柔者——至少一个治疗过内脏严重发炎的黑人患者的医生可以下这样的断言（黑人在这里代表史前人），炎症的程度会使体格最好的欧洲人感到绝望，可是黑人却无所谓。事实上，当我们数到前万名，或者前千万名文化教养过度的人时就会发现，人的忍受疼痛的能力的曲线奇迹般地突然下降。我相信，和一个歇斯底里的女才子在一夜中所忍受的疼痛相比，迄今为止，为寻求科学的答案而动用了计量器调查过的所有动物的痛苦都是不屑一顾的。或许现在还允许一种可能性存在：那就是残酷的欲望也不一定就要全部消失，就像如今疼痛感加剧了那样，这种欲望只需加上某种理想的、微妙的成分，也就是说，它在出现时必须被翻译成幻想的和精神的语言，并且要用简直难以想象的名称装扮起来，使最温柔伪善的良心也不会对它产生怀疑（一个名称就是"悲剧的同情心"，另一个名称就是"苦难的怀旧情绪"）。起来反对痛苦的不是痛苦自身，而是痛苦的无谓，但是不论是对于把痛苦解释成整个神秘的拯救机器的基督来说，还是对于那些惯于从观望者，或者痛苦制造者的角度理解所有痛苦的天真的古代人来说，一种无谓的痛苦都是根本不存在的。由于在世界上创造出了，或者毋宁说否定了，那隐蔽的、没有揭露的、无法证明的痛苦，于是当时的人就几乎是必须要发现众神这些所有高尚和低贱的中间人，简言之，就是要发现某种同样是隐蔽的、同样是在暗处的、而且是不会轻易地错过一场有趣的悲剧的东西。借助于这种发现，生命在当时和以后就一直被理解为造物；生命本身得到了正名，它的"不幸"也得到了正名。现在也许需要新的发现（比如把生命看成谜，看成认识论的难题）。"为一个神所喜闻乐见的任何不幸都是正当的。"这就是古代的感情逻辑？——说真的，这难道仅仅是古代的感情逻辑？众神被想象成残酷的戏剧的爱好者——噢！只需看看加尔文和路德就可以知道这古老的想象在我们欧洲的人性中延伸了多远！无论如何，除了从残酷中取乐，希腊人笃定不会向他们的众神呈奉更合适的造福配料了。那么荷马为什么让他的神轻视人的命运呢？此外，特洛伊战争以及类似悲剧的梦魇到底有什么意义？没有疑问，对于众神来说，这就是喜剧了，而且因为诗人在史诗中比其他人都进行了更多的关于"神"的艺术创造，想必诗人本人也认为这是喜剧……可是后来的希腊道德哲学家们却认为，神也抬眼关注道德问题，关注英雄主义和品德高尚者的自我折磨："负有使命的赫拉克利斯"登台了,他对此亦有自知,因为没有观众的道德行为,对于演员民族来说是不可想象的。这项当时主要是为了欧洲而完成的发明,这项关于"自由意志",关于人之善恶的绝对自发性的如此之冒失、如此之危险的哲学发明,难道不是首先为了证明：神对于人的兴趣,对于人类品德的兴趣,是永不衰竭的吗？在这个世俗的舞台上,从来就不允许开拓真正的新鲜事物、挖掘真正前所未闻的对立、现实、灾难,只有神可以预知这个完全由决定论控制的世界,因此神也很快就对它感到厌倦了——所以那些作为众神之友的哲学家们有充分的理由不指望他们的神治理这样一种决定论的世界！古代世界基本上是公众的、开放的世界,这整个古代世界都充满了对"观众"的柔情,当想到幸福时绝无法排除戏剧和庆贺——我们已经说过了,即使是在实行重大的惩罚时也是喜庆的！……

八

再重复一遍,我们已经看到,罪恶感和个人责任感起源于最古老、最原始的人际关系中,起源于买主和卖主的关系、债权人和债务人的关系中；在这种关系中第一次产生了人反对人的现象,第一次出现了人和人较量的现象。

我们发现,不管文明的发展水平有多低,都在某种程度上有这类关系存在。价格的制定、价值的衡量、等价物的发明和交换——这些活动在相当大的程度上占据了古代人的思想,甚至在某种意义上它们就是古代人的思想：从这里培育出了最古老的关于精确性的意识,同样,人类最早的骄傲,人对于其他动物的优越感也由此而产生。或许我们对于"人"(man-us)的称呼也是出于这种自我感觉的表达。人把自己看成是衡量价值的,是有价值、会衡量的生物,看成是"本身会估价的动物"。买和卖,连同它们的心理属性,甚至比任何一种最初的社会组织形式和社会联合还要古老。在人们最原始的表示权利的方式中,恰恰是那些关于交换、契约、罪孽、权利、义务、协调等的萌芽意识首先转化出最粗放、最原始的公共群体(和其他类似的群体比较而言),与此同时还形成了比较、计量和估价权力的习惯。有鉴于这种笨拙的连续性,有鉴于这种姗姗来迟而后又固执地朝着同一方向发展的古代思想,人们马上就可以得出一个普遍结论,即:"任何事物都有它的价格","所有的东西都是可以清偿的"。这是正义的最古老和最天真的道德戒律,是地球上一切"善行""公允""好意"以及"客观性"的开端。这种初期的正义是在大致上力量均等者中间通行的好意,是他们之间的相互容忍,是通过一种协调达成的"谅解",如果是关系到力量薄弱者,那则要通过强迫达到一种调和。

九

还是用史前时期来作比较(当然这个史前时期对于任何时代都是现存的,或者可能重现的),公社的存在当然也是为了其成员的那一重要的基本关系,也就是债权人和他的债务人之间的关系。人们生活在一个公社里,享受着公社的优越性(那是何等样的优越性啊!我们今天往往会低估它!)。他们受到援助和保护,生活在平和与信任之中,他们不需要担心遭到危害和敌意,而那些公社"之外"的人,那些"不安分者",却要担这份忧,——德国人懂得"痛苦"(elend)的原意是什么——人们恰恰是把这危害和敌意抵押给了公社,让公社去承担责任。如果换一种情况会怎么样呢?可以肯定,如果公社是受骗的债权人,那么它会尽力地使自己得到补偿的。这里讲的情况是肇事者起码造成了直接损失,若撇开损失不谈,肇事者首先是一个"犯人",一个反对整体的违约者、毁誓者,他的所作所为关系到他一向从公社生活享有的一切优惠和安逸。罪犯是个债务人,他不仅不偿还他获得的优惠和预支,而且竟然向他的债权人发动进攻。鉴此,他不仅要依照情理失去所有那些优惠,而且更重要的是要让他记住,这些优惠的代价是什么。受了损失的债权人——公社,愤怒地把犯人推回到野蛮的、没有法律保护的状态。他迄今为止一直受到保护,所以这种状态就使他备受打击——各种敌意都可以发泄在他身上。在文明发展的这个阶段上,"惩罚"的方式只不过是反映和模仿了人们对于可憎的、丧失了保护的、被唾弃的敌人的正常态度。罪犯本人不仅丧失了所有的权利和庇护,而且失去了获得任何宽宥的机会,他们受着战争法则和胜利庆贺的无情而又残酷的摆布——这就解释了为什么各种形式的战争和战争的祭礼都在历史上呈现了惩罚。

如果一个公社的实力加强了,它就不会再把个别人的违法行为看得那么严重;在公社看来,违法行为就不再会像过去那样对整体的生存产生威胁;不幸的制造者将不再被当作"不安分者"而逐出公社,公众不再会像过去那样没有节制地拿他出气,——事实上整体从此开始小心谨慎地为不幸的制造者辩护,保护他不受那种愤怒情绪,特别是直接受害者的愤怒情绪的伤害。努力缓和违劣行为的直接受害者的愤怒情绪,旨在限制事态的发展,预防更大范围的,甚或是全面的参与和骚乱;试图寻找等价物,用以调节全部交易;特别是越来越坚定地要求在某种程度上对任何违劣行为实行抵偿,至少是在某种程度上把罪犯和他的罪行分离开来——所有这些行动都在惩罚规则的长期发展中刻下了越来越突出的痕迹。随着一个公社的实力和自我意识的增长，它的惩罚规则也就会愈益温和。任何削弱和处心积虑破坏这种惩罚规则的举动都会重新引出更严酷的惩罚方式。"债权人"越是变得富有，他就越是会相应地变得人性化起来，直到最后他拥有的财富的数量使他不再能承受损失为止。社会的权力意识也在考虑之列，因为它能够使社会享受到它所能得到的最高级的奢侈，即对社会的损害者不施行惩罚。"其实我体内的寄生虫与我有何相干？那么让它们说话吧！让它们生活和繁殖吧！我还很健壮，不会受影响！"……由于对损失睁一只眼闭一只眼，由于允许无力赔偿者逃之夭夭，所以提倡"一切都可以抵偿，一切都必须抵偿"的正义感消失了——就像世间所有好事一样，这种正义的消失是一种自我扬弃。我们知道这种正义的自我扬弃给自己起了一个多美的名字——它叫"宽宥"；很明显，宽宥已经成了最有权力者的特权，或者毋宁说，成了他的权利的彼岸。

十一

在此我不能不表示反对意见，否定近来尝试着在另外一种基础上——也就是在仇恨的基础上，探索正义的起源的倾向。因为有人断定心理学家们会有兴趣就近对仇恨本身进行一番研究，于是就在他们的耳边吹风说：这株（仇恨的）植物目前在无政府主义和反犹主义的土壤中正生长得郁郁葱葱，当然像过去一样，它总是在背阴处才枝叶繁茂，就如同紫罗兰，只是气味不同罢了。物以类聚，毫不奇怪，恰恰是在这些圈子里往往可以看到那些坚持不懈的、以正义的名义美化报复的努力，就好像正义本来只不过是受害者感觉的延续，而且由于有了报复，逆反的情绪就会在事后受到完全彻底的尊重。对于上述议论我是最不会表示反对意见了。我甚至认为所有涉及生理的问题的提出都是有功的。迄今为止,生理问题和那种反动的价值之间的关系一直被忽视了。我想强调指出的一点是:从怨恨精神内生长出来的这种新式的科学公正,是为仇恨、嫉妒、猜忌、怀疑、积怨和报复服务的,一旦遇到其他的情绪,这种"科学的公正"就会当即失效,而代之以仇极怨深的腔调。在我看来,那些产生于其他生理价值的情绪,我指的本原是主动的情绪,如统治欲、占有欲等等(参见 E.杜林的《生命的价值》《哲学教程》等),比起那种逆反在先、科学地估定和高估价值在后的情绪要高明许多。关于总的趋向就先讲这么多。说到杜林的关于应在反动感情的土壤中寻找正义的故乡的原话,我们应当用另一句生硬的反话来对应这句热爱真理的话,最后被正义的精神征服的土壤是反动感情的土壤。如果正义的人真的对于损害他的人都保持正义(而且不仅是冷淡地、有节制地、疏远地、无所谓地保持正义:保持正义永远是一种积极态度),如果在受到人身伤害、讥讽、嫌疑的情况下,正义直视的目光也不因此而黯淡,高贵、明达、既深邃而又温和的客观性也不因此而减退的话,那么人就是达到了一种完美或极其练熟的境地——连明智的人也不曾有此奢望,对此我们无论如何也不应当轻信。固然,普遍的情况是:就连最正派的人也已经对少量的侮辱、暴虐、阿谀司空见惯了,所以他们能够睁眼看鲜血、闭目对公道。主动的、进攻的、侵犯的人总是比反动的人离正义更近百步;主动者根本不需要像反动者那样错误地、偏颇地评价事物;因此事实上进攻型的人总是具有更强烈、更勇敢、更高贵,同时也更自由的眼光,具有更好的良心。相反,我们应当已经猜到了,究竟是谁在良心里发明了"良心谴责"? ——正是怨恨者!只要看看,对于法的运用和对于法的真正需求在历史上的哪个阶段里开始通行? 是在反动者统治的阶段吗? 根本不是! 是在主动者、强健者、自发者、好斗者统治的阶段！如果不怕惹恼那位鼓吹家（他本人曾经坦白说："报复学说就像正义的红丝线贯串在我的全部工作和努力之中"），那么我要说，从历史的角度看，世间一切法律都提倡斗争、反对相反的情绪；提倡主动进攻势力方面的战争，支持它们诉诸实力，以制止和约束反动者放纵的激情，强迫达成和解。哪里伸张和维护正义，哪里就有一股强大的势力相对立于从属的、软弱的势力（这势力可能是群体，也可能是个人）。强大的势力在寻找打消怨恨者怒气的办法：它们有时从报复者的手中挖出怨恨的对象；有时发动战争，打击破坏和平和秩序的人，以此来取代报复；有的设想、提议，必要时强迫达成和解；有时提出某种标准化的损失抵偿物，从而一劳永逸地使怨恨有的放矢。但是，至高无上的力量用以反对敌意和怨恨的优势的最关键的一着还是：只要它有足够的力量，就要建立法规，强行解释，什么在它看来是合法的、正确的，什么是非法的、应当禁止的。在建立了法规之后，它就要把个别人或整个群体的越轨和肆意行动当作违法行为，当作抵制至高权力本身的行为来处理。这样一来，它就可以用这种违法造成的损失来转移它的从属者的情绪，从而最终达到和任何报复心理所想要达到的正好相反的目的：报复仅仅注意、仅仅承认受害者的观点，而至高的权力却训练人们的眼光在评价行为时要变得越来越不带个人情绪，甚至受害者本人的眼光也要如此，虽然就像我们所提到过的，这要在最后才能实现。由此看来，"正确"和"错误"的概念产生在建立了法规之后，而不是像杜林所想要的那样，从伤害的行为中产生。仅就正确和错误概念本身而言，它们没有任何意义。仅就某一种伤害、暴虐、剥削、毁灭行为本身而言，它们并不是自在的"错误"，因为生命的本质在起作用，也就是说，在生命的基本功能中，那些具有伤害性、暴虐性、剥削性、毁灭性的东西在起作用。不能想象生命中没有这种特性。还有一点应更加提请我们注意：从最高的生理立场出发，只应当在例外的情况下实行法制，因为法制有时会限制发自力量之源的生命意志，使生命意志的总目标屈从于个别手段，屈从于为了创造更大的权力单位而实施的手段。把一种法律规范想象成绝对的和普遍的，不是把它当作权力联合体的战斗武器，而是把它当作反对所有战斗的武器（根据杜林的陈词滥调，任何意志都应当把任何其他的意志视为同调），这是一种敌视生命的原则，是对人的败坏和瓦解，是对人类未来的谋杀，是一种疲惫的象征，一条通向虚无的秘密路径。

十二

关于惩罚的起源和惩罚的目的我还有一句话要讲：有两个要区别的问题，或者说两个应当被区别开来的问题，它们总是被人们混为一谈。以往的道德起源家们又是怎样对待这一问题的呢？他们的做法一向很天真，他们随意从惩罚中找出一个"目的"，比如说报复，或者威慑，然后轻而易举地把这种目的归结为事物的发端、惩罚的始因，这就算是大功告成了。但是，在研究法的发生史的过程中，"法的目的"应当是最后探讨的课题。当然，在史学领域里最重要的结论是经过努力，而且也只应经努力而得出，这个结论就是：一件事的起因和它的最终的用途、它的实际应用，以及它的目的顺序的排列都全然不是一回事；所有现存的事物，不管它的起源是什么，总是不断地被那些掌握权柄的人改头换面，根据他们的需要加以歪曲；在生物世界中发生的一切都是征服和战胜，因此所有的征服和战胜也就都意味着重新解释与重新正名，在这一重新解释与正名的过程中，以往的"意义"和"目的"就会不可避免地被掩盖，甚至被全部抹掉。即使人们清楚地了解了所有生理器官的用途,甚至认识了法律机构的用途、社会风俗的用途、政治习惯以至于艺术形式或宗教祭礼形式的用途,人们也并不会因此而了解它们的发生史——不管这一切在老派的耳朵听来是多么令人不舒服,因为自古以来,人们就自以为把握了事物、形式、机构的确有证据的目的、用途,以及它们出现的原因;人们相信眼睛的被造是为了看,手的被造是为了握,同样,人们想象惩罚也是为了惩罚而被发明的。但所有的目的、所有的用途都不过是一个事实的标志:一种向往力量的意志战胜了力量相对薄弱者,而后根据自己的需要为这种意志的功能打印上意义。因此,一件"事"、一个器官、一种习惯的全部历史可能就是一串不间断的锁链,连接着各种重新解释和重新正名,至于这些解释和正名的起因本身并没有相互联系的必要;相反,它们的相继排列、相互交替只不过是偶然的因素使然。因此,一件事、一种习俗、一个器官的"发展"并不是朝着一个目标的发展的渐进过程,并不是一种逻辑的、简捷的、最节约人力财力的渐进过程,而是一个由比较深刻、相对独立、自发产生的征服过程组成的序列,在这个序列里还要包括出现在每个过程中的阻力,以自我保护和逆反为目标的形式转换,取得成效的对抗行动。形式是可变的,而"意义"的可变性更大……这在任何一个有机体内都不例外:每逢整个机体的主要生长期开始,机体各个器官的"意义"也随之改变;在有些情况下,个别器官的衰老和数量的减少(比如由于有些组成部分的死亡)可能是整体的完善和力量增长的征兆。我要说的是,就连意义和实用价值的部分失效、萎缩、退化、丧失乃至死亡,也是真实的渐进过程的条件,这个过程往往表现为一种向往更强大的力量的意志和方式,而且这种意志和方式贯彻往往不惜以牺牲无数微弱力量为代价,甚至连衡量"进步"幅度的标准都是根据为进步而付出的牺牲量来确定的。为了个别更强壮的人种的繁荣而牺牲大批的人——这也可能是一种进步……我特别强调这一史学方法论的主要观点,主要是因为这个观点从根本上和当前占统治地位的本能与时尚相悖,这种观点宁可固守无所不在的强力意志的理论,宁可相信事件发生的绝对偶然性和机械的无目的性。反对所有统治者和即将成为统治者的民主主义偏见,现代的薄古主义(我为一件坏事造一个坏字)逐渐地侵蚀到精神领域、最高精神领域里来了;在我看来,它已经战胜了整个生理学和生命学说,而且很显然它对这些学说的破坏是通过偷换一个基本概念,一个内在的主动性概念而实现的;反之,在那种民主主义偏见的压力下,人们把"适应",也就是一种二流的主动性、一种纯粹的反应性,摆到优先的地位。人们,比如说赫伯特·斯宾塞,就是这样给生命本身下定义的,他把生命称为一种对于外部环境的目的越来越明确的内在"适应"。可是这样一来就曲解了生命的本质——它的强力意志,就忽视了自发的、进攻型的、优胜的、重新阐释、重新建立和形成的力量(要知道,"适应"即是依据这种力量进行调整)的本质优越性;这样一来也就否定了有机体内那些通过生命意志显示了主动性和创造性的高级官能的主导作用。读者或许还记得赫胥黎是怎样谴责斯宾塞的"行政虚无主义"的,可是目前的问题比"行政的"问题更紧要。

十三

回到惩罚这个课题上来,我们必须区分惩罚的两种不同的特性。首先是它的比较恒久的特性,这种特性表现为习俗、仪式、"戏剧",表现为程序中的某一严格的步骤;其次是惩罚的可变的特性,这种特性表现为意义、目的,表现为对形成这种程序的期望。以此类推,这里没有别的前提。依照刚才阐述过的史学方法论的主要观点,程序本身就会成为某种比它在惩罚方面的用途更为古老、更为早期的东西,而它在惩罚方面的用途只是被塞给、被强加给早已存在着的,但从另一种意义上说是多余的程序的。简言之,事情并不像我们的天真的道德和法律起源家们一直想象的那样,他们以为创造程序是为了惩罚,就像人们以为创造手是为了抓东西一样。说到惩罚的另外那个特性,那个可变的特性,也就是惩罚的"意义",在晚近的文化阶段(比如说在当今的欧洲),惩罚事实上早已不只是意义单一的概念,而是多种意义的组合。惩罚的全部历史,它的为各种不同的目的所用的历史,最后都集结为一体,难以分解,难以剖析,而且必须强调指出的是,对它根本无法下定义。我们现在没法断定,执行惩罚本来是为了什么,所有对全过程进行了符号式的压缩的概念都逃避定义,只有那些没有历史的概念才能够被定义。可是从早些时候的一个研究看来,那个"各种意义"的组合倒还更容易分解,且更容易推演。我们现在尚且可以看到,组合的各因素是怎样根据每一个别情况改变它们的价值的,而后又是怎样重新组合,使得有时这种因素、有时那种因素压倒其他因素,跃居主导地位的。在特定的情况下,甚至单一的因素(比如说威慑的目的)也可能扬弃所有其他因素。为了使读者至少了解惩罚的"意义"其实是多么不确定、多么次要、多么偶然,并且使读者了解,同样一个程序是会怎样地被利用、被解释、被装扮,以便为完全不同的目的服务,我在这里列了一个提纲,这是我从一小部分偶然收集到的资料中抽象出来的:

  为了消除破坏的危害性,防止进一步的破坏而实施的惩罚。

  为了以某种方式(甚至用一种感情补偿方式)向受害者补偿损失而实施的惩罚。

  通过惩罚来孤立破坏平衡的一方,使失衡现象不继续发展。

利用惩罚使那些惩罚的决策人和执行者产生恐惧感。

通过惩罚抵消犯人迄今享受的优惠(比如强迫他去矿山做苦役)。

用惩罚来排除蜕化的成员。

把惩罚当作庆贺,也就是说对终于被打倒的敌人实行强暴和嘲弄。

通过惩罚建立记忆,不论是对受惩罚者而言(即所谓对他实行"改造"),还是对于目击者而言。

惩罚作为当权者要求犯人支付的一种酬金,因为当权者保护了犯人免受越轨的报复。

只要强悍的种族仍然坚持报复的自然状态,并要求把这种自然状态当作它的特权,那么惩罚就要和这种报复的自然状态进行调和。

用惩罚向那个和平、法规、秩序和权威的敌人宣战,并且规定战争规范。据信这个敌人危害了集体生活,背弃了集体生活的前提,人们将把这个敌人当作一个叛逆者、变节者、破坏和平者,用战争赋予人们的工具和他作斗争。

十四

这个提纲肯定是不全面的,惩罚显然是被滥用了,因此我们就更有理由从中删除一种臆想的用途,尽管在民众的意识中,这是最主要的用途,——对于惩罚的信念如今虽已濒临崩溃,但是信念却恰恰在惩罚中不断地找到它最强有力的支柱。惩罚据说是具有价值的,为的是要在犯人心中唤起一种负罪感,人们在惩罚中寻找那种能引起灵魂反馈的真实功能,他们把这种灵魂反馈称为"良心谴责""良心忏悔"。但是这种臆测即使用于今天也是曲解现实、歪曲心理的，如果应用于人类最漫长的历史，应用于人的史前时期，那就更要差之千里了！恰恰是在罪犯和囚徒中绝少有人真心忏悔，监狱和教养所不是这些蛀虫类喜爱的哺乳场所。所有认真的观察家都会赞同这一点，尽管他们总是不怎么情愿地、非常违心地说出这类的判断。总的来说，惩罚能使人变得坚强冷酷、全神贯注，惩罚能激化异化感觉，加强抵抗力量。假如出现这样的情况：惩罚消耗精力，引起可悲的衰竭和自卑，那么这种结果无疑比惩罚的一般效果，比那种以干瘪、阴郁的严肃为特征的效果更不能令人满意。可是如果我们真的仔细思考一下人类历史以前的那数千年，我们就可以毫不犹豫地断定：恰恰是惩罚最有效地阻止了负罪感的发展。至少从惩罚机器的牺牲者的角度看是这样的。所以我们不应当忽略，罪犯在目睹了法律的和执法的程序之后，在多大程度上实行自我克制，在多大程度上感觉到自己的所作所为是卑鄙的。其实他看到的无非是法在干着同样的勾当，只不过是以好的名义，以良心的名义干的，诸如刺探、谋骗、收买、设陷，那一整套精细狡诈的公安技巧、起诉艺术，更不要说那些为情理所不能容的劫掠、强暴、咒骂、监禁、拷打、谋杀，所有这些行动都不受法官的斥责和判决，只是在特定的条件下，出于特殊的用途才有例外。"良心谴责"这种我们地球的植被上最神秘、最有趣的植物不是从这片土地上生长出来的。事实上，在相当长的一段时间里，法官、惩罚执行者本人，根本就不曾意识到他是和"罪犯"打交道，他认为他是在和一个惹祸的人打交道，在和一个不负责任的不幸事件打交道，而那个将要受罚的人也感觉他的受罚是一种不幸，因此他在受罚时没有"内心痛苦"，只是觉得突然之间发生了某种未曾预料的事件，一种可怕的自然事件：一块岩石由天而降，把他砸碎，他已没有力量再进行抗争。

十五

斯宾诺莎曾经不无尴尬地承认了这一事实(这使他的注释家们感到恼火,因为他们,如基诺·费舍,正按部就班地曲解他在这里的原意)。有一天下午,不知是被哪段回忆所触动,斯宾诺莎开始思考这样一个问题:在他本人身上究竟还保留了多少那种著名的"良心谴责",斯宾诺莎把善与恶统统归结为人的幻觉,他顽强地捍卫他的"自由的"上帝的尊严,反对那些污蔑上帝做任何事都是经过深思熟虑的亵渎者("这可就意味着让上帝屈从命运,那上帝可就真的成了荒谬愚蠢之最了"——)。在斯宾诺莎看来,世界已经返回天真,返回到发明良心谴责以前的境地,可是在这一过程中良心谴责又变成了什么?"开心的反面",他终于自言自语道。"一种悲伤,伴随着对过去某件出乎意料的事的想象。"①数千年来,那些遭到惩罚的惹祸者和斯宾诺莎别无二致,关于他们的"违法行为",他们的感觉是"这次一定是出了什么意外",而不是"我不该这么做"。他们经受惩罚就像人们患病、遭难,或者死亡一样,带着那么一种坚定的、不加反抗的宿命态度,例如俄国人在操纵生命方面至今仍比我们这些西方人更高明。倘若在那些日子里有一种对行动的批评,那就是一种才智,这种才智会对行动进行批评。毫无疑问,我们应当首先在才智的增长中寻找惩罚的真实效用,应当在记忆的增长中寻找,应当在一种决心从此要更加审慎、更抱疑忌、更加诡秘地行事的意志中寻找,应当在意识到人对于许多事来说都是望尘莫及的明达中寻找,总之,应当在人类对于自我认识的增进中寻找惩罚的真实效用。无论是人还是野兽,它们通过惩罚所能

---

① 《伦理学》第Ⅲ卷 Propos 18, school。

达到的都无非是恐惧的增加、才智的增长,以及对于欲望的克制。因此,惩罚驯服了人,而不是改进了人,我们没有更多的理由还坚持相反的结论。(人云:"吃一堑长一智。"吃堑能使人长智,也能使人变坏。幸好吃堑往往只是使人变蠢。)

十六

我不能再兜圈子了,应当初步阐述一下我自己关于"良心谴责"的起源的假说,这一假说乍听起来可能使我们感到耳生,需要我们反反复复地思索。我把良心谴责看作一种痼疾,人们罹患了这种痼疾是由于那个史无前例的深刻变迁给他们造成了压力,这种变迁将人永远地锁入了社会的和太平的圈圈。就像那些海中生灵的经历一样,它们被迫要么变成陆地动物以求生存,要么灭种绝迹,于是它们这些愉快地熟习了野蛮状态、战争环境、自由徘徊和冒险生活的半野兽们突然发现,它们的所有本能都贬值了、"暴露"了。过去它们一直是在水里浮游,现在它们必须用脚走路,必须承担它们自身的重量:一个多么可怕的重量压到了它们身上!它们感到拙于进行最简单的操作。在这个新鲜未知的世界里,它们不能再依赖过去的那有秩序的、无意识的可靠动力来引导它们。它们被迫思想、推断、划算、联结因果——这些不幸者,它们被迫使用它们的最低劣、最易犯错误的器官:它们的"意识"。我相信,从前世上从未有过这样一种痛苦的感觉,这样一种极度的不舒服,因为那些过去的本能并没有突然间中止它们的要求,只不过是现在要满足它们的要求已经变得困难罕见了。关键是它们必须为自己找寻新的、几乎是隐秘的满足。所有不允许发泄的本能转而内向,我称其为人的内向化,由于有了这种内向化,在人的身上才生长出了后来被称之为人的"灵魂"的那种东西。整个的内在世界本来是像夹在两层皮中间那么薄,而现在,当人的外向发泄受到了限制的时候,那个内在世界就相应地向所有的方向发展,从而有了深度、宽度和高度。那个被国家组织用来保护自己免受古老的自由本能分割的可怕的屏障(惩罚是这个屏障中最主要的部分),使得野蛮的、自由的、漫游着的人的所有那些本能都转而反对人自己。仇恨、残暴、迫害欲、突袭欲、猎奇欲、破坏欲,所有这一切都反过来对准这些本能的拥有者自己:这就是"良心谴责"的起源。由于缺少外在的敌人和对抗,由于被禁锢在一种压抑的狭窄天地和道德规范中,人开始不耐烦地蹂躏自己、迫害自己、啃咬自己、吓唬自己、虐待自己,就像一只要被人"驯服"的野兽,在它的牢笼里用它的身体猛撞栏杆。这个为了怀念荒漠而憔悴的动物必须为自己创造一种冒险生活,一个刑房,一种不安定的、危险的野蛮状态,——这个傻瓜,这个渴望而又绝望的囚徒变成了"良心谴责"的发明者。良心谴责引发了最严重、最可怕的疾病,人类至今尚未摆脱这种疾病:人为了人而受苦,为了自身而受苦,这是粗暴地和他的野兽的过去决裂的结果,是突然的一跳一冲就进入了新的环境和生存条件的结果,是向他过去的本能,向那迄今为止一直孕育着他的力量、快乐和威严的本能宣战的结果。我们还须马上补充一点,另一方面,随着一个动物灵魂转向了自身,采取了反对自身的立场,地球上就出现了一些新奇的、深邃的、前所未闻的、神秘莫测的、自相矛盾的和前途光明的东西,从而使地球本身的面貌发生了重大的变化。实际上还需要有一个神圣的观众来给这场戏捧台。戏已开场,结局尚未可逆料。这场戏太精巧、太神奇、太有争议,所以不可能悄然无声地在某个微不足道的小行星上演出。在赫拉克利特的"伟大的孩子"(别管他是叫做宙斯还是叫做机遇)玩的那些难以置信的惊心动魄的赌博游戏中,人的地位是微不足道的。人给自己造就了一种兴趣、一种焦虑、一种希望甚至于一种信念,就好像人预示了什么,准备了什么,好像人不是一种目的,而是一种方式、一段序曲、一座桥梁、一个伟大的诺言……

十七

我的关于良心谴责起源的假说首先认定,那种变化不是渐进的,也不是自愿的。它不代表一种适应新条件的机构性发展,它是一种断裂、一种跳跃、一种强制、一种不可抗拒的灾难。它不容抗争,甚至也无法怨恨它。其次,我的假说还认定,把一直未曾受过约束、没有定形的民众关进一个紧促的模子里,这样一种以暴力开始的行动,必将以暴力结束。所以,最早的"国家"就是作为一个可怕的暴君,作为一个残酷镇压、毫无顾忌的机器而问世、而发展的,这个过程一直发展到民众和半野兽们不仅被揉捏、被驯服,而且已经定了形。我使用了"国家"一词,我的所指是不言自明的:有那么一群黄头发的强盗、一个征服者的主人种族,他们按照战争的要求,自行组织起来,他们有力量进行组织。他们毫无顾忌地用可怕的爪子抓住那些或许在人数上占据优势,但却是无组织的漫游人种。地球上的"国家"就是这样起源的。我想,我们已经克服了那种让国家起始于"契约"的幻想。谁能发号施令,谁就是天然的"主人",谁就在行动上和举止上显示粗暴。这种人要契约何用!这种生物无法解释,他们是命定的,没有始因,没有理性,没有顾忌,没有借口。他们闪电般地出现,太可怕,太突然,太令人折服,太"不寻常",甚至都无法去恨他们。他们本能地造就形式、推行形式,他们是最漫不经心、最没有意识的艺术家。总之,他们在哪儿出现,哪儿就会有新的东西兴起,这新的东西就是一个活生生的统治形体,它的各个机件和功能都是泾渭分明并且相互联系的,其中不能容纳任何不是早先从整体获得意义的东西。这些天生的组织者，他们不知什么叫犯罪、什么叫责任、什么叫顾忌。他们被那种可怕的艺术家——个人主义所驱使，这个人主义矿石般地坚定，它善于以其"作品"使自己获得永久的承认，就像母亲善于以她的孩子使自己得到承认一样。良心谴责当然不是源发于这些人，这一点早已明确了。然而，如果没有这些人，如果不是他们的铁锤的打击和他们的艺术家的残暴，把大批量的自由挤压出了世界，至少是赶出了视野，也就不可能有良心谴责这可憎恶的生长物。我们懂了，只有这残暴地迫使潜匿的自由之本能，只有这被压退回去的、锁入内心的，最后只能向着自己发泄和施放的自由之本能，才是良心谴责的萌发地。

十八

我们应当注意，不要因为这个现象一出现就既丑恶又痛苦，便不去加以认真思考。说到底，这就是那种积极的力量，那使暴力艺术家的作品更加出色、使暴力组织者建立了国家的力量。同样是这种力量，在这儿它内向、微小、狭隘，朝着倒退的方向，用歌德的话说，就是处在"胸的迷宫"中，正是这种自由之本能，用我的话说就是强力意志，创造了良心谴责，建立了否定的理想。所以，那创新的、残暴的自然力的构成材料是人自身，是人的整个动物自身，而不是另外那个，另外那些更伟大、更壮观的非凡人。这种秘密的自我强暴，这种艺术家的残酷，这种把自己当成一种沉重的、执拗的、痛苦的东西加以定形的乐趣——把意志、批判、对立和蔑视强加给自己的乐趣，一个甘愿分裂自己的灵魂所做的这种阴森可怕、充满恐怖欲的工作，这种为了从制造痛苦中获得乐趣而使自己受苦的工作，这种纯粹是主动的"良心谴责"最终是——我们已经猜到了——理想的和臆测的事件的真正母腹,它同时还娩出了大量新奇的美和肯定,甚至竟娩出了美本身……假如美的对立面不先自我意识自身的存在,假如丑不先对自己说:"我是丑的",那什么又是美呢?这一暗示至少有助于解谜,有助于解释像无私、自我否定、自我牺牲这类对应的概念在什么程度上能够暗示一种理想、一种美。读者这下子就明白了,我不怀疑,无私的人、自我否定和自我牺牲的人所感受到的乐趣,从一开始就是一种残酷的乐趣。关于"非个人主义"这种道德价值的起源,以及这种价值的生长土壤的划定,我就先讲这些:正是良心谴责,正是自我折磨的意志,为所有非个人主义的价值提供了前提。

十九

毫无疑问,良心谴责是一种病,不过这是像妊娠那样的病。现在我们来寻找使这种病达到其最严重、最可怕的阶段的条件。我们将要看到,它原来是怎样问世的,这需要长长的一口气才能讲完,首先我们还必须回顾一下前面提到的论点。债务人和他的债权人之间的私法关系早已成为一个话题,现在它又一次,而且是以一种引起历史性关注和思考的方式,被解释成一种或许为我们这些现代人最不能理解的关系,也就是说,它被解释为现代人和他们的祖先之间的关系。在原始部落中——我们是在讲古时候——每一代新人都承认,他们对于上一代人,特别是对于部落的最初奠基者,负有一种法律的责任(这绝不仅仅是一种感情的纽带,尽管我们也不能毫无根据地否认这种纽带自人类有史以来就存在)。早期社会认定,人种只有通过他们的祖先的牺牲和成功才能获得延续,而这些需要用牺牲和成功来回报。因此人们承认负有一种债务,而且债务还在继续扩大,因为作为强大精神而继续存在着的祖先们，并没有停止以他们力量向他们的后人提供新的优惠和预付新的款项。是无偿的吗？可是在那个残酷的、"灵魂贫困"的时代，没有什么东西是无偿的。那么怎样才能偿还它们呢？用祭品（开始是出于最低的理解力向他们提供食物）、用庆贺、用神龛、用礼拜，特别是用服从来偿还。说到服从，这是因为所有由祖先建立起来的惯例，也成了他们的后人的规章和命令。可是人们能否还清这笔债务？这里存留着疑问，而且疑问还在步步增长，它时不时不问青红皂白地迫使采取重大的补偿措施，以某种巨额代价支付"债权人"，比如最有名的是牺牲头生儿，这可是血、是人血啊。根据这种逻辑，对于祖先及其强力的恐惧，对祖先负债的意识，必然地随着部落本身力量的增长而增长；部落本身越是胜利，越是独立，越是受人尊敬、为人惧怕，对于祖先的这种恐惧和负债意识就越是增长，从无反例！部落的每一步衰落，每一场不幸的失误，每一个退化的征兆，每一个即将解体的征兆，都总是会减少部落对其祖先精神的恐惧，都会降低部落对其祖先的才智、预见和实力的评价。这种粗浅的逻辑，最终将导致的结论无非是：最强大的部落的祖先必终被不断增长着的恐惧想象成一个巨人，最后被推回到一种阴森可怖、不可思议的神的阴影中去，祖先最后不可避免地变成一个神。也许这就是神们的起源，也就是说源于恐惧！……如果有谁认为有必要补充说"也源于孝敬"，那么他的主张就很难为人类漫长的早期发展所证实，更不会被人类发展的中期所证实，在这个时期出现了高贵的种族，他们事实上已经向他们的造就者、他们的祖先（不管他们是英雄还是神）连本带息地偿还了所有的品质。在此期间，那些品质已明显地为他们所拥有。后面我们还会看到众神的贵族化和"高尚化"（这和他们的"神圣化"当然不是一回事），但是现在先让我们结束这个负债意识发展的全过程吧。

二十

历史教导我们,关于人欠着神灵的债的意识,即使在"政体"的血亲组织形式没落了以后也未曾消失。就像人类从部落贵族那里继承了"好与坏"的概念,同时也继承了他们对于等级划分的心理嗜好一样,人类继承了部落神灵和种族神灵的遗产的同时,也继承了还不清债务的负担和最终清还债务的愿望。(那些人口众多的奴隶、农奴,他们要么是被迫地,要么是由于屈从和通过模仿而接受了他们的主人的祭神礼。他们就变成了一个通道,这些遗产就通过他们向四面八方传播。)这种对于神灵的负债感持续发展了几个世纪,它总是随着人关于神的概念和人对于神的感情的演进而发展,而且现已发展到了高峰。(关于种族战争、种族凯旋、种族和解和融合的全部历史,一切发生在所有的人种最终纳入那个种族大融合之前的事情,全部都反映在关于神的起源说的混乱之中,反映在关于他们的战争、胜利与和解的传说之中。向着世界性帝国的前进也总是向着世界性神灵的前进,专制主义以其独立贵族的征服为某种形式的一神论铺平了道路。)作为迄今为止"最高神明"的基督教上帝的问世,因此也就使得世上出现了负债感之最。假设我们终于进入了反向运动,那我们就可以毫不迟疑地从对基督教上帝信仰的减弱推论出:现在人的负债意识也已经相应地减弱了。是的,我们不应否认这样一种前景:无神论的全面最后胜利可能将人类从其对先人、对始因的全部负债感中解放出来。无神论和一种形式的"第二次无辜"同属未来。

二十一

关于"负罪"和"义务"这些概念与宗教假说之间的关系我就先

简略地谈到这里。我有意不谈这些概念所经历的道德化过程，那将会使我们回到良心的问题上去，而且肯定会回到良心谴责与神的概念的纠缠中去。从我上一节的结尾看，这样一个道德化的过程似乎从未出现过，鉴此，现在似乎理应停止对这些概念的议论，因为这些概念的前提——对我们的"债权人"，即上帝的信仰已经崩溃了。可怕的是，事实情况与此相距甚远。事实上，人们以其对于负债和义务概念的道德化加工，以其将这些概念推回到良心谴责中去的努力，尝试着扭转刚才描述过的发展方向，或者至少使发展中途停顿。现在正是要给一劳永逸地清偿债务这一前景泼泼冷水；现在就是要打消人对于铁的不现实的注意力，把这注意力弹回去；现在那些关于负债和义务的概念应当转向——那么对准谁呢？理所当然应当先对准"债务人"，因为良心谴责目前在他身上扎根，正在侵蚀他、捉弄他，而且像癌一样在向广度和深度蔓延，最后使得他得出结论认为：因为债务是无法清还的，所以赎罪也是徒劳无功的，从而形成了罪孽无法赎清的思想，即"永恒的惩罚"的概念。可是结果矛头又对准了"债权人"，现在人们开始诅咒人的始因，诅咒人种的起源，诅咒人的祖先（诸如"亚当""原罪""非自由意志"），或者诅咒自然，因其造就了人，因其搜集了恶（所谓"诅咒自然"），甚至诅咒只剩下价值真空的存在（虚无主义式的远离存在，渴望虚无，或者渴望它的"反面"，即另一种"存在"——佛教及其同类），直到我们突然站到了那种自相矛盾的、恐怖的急救措施面前。基督教的这一绝招，使备受折磨的人类找到了片刻的安慰：上帝为了人的债务牺牲了自己。上帝用自己偿付了自己，只有上帝能够清偿人本身没有能力清偿的债务——债权人自愿地为他的债务人牺牲自己，这是出于爱（能令人相信吗？），出于对他的债务人的爱……

二十二

说到此读者已经猜到,所有这些说教的背后究竟发生了些什么?就是那种自找痛苦的意志,就是那种倒退回去的残酷。那个内向化的、被吓得返回自身的动物人,那个被禁锢在一个"国家"中以便驯养的囚徒,他在自然地发泄,制造痛苦的欲望被阻止了之后,又发明了良心谴责,用以给自己制造痛苦。正是这个进行良心谴责的人,以其倒退的残酷抓住了宗教假说,从而使他的自我折磨加剧到可怕的程度。对上帝负债的想法变成了他的刑具,他在上帝身上抓到了最终与他的真实的、未脱尽的动物本能相对立的东西。他指出这种动物本能,为的是把它们当作对上帝负债的证据,当作仇恨上帝、拒绝上帝、反叛"主"、反叛"父"、反叛始祖和造物主的证据。他把自己置于"上帝"和"魔鬼"的对立之中。他对一切都掷以否定:他否定自我、否定自然、否定他自身的自然性和真实性;他把从自身挖出来的东西当作一种肯定,一种可能的、真实的、生动的东西,当作上帝,当作上帝的审判、上帝的刑罚,当作彼岸世界,当作永恒、永久的折磨,当作地狱,当作永无止境的惩罚和无法估算的债务。这种心灵残酷是一种前所未有的意志错乱:人情愿认自己是负债的、是卑鄙的、是无可救赎的;他情愿想象自己受罚,而且惩罚也不能抵消他负的债;他情愿用负债和惩罚的难题来污染和毒化事物的根基,从而永远地割断他走出这座"偏执观念"的迷宫的退路;他情愿建立一种理想,一种"神圣上帝"的理想,以此为依据,证明他自己是毫无价值的。噢!这些神经错乱的、悲哀的野兽人!他们的想法有多么怪诞!他们的野兽行径一旦稍稍受到阻止,他们的反常,他们的荒唐,他们的野兽思想就会立刻爆发出来!所有这一切都非常之有趣,可是人们用一种应当受到严厉禁止的、黑色的、忧郁的、神经衰弱的悲哀目光,对这些深渊注视得太久了。无疑地,这是疾病,是迄今为止摧残人的最可怕的疾病。有谁还能够听见(可惜如今人们没有耳朵听这些!),在这苦难和荒唐之夜响起了爱的呼喊,这是心醉神迷的呼喊,是在爱中寻求解脱的呼喊,它慑于一种不可克服的恐惧而离去! 在人身上有这么多的恐怖! 地球很久以来就已经是一所疯人院了!……

二十三

上述这些应该足以说明"神圣的上帝"的来历了。只要看一看希腊众神就足以使我们信服,神的观念并不一定要产生出这种病态的想象,这种我们目前还不能回避的现象;事实上有许多比这种自戕自罚(近几千年来欧洲人已深明此道)更高尚的方法,可以用来编造关于神的故事。希腊众神是一些高贵而又能自主的人的再现。在他们那里,人心中的动物感到自己神圣化了,而不是在自我摧残,不是在对自己发怒! 这些希腊人长久地利用他们的神来回避良心谴责,以便能够保持心灵自由的快乐,这也就是说,他们对神的理解和基督教对它的神的利用方式相反。这些杰出而勇敢的孩子头儿们,他们在这方面走得很远。一个不亚于荷马史诗中的宙斯本人的权威曾不时地指出,他们行事过于草率,有一次他说(这是阿基斯多斯的例子,是一个非常坏的例子):

"多么奇怪啊! 那些凡人怎么会这样大声地抱怨我们这些神!"

"他们以为恶都是来源于我们,可是他们由于自己的无知,由于违抗命运,制造了他们自己的不幸!"

但是读者立刻注意到,就连这位奥林匹斯的旁观者和执法官也绝不因此而怨恨他们,不把他们想得很坏。"他们有多傻!"当他看到凡人的过失时这样想。"愚蠢""无知",还有点儿"精神反常"——这就是为那些全盛时期的希腊人所认可的导致许多坏事和灾难的原因。愚蠢,而不是罪孽!……你们懂吗?不过,那些精神反常倒确实是问题。"是的,这种事怎么会发生在我们这些人身上?我们是一些血统高贵、生活幸福、教育良好、地位显赫、气质高贵、品德高尚的人!"许多世纪以来,每逢一个高贵的希腊人用那些无法理解的残暴和恶行玷污了自己时,其余的希腊人就会这样发问,最后他们会摇着头说:"他肯定是被一个神愚弄了。"这是典型的希腊式遁词,当时众神就是这样在某种程度上为人的恶行作辩护,众神成了罪恶的原因。在那个时候,人们不是惩罚自己,而是以更高贵的姿态惩罚犯罪。

二十四

显然,我在结束这章时有三个问题没有解答。有的读者可能会问我:"你是否在这里树立了一个理想?还是破坏了一个理想?"那么我会反问,你们曾否多次地问过自己,在地球上每建立一种理想需要付出多么昂贵的代价?需要诋毁和曲解多少事实?尊奉多少谎言?搅乱多少良心?牺牲多少神?为了建造一个圣物就必须毁掉一个圣物,这是规律——如果有谁能够证明规律失灵,敬请指出。我们这些现代人继承了数千年良心解剖和动物式自我折磨的传统。在这方面我们具有长期的训练,也许是有艺术才能,最起码是有娴熟的技巧,这是我们所习惯的口味。人用"罪恶的目光"在他的自然倾向中搜寻了太长的时间,结果这些自然倾向终于和"良心谴责"密切地联系在一起了。逆转这一方向努力是可能的,但是谁有足够的力量去做这件事?那需要把所有的非自然的倾向,把所有那些向往彼岸世界的努力,那些违抗感觉、违抗本能、违抗自然、违抗动物性的努力,简言之,把迄今为止的理想,全部敌视生活的理想、诋毁尘世的理想,总之,需要把所有这些同良心谴责联系起来。如今,这些期望和要求能对谁去说呢?……对那些好人?——人们正是利用他们来反对自己的——顺理成章的还有那些懒散的、隐退的、虚荣的、昏庸的、疲倦的人们?有什么比人使自己获得尊严的努力更能侮辱人、更能如此彻底地把人分离开来?反之,只要我们像其他所有的人一样行事,像其他人一样"过活",整个世界又会变得多么和蔼友善!为了达到那个逆转方向的目的,需要另外一些精神,这正是我们这个时代不可能出现的。那些被战争和胜利强化的精神,那些要求征服、冒险、危难,甚至于痛苦的精神;为了达到那个目的还需要习惯于凛冽的高山空气,习惯于冬季的漫步,习惯于各种各样的冰冻和山峦;为了达到那个目的需要一种高明的鲁莽,一种去认知的最自信的勇气,这勇气是来源于伟大的健康;一言以蔽之,为了达到那个目的,需要的正是这伟大的健康!人如今还可能有这种健康吗?

但是在未来的某个时候,在一个比我们这个腐朽的、自疑的现代更为强盛的时代,那个怀有伟大的爱和蔑视的人,那个拯救世界的人,那种创造精神,还是会来临的;他那逼人的力量使他无处苟且歇息;他的孤独被人误解为逃避现实,而实际上孤独正是因为他投身现实、埋头现实、思索现实,因而一旦他离开现实、重见光明,就能够把现实从所有理想加给它的诅咒中拯救出来了,这个未来的人就这样把我们从迄今所有的理想中拯救出来了,就这样把我们从理想的衍生物中、从伟大的憎恶中、从虚无意志中、从虚无主义中拯救出来了。这一正午的报时钟声,这一使意志重获自由、使地球重获目标、使人重获希望的伟大决定,这个反基督主义者、反虚无主义者,这个战胜了上帝和虚无主义的人——他总有一天会到来。

二十五

可是我还要说什么?够了!够了!只有在这儿我应当沉默,否则我就会侵夺仅仅属于另外一个人的权力,他比我年轻,比我强壮,比我"更代表未来",这权力只属于查拉图斯特拉,不敬神的查拉图斯特拉。

(周 红 译)

人的精神的创造[①]

精神的三种变迁

我对你们陈述精神的三种变迁即精神如何变成骆驼,骆驼又如何化为狮子,狮子怎样终于变为婴孩。

坚强的负重精神含藏着诚敬,则有许多严重的负担,其坚强有望于重者,至重者。

但何为至重者?坚韧的精神如此答,精神应如骆驼,希望满驮于背。最重要的是什么,英雄们?坚韧的精神这么问,使我将其负载,欣幸于我的坚强。

岂不是自卑,而自损其高傲?自示愚蠢,而自诎其聪明?

或者是从我们的事业离开,这时庆贺它的成功。登高山做一个试探者。

或者是以知识的茅草与橡栗为报,为了真理灵魂不断地在追求。

或者是生疾病,屏绝慰安者,与聋者为友,那永远听不到你所要听的声音。

或者是自没于浊水,倘若是真理之水,而不屏斥冰凉底鞋,热底蟾蜍?

[①] 本文译自《查拉图斯特拉如是说》第一卷第一至十一节,标题为译者所加。

或者是爱着蔑视我们的人,向魔鬼伸手相握,倘其正要恐吓我们?

这一切很重皆由坚韧的精神负起:如骆驼,负重向沙漠奔去,他如是奔往于他的沙漠。

但在最寂寞的旷野中,发生第二种转变:精神要在此变为狮子,他要夺取自由,自主做他的旷野之主。他在此将寻找他的对手:与之为仇,但最后他总要面对上帝,与天自问。

那大天龙,精神所不再称之为主子与上帝的,它是什么呢?这天龙名叫"你应"。但狮子的精神说"我要"。

"你应"阻于中途,金光璀璨,一鳞介动物,每一片鳞上辉煌着金色的"你应"!

千秋的价值显耀于此龙鳞,龙中最强力的龙便如是说:"一切事物的价值——在我身辉煌。"

一切价值已经造成,而一切造成的价值——便是我。诚然,不应再有"我要"怎样了!天龙如是说。

兄弟们,缘何需要精神中的狮子呢?那负重的动物,退避,诚敬,有何不足呢?

创造新价值——狮子也许还不能,但创造着新创造的自由——凭狮子的威力可以做到。

为自己创造着自由,加义务以神圣地否认,则需要狮子。

为自己取得新价值之权利——这一坚韧而且诚敬的精神,成为最可怕的截取。诚然,他的这种劫掠,就犹如一种进行劫掠的猛兽的行为。

他曾以为"上帝"具有至神至圣性,并爱之:现在必在此神圣中也看到了任意与狂放。他将从其爱好中夺取自由。要夺取则必成为狮子。

但是,兄弟们,请说出婴孩又何以能狮子之所不能呢？何以狮子精神要化为婴儿精神呢？

婴孩乃天真,遗忘,一种新与,一种游戏,一个自转的圆轮,一发端底运动,一神圣地肯定。

是呀,为创造的游戏,必须神圣地肯定,精神于是需要其自我的意志,失掉世界者要复得他自己的世界。

我已指示你们精神的三种转变：精神如何变成骆驼,骆驼如何化为狮子,狮子怎样终于变成婴孩。——

查拉图斯特拉如是说,那时他在一个城里流连,城名花牛。

道 德 讲 座

有人告诉查拉图斯特拉,有一位智者善说睡眠与道德的理论,并广受人们的尊敬与供奉。查拉图斯特拉也去听讲,和一班少年一同坐在那讲习前,智者便如是说：

对睡眠尊敬、自羞：这是第一要义：避开那帮失眠与不睡的人。

偷儿对于睡眠犹且羞怯,他时常在夜里轻轻窃盗。但不知羞耻的是守夜者,无耻地负着他的号角。

睡眠不是小玩意,为此应需整天醒悟。

你应该每日克制自己十番,使人疲劳,对灵魂来说这犹如鸦片。

又应该每日十番与自己妥协,克制对自己来说是苦楚的,但不妥协者不得安睡。

又应该在白天寻出十种真理,否则你在夜间去思寻真理,则灵魂不得休息。

又应该在白天笑十番,而且欣悦,否则在夜间胃肠扰害你,胃肠是困苦之端。

很少人知道这些道理,但人应具备这些美德,为的是睡得好。有时还要作假见证,想着引诱邻家的少女,——但这皆和美睡不相融调。

纵使具备了一切美德,还要懂得一事,便是道德本身在这当时的时辰也使之安睡。

要做和顺的小夫人,使各种美德不致自相争斗。为了你,也为了其他不幸的人。

与上帝与邻舍保持和平,这是安睡所需要的。也要与邻舍的魔鬼保持和平呀,否则它将在夜间来袭。

尊上并服从他们,也恭敬邪行的长者:安睡原欲这样。威权喜爱邪行,我又何能为力?

引羊群到茂草者,在我总以为是最好的牧人:这和安睡相融调。

我不要很多的光荣,也不要过多的财宝,这会引起肝囊炎。但如果没有好名声和一点点财宝,则不能安适地睡觉。

较之多但坏朋友,我更欢迎少但好朋友。但这几个人应恰当地时来时去,这和安睡相融调。

我也喜欢精神贫弱的人,他们催起睡眠。他们有福了,尤其是只当人以为他们常是对的了。

白天对有道德者这么过去。夜来,我留心不将睡眠唤醒:睡眠,一切道德之主宰,是不欲被呼召的。

但我回想日间之所行与所思。反省自问,像一头牛有耐性:你的十番自制是些什么?

而且十趟妥协,十点真理,十次喜笑,使我内心欢乐者,是些什么呢?

反省这些事,摇摇于四十种思想中,睡眠便一下子降临于我了。这不召自来者,一切道德之主宰。

睡眠轻扣我的眼扉,于是就沉重了。睡眠轻扣我的嘴唇,于是就张开了。

真的,他轻步向我移来,这偷儿中最可爱者,来窥去我的思想,我呆然站在那儿,像这讲台上的椅子。

但我也站着,但不久便已躺下了。——

当查拉图斯特拉听到智者这么说教,心里觉得好笑,有一道光闪来,他知是向着他的内心,说:

这智者和他的那四十种思想,在我看来真觉得是傻子表演。但我相信他很懂睡眠。

居于这智者近旁的人,已是幸福了:这种睡眠是传染的,透过一层厚墙壁犹且中人。

一种魔力沾在他的讲席上。少年们坐在这道德教师前,诚然不虚。

他的明智叫人清醒,为了好睡。而且真的,生命如果没有意义,而我得选择无意义之事,则这正是最值得选取者。

现在我明白了,人从前寻找道德的讲师,正是寻求什么。替自己寻找良好的睡眠,助之以罂粟花似的道德!

对这个讲席上的智者而言,智慧不过是无梦的睡眠。他们不知生命的更佳的意义。

便在现今又有少数人,像这道德的教师,却不一定这么可敬,但他们的时代完结了。而且还站得不久,便已躺下了。

这个瞌睡者有福了,因为他们将随即入睡。——

查拉图斯特拉如是说。

来 生 论 者

查拉图斯特拉也曾同与一切修来生者一样,把他的幻想抛掷到人类以外去。在那儿我觉得世界好像是上帝的创造品。

在那儿我觉得世界真是一个上帝的梦幻：神圣的不乐意者眼前的彩色的烟雾。

善与恶,乐与苦,我与你——,皆好像彩色的烟雾,在制造者的眼前,我觉得如此。制造者要离其自我远望而去,——因之创造了世界。

苦痛者也有醉心的欢乐,从他的痛苦远望而去,且自忘失。世界与我亦曾仿佛是醉心的欢乐与自忘自失。

这世界,永远是不圆满的,是一种永远充满矛盾的书画,而且不完善的书画——这是其不完足的创造者的一种醉与心底的欢乐——我曾觉世界是这样。

所以我也如修来生者,把我的幻想掷到人类以外去,他真的能做到吗?

呵呀,兄弟们,我创造的这个上帝,是人类所妄想出来的,和其余的天神一样。

他是一个人哩,并且这个人是我的一部分,他来自我的火焰与煨炉,是我的幻影,而且真的,不是从天外来的:

怎样了,兄弟们? 我胜过了自己,我这苦痛者,我揣了我自己的煨炉走入深山,生起熊熊的火焰。看啊! 那幻影从我面前退避了。

倘若还要相信这种鬼神,现在留给我的是苦痛,是病愈者的余疾,我只是痛苦与屈辱。我向鬼神论者如是言说。

那是苦痛与乏弱——造成了神鬼之道,这是一瞬间的欢乐的疯狂之作,但只有最痛苦者所能体会的。

疲倦,欲一跃达到终点,拼死一跃,一种可怜无知的疲倦,甚至不愿再愿望的,这便造成了一切天神和后方世界。

相信我呵,兄弟们! 这是肉体对于肉体的绝望,——这,以被愚弄的精神的指头,摸索着尽头的墙壁。

相信我呵,兄弟们! 这是肉体对于地球的绝望,——这听到的腹肠向他告语。

他想用头透出这尽头的墙壁,而且不单是用头,而且是希望整个地度到"那彼岸世界"中去。

但"那彼岸世界"却自隐于人前,那无人的非人类的世界,便是天上的"虚无":存在的腹肠亦不向人告语,除非是作为人。

真的,一切存在皆难以证明,难于使之言说,告诉我,兄弟们,一切事物中最神奇的,岂不是犹且最好证明了吗?

是的。这自我,与自我之矛盾与纠纷,而且最切实地述说其存在:这创造的、愿望的、评价的自我,一切事物的价值与度量。

而且最切实地存在,自我——仍然说起肉体,愿要肉体,即使在其诗化、超然,用破裂的翼翅飞举时。

只见切实地学着言说这自我,而且学得越多,与肉体、与地球他也愈多辞彩与光荣。

我的自我教示我一种新的骄矜,我更以之教人:不再回头于天上的事物的沙中,却自由地昂起头来,这地球上的头颅,为土地开创意义者。

我教人一新意志:走上那人类茫然走过的路,承认这路好,不从而溜开,不像那病人和垂死者:

正是病人和垂死者,蔑视着肉体和土地,因之发明着天国与赎罪的血滴,便是这甜美而且致死的毒药,他们也还是取自肉体和土地。

他们要逃开困苦,去星辰又觉得遥迢。于是欷道:"有一条天上的路,我们可以在那里寻找到幸福!"——他们便发明了这小诡计并引诱着人们。

于是他们幻想着在那里,他们已脱离肉体和土地。但这些不知感激的人们,是什么可以使你们进行那般超脱的痉挛与狂欢?

是他们的肉体和这土地。

查拉图斯特拉对于病者是和缓的。诚然,他恼怒他们那种慰安与不感谢的态度。唯愿他们恢复着、制胜着,创造出较高华的身躯。

查拉图斯特拉对于复原者也是宽厚的,他不因为他们留恋那失去的幻想,半夜里在他们的上帝的墓边游移而不快。但我觉得他的眼泪中犹带着病,仍其为病的躯体。

乐于梦想而希求于上帝的人,许多是有病的人。他们恨那些开明者,便是诚实。

他们总回顾黑暗的往古:那时幻执和信仰自另是一回事。理智的错乱是神性,而怀疑是罪恶。

我真懂得这些近似神仙的人:他们是要人相信他们,怀疑便是罪恶。我真懂得他们自己最信仰什么。

诚然不是相信来世和赎罪的血滴,却是最信仰的肉体,他们把自己的肉体视作事物本身。

但他们认为肉体也是一种累物,他们诚愿脱体而去。因此他们愿意听死之说教者,自己也说教宣传来世。

我的兄弟们,宁肯听健康肉体的话吧,这是一种较诚实较纯洁的声音。

纯洁而健康的肉体说得较切实,那丰满而且方正的肉体:他说起土地的意义。——

查拉图斯特拉如是说。

蔑 视 肉 体 者

我愿向蔑视肉体者进一言。他们无须重新改学或改说,只须向其肉体告别——如是而沉默下去。

"我是肉体也是灵魂。"——小孩这么说。人们为什么不能像小孩一样这么说呢？

但觉悟者、明智者说："我完完全全是肉体，此外无有，灵魂不过是肉体上的某物的称呼。"

肉体是一大理智，是一个有意义的复体，同时战争与和平，是羊群与牧者。

兄弟呵！你的一点小理智，所谓"心灵"者，也是你肉体的一种工具，你的大理智中一个工具、玩具。

你说"我"，对"我"之一字颇自负。但更重大者——虽则你不肯信——是你的肉体及其大理智，这不言我，却自行其为我。

意识所感觉的，心灵所认识的，其事本自无穷。但意识与心灵想说服你，它们为一切事物之终结，其虚妄如此。

意识与心灵皆是工具与玩具，其后犹有自我的存在。自我用意识的眼睛看，用心灵的耳朵听。

自我常常倾听而且求索：比较着，强制着，劫掠着，破坏着。他统治着，也是"我"的主人。

兄弟呵，在你的思想与感情后面，有个强力的主人，一个不认识的智者——这名叫自我。它寄寓于你的躯体中，他便是你的躯体。

在你的躯体中，比在你最高的聪明里犹多理智。谁知道，为什么你的躯体需要你的最高的聪明？

你的自我嘲笑，你自称的我，及其你高傲的优越性。"这些优越与思想的突飞，对我是什么？"——他自语说——"是达到我的目的之绕道。我便是这我的引导索，及其义气的鼓励者。"

自我向我说："在此，我感到痛苦！"他于是便感到痛苦，思索如何将痛苦免除——他积极地为此思索。

自我向我说："在此,我感到快乐!"他于是便觉快乐,思索如何使快乐常存——他正积极为此思索。

我要向蔑视肉体者说一句话,其蔑视正使之得推崇。造成尊敬、不敬、价值、意志的是什么?

这创造者的自我,为自己创造尊敬与不敬,为自己造成快乐与苦恼。创造者的躯体,为自己创造了心灵,成为其意志的助手。

便在你们的愚蠢与蔑视中,肉体蔑视者呵,也是为了自我。我告诉你们:"你们的自我本身,愿望死去,从生命前转开。"

他已不能为他所最乐为者——超自我以外而创造。这是他最乐为的,这是他的整个热情。

但现在已太迟了——因之你们的自我将要堕落,你们这些肉体蔑视者呵!

你们的自我将要堕落,因此你们成为肉体蔑视者,因你们已不能再超出自我以外而创造。

因此你们愤恨生命和这土地。你们的蔑视的眸睨中正深藏不自知的妒忌。

我不走你们的道路,蔑视肉体者,我以为你们不是到超人的桥梁。——

查拉图斯特拉如是说。

快 乐 与 热 情

兄弟呵,倘若你有一种道德,而且正是你的道德,则不与旁人来分享。

自然,你将呼他的名字,和他亲热,提提他的耳朵,同他消遣。

然而看呀,你之有它的名却与众人同,以你的道德,你已变为众人或常人中之一了。

你也许这么说："我的灵魂为甘为苦,是不可言语的。而只是我的肠胃饥饿,但无名。"

如你的道德高贵得不容许亲昵,但你又必将其说出,则就不必羞于讷讷不能言说。

于是讷讷地说："这是我的好东西,我爱它,它完全合我的意,只有我愿意有这种美德。

我不欲其为上帝的天条,也不愿其为人类的法律和需要。对我,它不需成为超世界与到天堂的指路牌。

这是一种地上的美德,我所爱的,其中很少聪明,更少一般人的理性。

但这鸟在我身边筑了巢居,因此我欢喜而且爱护你——现在你在我身旁伏于其金卵之上。"

你应当这么讷讷地说,称颂你的道德。

从前你有了热情,但你以为不善。现在你只有美德,但它是生于你的热情。

你在这些热情上心里树立了最高的目标,这些便化为你的美德和欣慰。

无论你出自暴烈的种性,或生为放浪的气质,或与迷信者同流或与好寻仇者一族。

到终极,你的一切热情化为美德,你的一切魔鬼皆为天使。

从前你在地窖里蓄着猛犬,但终于皆化为好鸟与可爱的歌女。

你从你的毒液提炼香膏:取母牛——困苦——之乳,——但于今饮着甜美的乳汁。

从你的身上不再诞生恶毒,除非是由于各种道德的交争的影响。

兄弟呵,你如幸运,将只有一种德行,没有其他。这么将轻便地走过那桥梁。

具备多种道德是优异的,但也是苦难的命运,许多人走向荒野去自杀,因为他们倦于道德的内战,不愿这里成为战场。

兄弟呵,战争与杀戮是罪恶吗,但这罪恶是需要的。需要的是嫉妒、猜疑、各种道德互相攻讦。

看呵,怎样你的每种道德贪求最高的地位,它要整个心变为它的使者,它要你在愤怒、憎恨和爱中的全部力量。每种道德对于另一道德是嫉妒的,嫉妒是可怕的事。一切道德也可因嫉妒而败坏。

若有人为嫉妒的火焰所包围,终将和蝎子一样,用这毒蜇蜇向了自己。

兄弟呵,你从来没有看过一种道德的自毁与自刺么?

人是一件必须超过的东西,因此你将爱你的道德——因此你将被它们毁坏。——

查拉图斯特拉如是说。

惨色的罪人

法官和献祭者呵,倘若那动物没有低头,你们还不愿杀戮它么?看呵,那容颜惨白的犯人已低下了头,从他的眼里仿佛说出了最大的讥嘲。

"我的我是一样必须加以克制的东西,我觉得我的我是人类的大侮蔑。"犯罪的眼里如是说。

当其自加裁判,是他的至上的时刻:别让这伟大者重降落于其卑贱里;与这种苦于自我者没有其他的解救,除了疾速死亡。

你们的杀戮,裁判官呵!应该是同情而不是报复。当你们杀戮,你们自己还得留心替生命辩护。

与你们将杀戮的人相和好，是不够的。化你们的大悲为对超人的爱吧：这才平等地对待了你们的生。

"仇敌"，你将说，但莫说"痞徒"；"病人"，你将说，但别称"败类"；"傻子"，你将说，但不可呼为"罪人"。

而且你呵，发赤的法官，但若你高声说出你在思想中做的一切事，那么凡人皆会高呼："除却这秽物与毒液罢！"

但思想是一事，行为是一事，行为的意象又是一事。因果律的轮子不在其间转旋。

一种意象使这惨淡的人面容苍白。犯罪之时，他与行为一样激昂，但犯罪之时，他不承担那意象。

从此他自视为某一罪恶的罪犯。我说这是疯狂，在他，是例外倒转为故常。正如一道白线，可以使鸡儿呆立，他挥动着的一击便束住了他的薄弱的理性——我称之曰犯罪后的疯狂。

听呵，裁判官还有一种疯狂，是在犯罪之前的。我觉得你们还未从内部深深地探入过这种灵魂。

发赤的裁判官这么说："这犯人为什么杀戮呢？他想抢劫。"但我告诉你们，他的灵魂需要血，不需要抢劫，他渴望运用剑的欣愉。

但他的薄弱的理性不了解这种疯狂，便劝他说："血有什么价值，你岂不能至少抢掠一下？或者复仇一下？"

他于是听从他的薄弱的理性。这话是铅似地压着他，——杀戮时，他便抢掠着。他不欲自羞与疯狂。

于是他的罪恶更铅似地压着他，他的薄弱的理性更是如此麻痹、乏弱、承重。

只要他摇动着头呵他便能使这重压滚下，但谁来摇动这头呢？

这人是什么？是一种疾病，经过精神出袭世间，在这儿他要有所掠获。

这人是什么？是一具毒蛇，彼此无一刻安宁。——彼此分开，在世间有所劫掠。

看那可怜的人呵，他所苦恼所贪求的，向这些可怜的灵魂便这么提示——提示为杀戮的兴致，与渴望运用刀与剑的欣愉。

现在谁病了，现在是恶的恶降临于他：他将以使他痛苦的也施诸于其他的人，但从前有过不同的时代，不同的善恶的。

从前怀疑是罪恶，个人的野心也是罪恶。那时病人变成异教徒或巫者，他们自己痛苦，也使其他人痛苦。

但这话不入耳，对于你们这些善人来说，这话是不好的，你们向我说。但你们的这些善人于我何用！

你们的善人有许多地方使我憎恶，诚然不是你们的过恶。我真愿他们如此疯狂，像这种惨色的罪人一样毁灭。

真的我愿望你们的疯狂便叫真理，或诚实，或公道。但他们自有其道德，他们在这可怜的自满中求生命的延长。

"我是急流边的树干，抓住我吧，有能抓住我的人！但我不是你们的拐杖——"

查拉图斯特拉如是说。

读 与 写

凡一切写下的，我只爱其人用其血写下。用心血写，你将体会到，心血便是精神。

要懂得别人的心血是不容易的，我憎恨只好读书的书虫。

深知读者的，他将不再为读者写作。如有一世纪是这样的状况，则精神本身也将臭腐。

任何人也可向读者学习，但久而久之，不但毁坏了著作，也损伤着思想。

从前精神事业是从事上帝的事业,但由于化为人,现在则变成了群众的事业。

谁用心血写着格言,是不要人诵读的,却是要人背诵的。

在山谷间,从这一峰到那一峰是最近的路,但你必须善于跨越。便如峰头,其所诉与的人,应该伟大、高强。

高空的空气是纯洁而且稀薄,危险迫人,精神里充满着欢喜的恶念,这一切皆彼此相安。

我欲召山灵来我身旁,因为甚勇往。勇气去除着鬼怪,又创造出山灵,——勇气需要笑。

我却不和你们同感,我看这下方的云,笑其浓黑与沉重——刚刚这是你们的雨云。

你们望着上方,倘若你们希望高超。但我向下看,因为我已在高处。

你们中间谁能又笑又超然?

谁攀登最高峰上,将嘲笑一切悲剧与悲哀的严肃。

有勇气,不开心,开玩笑,逗豪强——智慧希望我们如是。智慧是一个女郎,始终只爱一个战士。

你们和我说:"人生真是难于负担。"但为何午前趾高气扬,午后又谦恭退让?

人生是难于负担的,但不要使自己显得柔弱,我们皆是美丽的负重的雄驴。

我们与那在一颗露珠的重压之下而颤栗的,与玫瑰花苞有何共同之处。

诚然,我们爱生命,并不因为我们惯于生命,而因惯于爱。

爱中往往有些痴狂,但痴狂往往有些理性。

而且在我这善爱生命者来看,好像蝴蝶、肥皂泡及此一类的人物,最懂得人生之乐趣。

看到这些轻佻的、愚痴的、精雅的、活动的小灵魂漂浮来去——这感动得查拉图斯特拉流泪而且唱歌。

我将只信仰一位懂得跳舞的天神。

当我看到我的魔鬼,看他很严肃、深沉、庄重、虔诚,他便是重压的精魂——因他,一切事物下落。

我们不以愤怒却以嘲笑面对人生。起来吧,让我们的笑驱赶重压的精魂。

我学了走路,从此便让自己奔跑。我学了飞,从此不需推动也将高举。

现在我轻了,现在我飞,现在我见自我在我之下,现在有一天神以我而舞翔。——

查拉图斯特拉如是说。

山　　树

查拉图斯特拉看见一个少年,从他眼前闪避。当他有天傍晚,在环着这花牛镇的山林里闲行,看呀,在路上正遇着这少年靠着一棵树坐了,颓然地望着深谷。查拉图斯特拉握住了这少年依倚的树,又是说:

"倘若我要用我的手摇动这棵树,便不可能。但我们所不能见的风,可以随意摇撼它,屈曲它,任意那一方面。最坏的是我们被不见的手所摇撼、屈曲。"

那少年慌忙站了起来,说:"这是查拉图斯特拉的话,我现在正在想他。"

他便回笑说:"你为何如此吃惊呢?——其实人与树是一样的。他愈想走到高处和光明里,他的根柢就愈往下往土里扎,往黑暗里扎,往深处——往恶里扎。"

"是呀!往恶里扎!"少年喊着说:"怎么你能够发现我的灵魂呢?"

查拉图斯特拉笑着道:"有许多灵魂旁人永远不会发现的。除非先替他发明出来。"

"是呀!往恶里扎!"少年重复说,"你说着真理呵,查拉图斯特拉,自从我欲到高处,我已不相信自己了,也没有人再信我,——这是怎的呢?

我自己改变得太快,我的今天反对明天。我时常超越了阶级,当我往上行——因此没有一阶级将我原谅。

而在高处呢,只发觉我孤独一人。没有人和我谈话,寂寞的冰霜使我战栗。我欲在高处如何呢?

我的蔑视与遥想共生。我上升愈高,则愈蔑视上来者。他将在高处如何呢?

我多么羞于上登和颠踬!多么唾弃我的强烈气喘!多么憎恨着飞翔者!在高处又多么感到疲劳!"

少年说到这里,沉默了。查拉图斯特拉细看他们靠近的那棵树,如是说:

"这棵树孤寂地生在这山间,它长得高过了人和兽。

倘若它愿意有所言说呢,必不要有人能够了解它,它已这么高入云霄。

现在它等待着等待着了,——等待什么呢?它居于云窟的近旁,也许等待着第一道电光?"

查拉图斯特拉说过这话,少年狰狞地叫着:"是呀,查拉图斯特拉,你说出了真理,当我居于这高处,我盼望我的堕落,而你,便是我等待的第一道电光!看呀,你在我们中间出现后,我还算什么呢?这是对于你的嫉妒,毁坏了我!"——少年如是说,痛哭起来。

但查拉图斯特拉用手臂挽了他，引了他走。

他们同走了一会儿后，查拉图斯特拉便开始说：

这使我心伤。比你的言辞还说得好的，是你的眼睛告诉了我一切你的危险。

你还不自由，你还在寻找自由。寻找使你彻夜不眠，且过度的醒悟。

你想升于自由的高空，你的灵魂渴于星辰。但你的邪念也渴于自由。

你的猛犬也欲被放到外间，它们在地窖里欢然狂吠，当你的精神谋欲开放一切牢监。

但我觉得你犹如企图获得自由的囚犯，呵呀，这种囚犯的灵魂变得聪明，但也奸巧、恶劣。

精神自由者还应该净化自己。内中还留有许多禁忌与朽腐，他的眼睛应该是纯洁。

是呀，我知道你的危险。但凭了我的友爱和希望，我誓愿你不要抛开你的爱情与希望！

你自己还觉尊贵，旁人也还觉你尊贵，总带有某种恨，送上恶意的眼光。要知道，任何人总把尊贵者当作一个阻碍物。

便是好人们的路上，也有一个尊贵者阻拦，纵令他们称之为好人，也还是想以此将其推到一旁。

新的，尊贵者想创造，也创造新道德。旧的，好人们想保守，长存旧的典则。

但尊贵者的危险不在于化为平庸的好人，却是变为刁顽者、讥嘲者、毁灭者。

呵呀，我知道失掉最高希望的尊贵者，从此他贬斥一切高尚的希望。

从此他刁钻地生活于短促的欢乐中,几乎不树立比一日更长的生活目标。

"精神也即是欢乐"——他们这么说。他的精神便羽摧翼折,从此便满地匍匐,咬啮得到处狼藉。

从前他企图想做英雄,现在他仅是享乐者。英雄的观念使他懊悔与痛苦。

但凭了我的友爱与希望,我请求你:在灵魂里不要抛却英雄的观念!神圣地保存你最高的希望!

查拉图斯特拉如是说。

死 亡 说 教 者

有死亡的说教者,他规劝人们从其生活上退转。

世间充斥了多余的人,生命便因这些过多者而毁败。唯愿人用"永生"的道理,将其从这人世引诱开!

人称"死亡说教者"为"黄色",或者"黑色"。但我将他们还在旁边的颜色显示给你们看。

有内藏猛兽的可怕者,除淫乐或者自加撕裂外,没有其他的选择。便是他们的快乐也是将自己弄得四分五裂。

他们还没有进化为人,他们是暴虐者,他们宣传要厌恶生命,自己也随之而去!

他们是灵魂的痨病者,刚刚呱呱坠地,便已开始死灭,盼望厌世弃生的教理。

他们欢喜死灭,我们也该嘉许他们的愿望!留心呵,不要唤醒这些死者,损坏了这些活的棺材!

他们遇到了病人,或老者,或死尸,便立刻说:"生命的虚伪给揭穿了!"

但只有他们遭遇到了这样的反对,他们只看到生存的一面,他们的眼睛受了欺骗。

自隐于深沉的忧伤里,急切地期待小变故所以致死:他们等待着,咬牙切齿。

或者是,他们向糖果伸手,却又自笑其幼稚,他们把生命悬于草茎,又自笑其飘摇于草上了。

他们的智慧说:"仍然生活的人是疯狂的,但我们也正是这种疯狂者!这真是生命中最大的疯狂!"——

"人生只是苦恼。"——旁人这么说,也未必是说谎。然能停止生活吗?能设法使只是苦恼的生命顿停!

然而你们的道德箴言却是这样:"你应该杀掉自己!你应从自己逃开!"——

"肉欲是罪恶——某一死亡之说教者这么宣传——,让我们离开,不生小孩!"

"生育是苦事——另一人说——还生育则所为何事?生出的只是不幸者!"这些人也是死亡说教者。

"同情是需要的——第三者说。拿去我所有的吧!持我去吧!则生命对我就更少拘束!"

倘若他们是彻底的同情者,则他们将使旁人厌倦生命。——为恶,那才是他们的真理。

但他们想从生命里逃开,哪管用了系链与赠品更将旁人紧束!——

便是你们,生活无非是苦工和焦灼:你们岂不已倦于此生么?岂不已经足够成熟,能领会死亡的说教么?

喜欢劳苦工作的你们,与紧急、新鲜、陌生的事相谐适——你们是与自己为难,你们勤劳是诅咒,和求所以自忘的意志。

倘若你们多多相信人生,将较少只投身于目前的顷刻。但你们缺乏度量自为期待——甚至也难为惰怠!

到处涌起死亡说教者的呼声,地上也充满了应该教以死亡教义的人们。

或者说"永生",这与我也一样,——只若其速离去这人间!——

查拉图斯特拉如是说。

战 争 与 战 士

不要为我们最好的敌人所轻弃,也不要为我们根本最爱好的人所怜惜。如是,请让我向你们说出真理!

战争里的兄弟们!我深深爱你们,我是而且曾经是你们的同辈。而且也是你们的好对手。如是,请让我向你们说出真理!

我懂得关于你们内心的憎恨和嫉妒。说不懂得憎恨和嫉妒吧,你们不能是这么大量。但至少应该这么大量呵,有之而不生羞愧!

倘若你们不能成为智识上的哲人,但至少也请成为智识的战士吧。战士皆是这圣哲道的先驱与伴侣。

我看到许多士兵,真愿见许多勇士呵!他们穿的是"军装",唯愿其以此隐蔽的,不是服装似的一律!

我愿意你们是那一种人,其眼光老是寻索仇敌——你们的仇敌。你们中间有少数人,一眼便生嫉恶。

你们应该寻索仇雠,应当战争,为了你们的思想!倘若你们的思想战败,则你们忠实犹当高呼胜利!

你们当爱和平,以之为新战争的工具。爱短期的和平过于长期的。

我不劝你们工作,却劝你们战争。不劝你们保持和平,却劝你们争取胜利。你们的工作该是战争,你们的和平该是胜利!

人只能沉默、静坐,倘若有弓有矢,否则将胡说、争闹了。你们的和平该是胜利!

你们说,甚至以战争为神圣,是好事么?我告诉你:凡是神圣化的,是好的战争。

战斗和勇猛,较之兼爱创造过更多的伟大事业。不是你们的同情,却是你们的勇往,至今救了那些不幸受难的人。

"什么是好?"你们问。勇猛便是好。让小女子说:"是好,便是美丽,又动人地可爱。"

人说你们无良心,但你们的心真实,我爱你们于衷心之羞涩。你们羞于你们的波浪之前涌,他人羞于他们的潮水之退落。

你们是很丑恶么?那么又怎样。兄弟们!取崇高归之于己,这是丑恶者的衣服!

当你们的灵魂盛大起来,它将勇猛轻率,在你们的崇高中便见邪恶。我认识你们的。

在邪恶中过勇者与过怯者相遇,但他们彼此误会,我认识你们的。

你们只当有可憎恨的仇雠,不当有只可蔑视的怨敌。你们应当为仇者骄傲,因为你们的仇敌的成功也是你们自己的成绩。

反叛——这是努力的可贵处。你们的可贵处是服从!你们的出令便该是受命!

一个好战士不喜欢说"我要"。而且你所亲善的一切,首先得使其将你命令。

你们对于生命的爱,该是对于你们的最高的希望的爱:你们的最高希望,便是生命的最高思想!

你们的最高思想便应由我命令——命令是:人是一样应当超过的东西!

这么你们的生命便安于服从和战斗里!长寿有何关系!谁个战斗者愿意被人轻弃!

我不轻轻放过你们,根本爱好你们,我的战争里的兄弟!——查拉图斯特拉如是说。

新　偶　像

某处还有民族和人群,但不在我们这里,兄弟们,在这儿只有国家。

国家是什么?好吧!现在请伸直耳朵听,我向你们说关于各民族的灭亡的话。

国家便是一切冷酷的魔鬼中的最冷酷者。它冷酷地说谎,这谎话从它的嘴里流露出来:"我,国家,便是民族。"

这是一个诳语!是创造者创出了民族,标之以信仰和敬爱,他们这么服役于生命。

为多数人设陷阱,而称这些陷阱为国家,是破坏者,他们给民族上面悬了一柄利剑和百种欲望。

凡有民族之处,则不知有国家,他们厌弃国家如一个可恶的人,如违反习惯和法律上的罪恶。

我给你们这种教示,每一民族自说其关于善恶的语言,为邻族人所不懂的。它的语言自寓于习惯和法律里。

但国家用一切善与恶的语言说诳,凡其所说,皆是说诳——凡其所有,也皆是偷来的。

在他一切皆是虚伪。这咬嚼者用偷来的牙齿咬嚼,便是他的胃肠也皆虚伪。

善恶语言的错乱,我给你们这标志。诚然,这标志象征求死灭的意志。诚然,这向死的说教者挥扬。

过多的人民已经产生,国家是为过多余者而设;

看吧,他怎样引诱这些多余者归向自己!它如何吞食、咀嚼而消化。

"在地上没有比我更伟大的,我便是上帝发号施令的手指。"——这怪物如是咆哮。于是不但长耳者,短视者,皆跪伏于地!

呵呀,也与你们,伟大的灵魂们,它吹嘘着黑暗的谎言!它猜透那乐于奢费的雄心!

是呀,它也猜透着你们,你们这些征服古代的上帝者!你们因战斗而疲劳了,现在你们的疲劳使你们信奉新的偶像!

它愿意立起英雄和光荣者,这新偶像!它欢喜曝于良心的日光里,——这冷酷的怪物!

它将给你们一切,倘若你们崇拜它,这新偶像,如是它收买你们的美德的光荣,和你们的骄傲的眼光的顾盼。

它将引诱你们这些过多者!是呀,那里安排了地狱的机巧,死神的飞马,铿锵于天神的荣耀的羁勒!

是呀,那儿安排了许多人的死所,又自当作生命颂扬,真的呀!对于一切死的说教者忠心的服役!

我称之曰国家,便是一切饮毒药者之所聚,好人和坏人;国家,一切人皆忘其所以,好人和坏人;国家,一切人慢性的自杀——便叫"生活"。

看这些多余的人吧!他们偷去的发明者的工作和智慧者的宝藏。他们称他们的偷窃为文明——但一切遇到他们的皆成为疾病与祸害!

看这些多余的人吧!他们总是病着,呕吐出肝胆,称之曰报纸。他们彼此吞噬,而未尝能消化。

看这些多余的人吧!获得了财富,遂更成了贫穷。贪得权势,和起初撬动权势的铁棍,许多金钱——这些无能者!

看他们攀缘吧!这些矫捷的猿猴!他们互相践踏而上,遂扭斗于泥泞与深渊里。

他们皆要跳上宝座,这是他们的狂想——仿佛幸福便在宝座上!时常泥泞居于宝座上——也时常宝座居于泥泞上。

我觉得他们皆是狂人,攀缘的猿猴,过度的热衷者。他们的偶像发生恶臭,那冷酷的怪物,他们一道儿腐臭不堪,这些偶像崇拜者。

我的兄弟们,你们要在他们的口气和贪婪的呼气中窒息吗?宁肯捣碎窗扉,跳到空地里!

避开这种恶臭!离开这些多余者的偶像崇拜!

避开这些恶臭!离开这以人为祭的熏蒸!

大地仍有待于伟大的灵魂。许多座位还为孤独者独自或结伴生活而空着,静谧的海气在其旁轻吹。

自由的生命仍有待于伟大的灵魂。诚然,占有少,更少被占有。清贫真可钦佩!

那儿,国家已经终止,那儿开始有不算多余者,然后必不可少者的歌方才唱起,一趟的,不移不易的谐美。

那儿,凡国家终尽之处,——望去呵,我的兄弟们!不看见虹霓和超人的桥梁么?——

查拉图斯特拉如是说。

(璐 甫 译)